한국어로 내려온
New Bible

새로운
성 경

제125권 8부 | 총10부

하얀마음

하나님 말씀 중에서

1. 사랑의 하나님

- 세상을 창조하신 하나님은 모두를 사랑하신다. 인간만 특별히 더 사랑하지 않고, 우주 만물을 다 똑같이 사랑하신다. 그러니 하나님이 창조하신 천지 만물과 화친하고, 미물까지도 소중히 대하라.

- 하나님은 특정 종파나 민족만을 더 사랑하지 않으신다. 자기 자신만 구원받겠다는 욕심을 버리고, 자기 종파만 구원받는다는 편협한 교리에서 벗어나야 한다. 종파를 초월해서, 모두를 사랑하라.

- 원수까지 사랑하라 했으니, 이 세상에 사랑하지 못할 자가 누가 있겠는가? 종파가 다르다고 해서 부모 형제와 원수처럼 지내는 자는 인간의 근본을 모르는 자다. 가장 가까운 가족부터 사랑할 때 남도 진심으로 사랑할 수 있다.

- 한 사람을 원수같이 생각하던 마음에서 사랑하는 마음으로 돌리면, 자기 자신의 마음이 가장 기쁘고 행복하다. 하나님께서는 인간의 마음속에 무거움이 없이 기쁘고 행복한 삶을 살기를 바라신다.

- 이웃을 "내 몸처럼" 사랑하라 했으니, 마지막 한 장 남은 천국의 티켓도 이웃에게 양보하라. 자기 중심적인 신앙에서 벗어나서 남을 위해 살아야 한다.

- 독초도, 약초도, 이단도 사탄도 천사도 다 필요하기에 존재한다. 독초일지라도 극소량을 사용해서 생명을 살릴 수 있고, 약초라 하더라도 남용하면 생명을 잃을 수 있다.

- 세상 모든 것을 명약으로 활용하는 것은 인간의 지혜에 달렸다. 어떤 것이든 어떤 사람이든 적재적소에 꼭 필요한 명약으로 승화시키라.

- 사탄도 이단도 천사도 모두 하나님의 주관하에 존재한다. 진정한 하나님의 백성은 사탄과 마귀까지도 감화시켜서 천사로 거듭나게 한다.

2. 기도

- 하나님은 인간의 생각까지 모두를 다 알고 계신다. 우리의 소원도 이미 알고 계시기에, 소원의 기도를 할 필요가 없다. 우리가 받을 자격이 되면 내려 주신다.

- 죄를 짓고 아무리 회개를 해도 용서받지 못한다. 도둑질한 자는 용서해 달라고 기도하고, 도둑맞은 자는 도둑을 잡게 해 달라고 기도하면, 공의의 하나님은 누구의 편에 서시겠는가?

- 자기가 잘못한 것은 그 사람에게 직접 갚고 용서를 구하라. 그가 용서하면 하나님도 용서하신다. 땅에서 매면 하늘에서도 매이고, 땅에서 풀리면 하늘에서도 풀리는 이치다.

- "회당에서 기도하지 말고 골방에서 기도하라" 했다. 눈에 보이는 골방이 아니라, 골방과 같이 고요한 마음이다. 잡념을 버리고 하나님을 향해 마음을 집중하며, 사랑하고 용서하는 아름다운 생각만 나오도록 하라.

- "두드리면 열릴 것이다." 하는 것은 육의 소원을 위해 두드리라는 것이 아니라, 진리의 깨달음을 얻기 위해 두드리라는 것이다.

- 기도하는 방법: 생활 속에서 수시로 기도하는 삶을 살아야 한다.

- "저의 죄를 용서하여 주옵소서." 하는 회개의 기도를 하라.
- 범사에 "하나님! 감사합니다." 하라. 현재 가진 것에 감사하며, 과욕하지 말라. 자기 노력 이상의 것을 더 갖고자 기도하는 것은 도둑놈심보다. 공의의 하나님은 각자 노력한 만큼 주신다.
- "하나님 뜻대로 살아가겠나이다." 하며 마음의 각오를 다지라.

- 기도는 하나님의 말씀을 받아서 "행하는 것"이다. 하나님이 계심을 굳건히 믿고, 하늘을 향하여 한 점 부끄럼 없이 사는 삶 자체가 가장 위대한 기도이며, 삶이 곧 예배다.

3. 지도자

- 똑같이 사랑한다는 말을 해도, 순수하게 하는 말은 천사의 말이지만, 사기 쳐서 재산을 가로채려고 하는 말은 사탄의 말이다.

- 종교 지도자가 아무리 훌륭한 설교를 해도, 신도의 재물을 거둬서 더 큰 교회를 짓고 자기의 부귀영화를 바라며 설교하면 사탄의 가르침이 된다.

- "저희 교회는 만원사례요, 믿음은 다 같으니 이웃의 개척 교회에 가서 예배를 드리시오." 하며, 이웃 교회의 부흥을 먼저 생각하여 제 신도를 보내는 종교 지도자가 있다면 그를 따르라. 그가 하나님의 사랑을 실천하는 자다.

- "부자가 천국에 들어가는 것은 낙타가 바늘구멍을 통과하는 것보다 더 힘들다" 하였거늘, 지금의 교회에서는 부자가 되기만을 기도하고 소원하니, 이는 곧 천국을 포기하고 지옥 행 열차의 티켓을 사는 것과 같다.

- 예수는 빈손이었다. 종교 지도자가 예수보다 더 호화롭고 편안하게 살아간다면 잘못된 것이다. 부귀영화와 명예를 바라는 자는 절대로 갈 수 없는 좁고 협착한 길이 종교 지도자의 길이다.

- 종교 지도자는 유리로 비춰 봐 한 점의 부끄러움이 없이 살아야 한다. 의식주도 직접 일해서 해결하고, 예수의 가르침과 행함을 그대로 따라야 한다.

- 종말은 없다. 지금의 잘못 가는 종교 집단에게만 종말이 있다. 보이지 않는 하나님은 보이는 육의 종말은 관여하지 않으신다. 환경 파괴로 인간이 스스로 멸망을 자초하는 것이다. 종파끼리 싸우기 전에, 무너진 인성을 바로잡고 지구의 몸살을 해결하는 데 뜻을 모으는 게 급선무다.

4. 성전이란

- 이 세상 자체가 하나님께서 만드신 성전이다. 자연보다 더 아름다운 성전이 있는가? 보이는 건물이 성전이 아니라, 성스러운 마음가짐이 성전이다.

- 반석 위에 교회를 지으라 했다. 지상의 단단한 돌은 인간이 쪼갤 수 있으나, 마음속의 굳은 결의는 세상 무엇으로도 쪼갤 수 없다. 바르고 굳건한 믿음으로 성경의 가르침을 실천하는 것이 마음의 반석 위에 교회를 짓는 것이다.

- 손으로 지은 건물의 교회에 모여서 복음을 전하는 것이 아니라, 교회를 개인과 가정에 심어 주어야 한다. 무너지고 부서지는 건물을 짓지 말고, 마음속에 영원히 불변하는 참진리의 교회를 지으라.

5. 십계명

- 십계명은 인간이 죽어서 반드시 통과해야만 하는 열 개의 관문이다.

- 부모를 공경하지 아니한 자는 "네 부모를 공경하라." 하는 제5계명의 관문이 열리지 않으니 구원받을 수 없다.
- 살인, 간음, 거짓, 우상 등의 나머지 계명도 마찬가지다.

- 십계명은 하나님의 친필이다. 모기소리만 한 하나님의 음성이라도 들어 보겠다고 여기저기 찾아 헤매지 말고, 십계명부터 암송하고 지키라.

- 십계명은 영혼을 구원하는 양식이며, 십계명을 지키는 것이 구원을 받는 길이다. 인간이기에 지키고자 노력하고 또 노력한다면 지킬 수 있다.

- 십계명을 지키고 천사처럼 아름답게 살아가는 그 마음 하나면 세상에 이루어지지 않는 것이 없다.

6. 보물

- 하나님은 재물이 아니라 우리의 마음을 받으신다. 사랑을 실천하며 천사처럼 변하는 마음이 하나님께 바치는 보물이다.

- 보이지 않는 하나님께 재물을 바치려 하지 말고, 너희를 길러 준 부모에게 용돈 드리고, 찾아뵙고, 효성을 다하라. 그것이 하나님께 효도하는 것이다.

- 하늘에는 선과 악의 창고가 있다. 자기 창고에 선이 많으면 천국으로 구원을 받고, 악이 많으면 심판받아 지옥으로 간다. 그것이 바로 "선한 일을 행한 자는 생명의 부활로, 악한 일을 행한 자는 심판의 부활로" 나오는 것이다.

- "선악과를 따먹지 말라"는 것은 양심을 지키라는 것이다. 선과 악을 구분할 수 있는 양심을 최초에 인간에게 주셨다. 선한 열매는 취하고, 악한 열매는 버리며, 양심에 비추어 부끄럼 없는 삶을 살아가라.

- 가장 작은 거짓말을 하지 않고, 가장 작은 죄를 짓지 않으며, 가장 작은 선행을 하고, 가장 작은 악행을 멀리하는 것이 율법의 일점 일획도 빠뜨리지 말고 다 지키는 삶을 사는 것이다.

7. 우상

- 박물관에 있는 불상은 하나의 예술품이다. 그 조각품에 대고 제 소원을 빌 때 우상숭배가 된다. 십자가라 하여도 그 앞에서 소원을 빈다면 우상숭배하는 것이며, 하나님께 소원을 빈다면 하나님을 우상으로 전락시키는 것이다.

- 지금 기복신앙에 젖어 있는 모든 사람이 우상 앞에 절을 하고 있다. 조각품을 우상이라며 파괴하지 말고, 네 마음속에 있는 욕심의 우상을 무너트리라.

- 생수를 약초가 먹으면 약을 만들고 독사가 먹으면 독을 만든다. 같은 성경을 봐도 선한 지도자는 신도를 천사로 만드는 데 활용한다. 그러나 욕심이 가득한 지도자는 재물을 거두어들여 제가 부귀영화를 누리는 데 악용한다. 그가 바로 성경을 우상숭배의 도구로 전락시키는 거짓 선지자다.

- 성경을 한 획도 빼거나 더하지 말라는 것은, 그 가르침을 빠트리지 말고 온전히 지키라는 것이다. 성경 속에서 자기에게 유리한 구절만 보는 것은, 자기에게 불리한 구절들을 빼 버리는 것이다. 믿음이 제일이요, 행함은 구원과는 관계없다는 것은 자신에게 유리한 쪽으로 성경을 악용하는 것이다.

- 진정한 종교 지도자는 종파에 관계없이 어떤 종파든 어떤 책이든 접하고 보고 깨우쳐 견문을 넓히도록 인도한다. 참진리를 모르고 자신이 없는 자가 남을 이단이라며 배척하고, 신도들의 눈과 귀를 가린다.

8. 예수

- 예수의 재림은 없다. 예수가 다시 온다 해도, 과연 누가 그를 예수라고 믿겠는가? 예수와 같은 삶의 행함이 곧 예수의 재림이다. 각자 모두가 "재림 예수"가 되는, 차원 높은 믿음으로 가야 한다.

- 예수는 "주여 주여 하지 말고, 아버지의 뜻대로 행하라"고 했다. 예수가 전한 하나님의 뜻이 곧 "길이요, 진리요, 생명"이며, 그 가르침이 예수의 보혈처럼 소중한 것이다. 예수를 믿는 것은, 예수의 가르침을 믿고 따르는 것이다.

- 예수는 낮은 자로서 만백성을 섬기고자 했다. 만나는 모든 사람을 다 하나님이라 생각하라. 돈을 벌수록 겸손하고, 높은 지위를 얻을수록 낮아지라.

▪ 예수는 종파를 만들지 않았다. 인간이 만든 종교와 인간의 교리를 따르지 말고, 예수를 통해 전한 하나님의 참진리를 연구하고 따르라.

▪ 예수가 2천 년 전에 만백성을 위해 죽었으니, 지금 이 땅에는 예수의 가르침대로 사는 천사만 존재해야 한다. 예수가 죽어 가면서 바란 것은 만백성이 천사가 되어 예수의 자리를 채워 주는 것이지, 지금과 같이 재물을 바치면서 중언부언 제 소원만을 비는 백성들을 바란 것이 아니다.

9. 구원

▪ 천사가 사는 천국에는 천사만 갈 수 있으니, 천사 같은 마음을 길러야 한다.

- "천국 열쇠를 네게 주리니 땅에서 무엇이든지 매면 하늘에서도 매일 것이라" 했다. 땅에서 천사같이 사는 자가 하늘에서도 천사가 되어 천국에 들어간다. 모든 사람에게 천사같다는 말을 듣는 삶을 살아야 한다.

▪ 천사의 곱고 아름다운 마음은 부모를 공경하고 어른을 어른으로 대접하는 데에서 출발한다. 효도하는 자는 형제와 화목하게 지내기에 가정이 화목해지고, 이웃과 화목해지고, 국가가 화목해지고, 온 인류가 화목해진다.

- 그러므로 지상의 아름다운 소왕국은 가정에서부터 이루어야 한다.

▪ 선택된 14만 명만 구원받는 것이 아니라, 천사처럼 변하고자 하는 14만 명을 기초로 온 인류가 천사처럼 거듭나는 영적인 개혁이 시작되는 것이다.

▪ 천 년에 걸쳐서 하늘에서 이루어진 것같이 이 세상을 낙원으로 만들어, 만백성이 지상의 천국에서 살다가 죽어서 그대로 하늘의 천국으로 들어가는, 영원한 지상 낙원을 건설하는 것이 하나님의 계획이다.

- 이것이 구약과 신약에 이어 "새로운 성경"으로 역사하시는 하나님의 창조의 완성이다.

▪ 지금의 믿음으로 구원받을 수 있다면 그 길을 가라. 그러나 자신이 없다면 하나님께서 직접 내리신 160권의 "새로운 성경"을 읽고 구원의 길을 보라!

하나님 머리말씀

이 새로운 성경을 읽는 너희 모두는
이 율법에 따라 행하면 영원히 구원받을 것이니라.

너희 인간이 수년, 수십 년, 평생
성서를 공부하고 기도하는 것은
하늘나라 나의 곁으로 오고 싶은 소망일진대,

몇천 년 전의 너희 인성과 생각이
지금의 너희와는 판이하게 다르니,

꺾여 가고 병들어 가는 너희를 고칠 수 있는 길은,
오늘 내가 선지자에게 내리는 새로운 성경과 같이
너희가 변화되는 것뿐이니라.

나의 예수가 태어난 것처럼
내가 아들 선지자를 선택하여
나의 새로운 성경을 온 세계에 전하고자 하니,

묵은 것은 버리고 새로운 것은 취하여,
너희 모두는
'여호와 하나님! 저의 죄를 용서하여 주옵소서.'
하는 기도문으로 기도하고, 죄를 뉘우치라.

이 새로운 성경은
수천 년간 내려온 성서를 요약한 것이니,
너희는 이 책을 정독하여 쉽게 깨달음을 얻고,
이대로 실천하여 하늘에 오르라.

대역자 머리말

■ 하나님의 율법을 지키는 선지자로 선택을 받도다.

저는 남들처럼 그저 열심히 살아온 평범한 사람이었습니다. 그러나 50대 중반에 사업에 실패하여 많은 부채에 시달렸으며, 건강도 악화되어 눈이 잘 안 보이고, 걷기도 어렵고, 두통이 심해서 잠을 이룰 수 없는 고통의 나날을 보냈습니다. 그때 제가 선택할 수 있는 것은 육의 삶을 끝내는 길뿐이었습니다.

죽기 직전에 그동안에 죄를 지은 이들에게 용서를 빌고 인생을 끝내기로 작정하였습니다. 어려서부터 지은 죄를 빌고 빌다 보니 끝이 없었고, 죽음으로도 그 많은 죄를 용서받을 길이 없다는 생각에 하염없이 눈물이 흘렀습니다. 그 순간 '재래식 화장실의 구더기는 죄를 짓지 않는데, 나는 인간으로서 구더기만도 못한 삶을 살았구나.' 하는 생각이 들면서 괴로움에 몸부림칠 때, 갑자기 하나님의 음성이 들렸습니다.

"나는 여호와 하나님이니라. 너는 십계명을 암송하고 내가 내려 주는 메시지를 받아 책으로 만들어 만백성을 구하라." 하시며, 제 눈을 손으로 문지르게 하시고, 아픈 머리와 다리를 손으로 두드리게 하셨습니다. 그러고 나니 눈도 잘 보이고 걸을 수 있었으며 머리의 통증도 말끔히 낫게 되었습니다. 그때부터 십계명을 암송하고 나면 들려주시는 말씀을 기록하였고, 1999년 8월부터 2004년 7월까지 권당 288쪽, 총 160권을 받아서 "새로운 성경"이라는 책으로 펴내게 되었습니다.

그러한 저에게 죽기보다도 힘든 길이 시작되었습니다. 모든 교인들이 저에게 사탄이요, 이단이요, 악마요, 마지막 시대에 온 거짓 선지자라 하면서 공격하였고, 저를 짐승을 보듯이 대하는가 하면, 편협한 종교 지도자들의 선동으로 신도들이 이 책을 직접 읽어 보고 평가할 기회마저 막아 버렸습니다. 그래서 하나님의 말씀을 세상에 내는 데 많은 어려움을 겪으며, 피를 토하는 심정으로 책을 전하고 있습니다.

그러나 아무리 인간의 힘으로 막으려 해도, 하나님의 뜻이 세상에 전해지는 위대한 역사는 계속될 것입니다. 책으로 전해지는 "하나님의 말씀"은 세상 끝날까지 항상 우리와 함께하실 것입니다. 사람은 죽어도, 책에 기록된 말씀은 영원히 남으니까요.

■ 따뜻한 실천

하나님께서는 어려운 사람들에게 삶의 터전을 마련해 주고, 미래를 열어 주는 것을 기뻐하십니다. 어려운 이웃이 스스로 자립할 수 있도록 이끌어 주는 것이 진정으로 이웃을 돕는 것이라고 말씀하셨습니다. 그래서 일자리가 없는 제자들에게 작은 사업장을 만들어 주는 "달란트 사업"을 하고 있습니다. 식당, 반찬 가게 등을 차려 주고, 기존의 어려운 사업장이 자립할 수 있도록 돕고 있습니다(커피숍, 미용실, 의상실 등).

하나님께서는 교회에 나와서 모든 시간과 재물을 쏟기를 원하지 않으시고, 그 시간과 재물을 교육에 투자하여 스스로 미래를 열어 가기를 원하십니다. 그래서 제때 공부하지 못한 제자들에게 학업을 이어 가도록 하였습니다. 중화요리 주방장을 하며 초등학교 검정고시부터 공부하여 2012년에 방통대를 졸업한 36세 남성, 만학도들의 2년제 중학교에 입학해서 2007년에 명지대학을 졸업한 38세 여성, 중학교 검정고시를 시작으로 숭의여자대학을 졸업한 47세 여성 등이 있습니다. 그밖에도 많은 제자들에게 나이를 초월하여 배우고 깨우쳐서 사회 속의 당당한 일원이 되도록 인도하고 있습니다.

학자금 대출로 힘겨워하는 젊은이들을 위해 "따뜻한 바람 장학회"를 발족하여(2016년 12월) 대출받은 학자금 전액을 매월 갚아 주고 있습니다. 또한, 다문화 가정을 위해 "다문화 가족 랜드"를 조성하여, 각종 시설을 무료로 활용하도록 하고 있습니다.

이러한 따뜻한 실천이 아직은 미약합니다. 그러나 책의 수입이 늘고, 저와 뜻을 같이하는 분들이 늘어나면 계속 확대할 것입니다. 지도자로서 신도의 재물을 헌금으로 거둬들여 착복하는 것이 아니라, 하나님께서 기뻐하시는 일에 사용하도록 중매 역할만 하며 살아가고자 합니다. 이런 제가 과연 사탄이고 이단인가요? 하나님께서 기뻐하시는 일이라면, 저에게 사탄이라 하든 거짓 선지자라 하든 굽히지 않고 실천해 나갈 것입니다.

끝으로, 일상의 삶 속에서 "지금 내가 하는 행동이 과연 하나님께서 기뻐하실까, 슬퍼하실까?" 생각하고, 매사에 하나님께서 기뻐하시는 길을 택하기 바랍니다. 교회에 모여서 집단적으로 예배 드리는 것이 아니라, 개인이나 가정 단위로 새로운 성경을 읽어 스스로 깨우치고 그대로 행하면 충분합니다. 그것이 마음속에 성전을 짓고, 신령과 진정으로 예배 드리는 길입니다. 그러면 천국의 문에 들어서게 됩니다.

2017.2.1.

하나님 말씀 대역자 김용철

차 례

십 계 명

이 책은 십계명을 암송하고 나면 내려 주시는 "하나님의 음성"을 듣고 그대로 받아쓴 기록입니다. 하나님께서 십계명을 모세에게 내려 주셨지만, 그것은 만백성에게 내려 주신 것입니다. 마찬가지로 이 책의 모든 말씀도 저에게 내려 주셨지만, 만백성 각자에게 들려주시는 말씀입니다. 여러분도 이 책을 접할 때마다 십계명을 암송하고 나서 정독해 주시기 바랍니다.

제일은, 너는 나 외에는 다른 신들을 네게 있게 말지니라.
제이는, 너를 위하여 새긴 우상을 만들지 말고, 또 위로 하늘에 있는 것이나, 아래로 땅에 있는 것이나, 땅 아래 물 속에 있는 것의 아무 형상이든지 만들지 말며, 그것들에게 절하지 말며, 그것들을 섬기지 말라.
제삼은, 너는 너의 하나님 여호와의 이름을 망령되이 일컫지 말라.
제사는, 안식일을 기억하여 거룩히 지키라.
제오는, 네 부모를 공경하라.
제육은, 살인하지 말지니라.
제칠은, 간음하지 말지니라.
제팔은, 도적질하지 말지니라.
제구는, 네 이웃에 대하여 거짓 증거하지 말지니라.
제십은, 네 이웃의 집을 탐내지 말지니라.

나 여호와가 존재함을 믿는 그 자체가 구원의 길에 들어서는 기본이요, 근본이며, 나의 새로운 성경을 가슴에 안고 정독하는 자, 반석 위에 서서 하늘에 오르는 찬란한 빛을 보게 되는 영광을 얻게 됨이니라. 진정 나를 따르고 믿는 자는 감히 사탄이나 마귀도 근접하지 못하느니라.

〈하나님 말씀〉

2004년 1월

9,253 번째 하나님 말씀

2004년 1월 20일 22시 03분

1 사랑하는 나의 아들아!
2 "네, 아버님! 말씀하옵소서."
3 너희들이 이 땅에서 살아가며 그 속에
서 이루어지고 또한 거쳐 가는 그 모
든 것으로 하여금 그것이 구원의 길에
오르고 못 오르는 근본이라 내가 그리
하였음이니라.
4 그러니 땅에서 이루어지는 그 아름다
움은 구원의 길이요,
5 땅에서 이루어지는 사악한 일들은 모
두 버림이요, 죽음의 길이라 내가 그
리하지 아니하였던가?
6 그러나 지금의 종교 집단이요, 지도자
들이 어찌 가르치는가?
7 땅에서 이루는 것은 모두 죽이라, 버
리라, 그를 버리지 아니하며 그를 죽
이지 아니하면 너희들은 구원을 받지
못한다 그리 가르치고 있음이니,
8 이것이 과연 나의 백성들이 할 일이며
나의 백성들이 가르칠 길이란 말이더
냐?
9 그렇지 않으면 구원을 절대 받을 수
없으니, 땅에서 이루어지는 것, 인간
세상에서 이루어지는 것, 그 모두를
버리고 죽여 버리라, 그렇지 않으면
너희들은 구원을 받을 수 없다 그리
가르치는 지도자들은 과연 어떠한 백
성이던가?
10 나의 백성으로서 그리 말할 수 있는가?
11 너희들은 이 세상의 삶을 근본이요,
기초로 하여 나에게 심판을 받는다는
것을 절대 잊어서는 아니 되거늘,
12 지상에서 행하는 모두를 죽여 버리며
버리라, 그는 너희들의 구원과 관계없
다 그리 말함이니,
13 그것이 구원을 받았다는 백성들이 가
는 길이며 지도자들이 가르치는 길이
니라.
14 나는 너희들에게 말하여 전했느니라.
15 너희들이 성서에서 찾아보고 성서를
읽어도 알 것이니라.
16 자기 자신을 버리는 자, 자기 자신을
비우는 자만 나에게 오를 수 있으며,
17 사랑을 베풀며 나눔의 삶을 사는 자,
그와 같은 사람이 나에게 올 수 있는
백성이라 그리 말했으나,
18 이 세상의 오늘의 종교 집단이요, 지
도자 광신하는 그 신도들은 저 자신을
버린 자는 없으며, 나누고 베풀며 사
랑을 베푸는 자는 없고,
19 황폐하기가 이루 말할 수 없는 사악하
고 삭막한 세상을 만들었느니라.
20 그리고 선하게 살라, 착하게 살아야
된다, 악을 행하지 말라, 그와 같이 너
희들이 단상에 서서 가르치고 말은 하
나,
21 그 지도자가 음탕함과 재물을 갈취함
과 사욕이 극치에 달하였으며, 그 사
악한 생각과 사악한 방법과 각종 헌금
이요, 재물을 거둬들이는 방법은 그
누구도 초월할 수 없는 그와 같은 경

지에 오른 자들이니라.
22 그러면서 죄가 죄인 줄 모르며 살아가는 것이 오늘의 종교 집단의 지도자들이니,
23 그들이야말로 정욕과 탐욕을 버리지 못함이니,
24 너희는 탐욕에 의하여 우상을 숭배하는 그와 같은 행위로 바뀌며, 그와 같은 삶으로 살아가면서 그것이 나를 경배하며 나의 뜻에 의하여 살아가는 것이라 그리 말하느니라.
25 그러니 너희들은 모든 우상을 숭배하는 일만 행하는 자들이기에, 이를 내가 염려하여, 이와 같은 시대가 올 것이며 이와 같은 시대를 대비하지 아니하면 아니 된다는 것, 반드시 온다는 것을 또한 성서에 기록하여 전한 대목을 너희들은 찾아보고 읽어 보도록 그리하라.
26 오늘의 너희들이 하고 있는 그 행위가 그대로 이루어질 것이니, 그때 가서 내가 어찌 다스리고 어찌 역사하겠는가?
27 그리하여 그와 같은 자를 다스리는 것이 새로운 성령이요, 새로운 보혜사요, 새로운 나 여호와의 뜻이 세상에 내려오는 시대가 있어 완성된 것이 세상에 내려옴이니,
28 완전케 된 것이 세상에 내려옴이니, 그때는 모두를 다 심판하며 다스린다 함을 너희들은 알라.

9,254 번째 하나님 말씀

2004년 1월 20일 22시 17분

1 사랑하는 나의 아들아!
2 "네, 아버님! 말씀하옵소서."
3 지금의 모든 종교 집단이요, 지도자 그들이 하고 있는 그 행위가 과연 무엇이더냐?
4 나는 나의 아들 예수를 세상에 보낸 그 자체도 섬김을 받으려 함이 아니요, 너희들을 받들라 하였음이니라.
5 그리고 가장 낮은 자로서 모두를 다 역사하라 그리 내가 명하여 그를 내려 보냈거늘,
6 그리 가르치고 깨우친 그 뜻을 받았다는 오늘의 종교 집단이요, 지도자 너희들은 어찌하고 있는가?
7 너희들은 바로 제왕적인 그와 같은 행위를 하고 있음이니,
8 그 행위가 너희들이 보기에는 방대한 조직이요, 제왕적인 것이요, 나의 뜻에 따르는 목자라 너희들이 그리 말하나,
9 내가 내려다보는 너희들이 하고 있는 짓은 사탄의 흉내를 내고 있는 자들이요, 사탄의 마음을 너희들이 그대로 흉내 내며 그들을 즐겁게 하는 행위를 하고 있다면 너희들은 믿겠는가?
10 너희들은 모두가 다 똑같은 백성이거늘, 어찌하여 너희들이 그리 차별화하여 제왕적인 행동을 하고 있단 말이더냐?
11 내가 너희들에게 뭐라 말하였느냐?
12 '선생'이라는 그 칭호도 함부로 하지 말라 하였으며 그를 갖지 말라 그리하

였음이니라.
13 너희들은 다 같은 형제이니라.
14 그러니 너희들이 다같이 배우고 깨우
쳐 같이 가는 것이니, 너희들이 가르
치고 깨우칠 때 너희들에게서 그 배우
는 백성들이 스스로 너희들을 스승이
라 부른다 하더라도,
15 너희들은 그것을 너희 자신이 선생이
라 말하지 말며, 너희들 자신이 선생
이라 내세우지 말라는 나의 뜻을 알겠
는가?
16 너희가 차별화되기 위해서 지금 그리
부르는 것이 아니니라.
17 너희들은 서로가 상대를 존경하는 그
마음에서 '선생'이라는 호칭을 하여
부르는 것이지,
18 너희들 스스로 선생의 행세를 하며 선
생의 대우를 받으라 그리 너희들에게
전하지 아니하였음이니라.
19 그러니 지금의 오늘의 종교 집단이요,
지도자들이 그 도를 넘어 제왕적인 행
위를 하고 있음이니, 내가 너희들을
알지 못하며, 알지 못한다는 것은 당
연한 것이 아니더냐?
20 나는 나의 아들을 따르는 제자 그들도
배우는 제자요, 또 서로 존경하라는
의도에서 '선생'이라 부르라 하나,
21 제가 선생이라 하며 선생의 행세를 하
고 가르치는 자의 행세를 하지 말라
하였음이니,
22 이는 너희들이 복음을 전하는 것이 아
니요, 나를 욕되게 하는 것이라는 것
을 절대 잊어서는 아니 될 것이니 그
리 알라, 사랑하는 나의 아들딸들아!
23 너희들은 알아야 될 것이니라.
24 나 여호와는 너희들에게 무어라 말하
였느냐?
25 내가 그와 같이 너희들에게 모두를 주
었으며 모두를 다 역사하였거늘,
26 너희들이 거기서 차별화되어 제왕적
인 대우를 받으며 높은 자가 되고자
하는 그와 같은 행위를 하고 있음이니,
27 이것이 너희들이 잘못된 자요, 나의
뜻과는 관계없는 백성들이라 함을 너
희들은 알아야 될 것이니라.
28 그 모든 것부터 너희들이 벗어던지며
그 모든 것부터 변하는 종교 집단이
요, 지도자가 되지 아니하고는 아니
될 것이니 그리 알라.

9,255 번째 하나님 말씀

2004년 1월 20일 22시 23분

1 사랑하는 나의 아들아!
2 "네, 아버님! 말씀하옵소서."
3 나 여호와가 너희들에게 가장 귀중한
생명이요, 그리고 너희들이 숨을 쉴
수 있는 그 모두를 너희들에게 주지
아니하였던가?
4 그리고 이 세상의 모든 것을 다 지배
하며 또한 취하여 살아갈 수 있는 것
을 내가 너희들에게 그리하라 명하였
으며 모두를 주었거늘,
5 어찌하여 그 은혜 속에 사는 자들이
나의 뜻에 따라 아름다운 삶을 살지
못한단 말이더냐?
6 이 세상의 모두를 지은 나 여호와가
무엇이 부족하더냐?
7 그리하여 나는 부족한 것이 없으며 거
둬들이는 것이 없으니,

8 너희들은 나 여호와가 무엇인가 부족
하며, 항상 부족한 것만 가지고 있으
며, 그리하여 더 채우고자 거둬들이는
그와 같은 형태로써 나 여호와를 만들
지 말며 나를 욕되게 하지 말라.
9 부족한 것이 많이 있기에 받아들이기
를 좋아하며, 받아들이는 것을 즐거움
으로 하는 것처럼 나를 그리 둔갑시켜
나를 욕되게 하지 말라.
10 정녕 너희들이 그와 같이 나를 둔갑시
키는 그 죄가 어떤 것인 줄 알겠느냐?
11 너희들이 나 여호와의 이름을 둔갑시
키며, 나를 둔갑시키며, 내가 부족한
것이 많이 있어서 거둬들이기를 좋아
하며 거둬들이는 것이 나의 즐거움인
것처럼 하여,
12 많이 바치는 자가 은혜를 받는다 그리
장사하면서 나를 욕되게 하지 말라.
13 너희들이 장사하는 것은 너희의 자유
나, 나의 이름을 팔아 나까지 욕되게
하는 것은 내가 결코 용서할 수 없음
이니라.
14 나 여호와가 이 세상 자연의 위대함을
창조함에 있어서 손으로 깎고 만드는
고통스럽고 힘든 역사를 하면서 이 세
상을 창조했는가?
15 나 여호와는 내 뜻에 의하여 창조하고
싶은 것을 일시에 역사했으며, 내 생
각대로 편안하게 모두를 만들어 너희
들에게 주었거늘,
16 어찌하여 내가 무엇인가 부족하여 너
희들에게 거둬들인다 그리 말하며, 거
둬들이는 하나님이라 그리 말하는가?
17 나는 너희들에게 거둬들일 것이 없으
며 받아들일 것이 없음이니라.
18 너희들이 하나도 알지 못하는 오묘한
이 세상을 만든 나 여호와가 너희들이
성곽을 쌓듯이 그와 같은 고통과 노력
의 시간을 소모하면서 어렵고 힘들게
이 세상의 아름다운 자연을 만든 것이
아니니라.
19 내 계획대로 순서대로 편안히 모두를
역사하고 지나간 나 여호와이거늘,
20 내가 만들고 역사한 그 속에서 무엇이
부족하고 무엇을 만들지 못하며 무엇
을 가질 수 없어, 내가 너희들에게 무
엇인가를 달라 하며 그리고 원한다 그
리 말하느냐?
21 나 여호와는 하늘부터 땅 끝까지, 땅
속에 지하에, 물속에 있는 그 모두를
숨 쉬는 것처럼 편안한 마음으로 만들
었으며,
22 너희들같이 하나를 깎고 만드는 데 온
갖 정성을 들이며 평생을 바치며 각고
끝에 이루는 것처럼 세상의 이 많은
자연의 위대함을 만들지 않았음이니,
23 쉽게 내 생각대로 내 말 한마디로 모
두를 만들고 역사한 나 여호와임을 너
희들이 어찌하여 모르느냐?
24 그와 같은 창조주 나 여호와를 너희들
이 믿고 경배한다면,
25 정녕 그와 같이 쉽게 만들 수 있으며
편하게 만들 수 있는 나 여호와는 무
엇인가가 부족하다면 내가 만들 것이
며 내가 역사해서 쓸 것이며 내가 다
룰 것이거늘,
26 어찌하여 내가 만든 이 자연의 억만
분의 일에도 미치지 못하는 역사를 가
지고 너희들이 어렵게 만들고 힘들게
거둬들인 것을 나에게 바치고 경배한

다 하는가?
27 그것은 바로 나에게 재물을 많이 바치
라 하며, 나는 부족한 것이 많아 그저
채우고 채우기 위한 즐거움을 가지고
사니, 나 여호와는 채우고자 하며, 거
둬들이고자 하며, 부족한 것을 채우고
자 하는 자라 함이니,
28 나를 그리 욕되게 흉물스럽게 하는 사
악한 짓을 하지 말라.
29 내가 오늘 나의 아들을 통하여 내리는
나의 뜻을 너희들이 정녕 안다면,
30 두 번 다시 나를 부족한 것을 채우는
사악한 하나님이요, 너희들의 아버지
라 말하지 말며, 그리 부르지도 말라,
사악한 나의 백성들아!

9,256 번째 하나님 말씀

2004년 1월 21일 08시 44분

1 사랑하는 나의 아들아!
2 "네, 아버님! 말씀하옵소서."
3 너와 너의 제자들은 살아감에 있어서
한 치의 오차도 있어서는 아니 되느니
라.
4 너희들이 마음을 비우고 천사와 같은
마음으로 살고자 모든 악습을 지우고
지우는 그것도 힘들고 어려우나,
5 너희들이 그와 같은 것을 아무리 역사
한다 해도 너희가 살아감에 있어서 오
차가 있어서는 아니 됨이니라.
6 모든 사람들과 약속이요, 언행이요,
그 모두를 너희들이 솔선수범해서 지
켜야 되며, 남들과 차별화되는 삶을
살아야 될 것이니라.
7 너희들이 약속과 행함을 지키지 못한
다면 모두 무너지며, 너희들을 보기를
그들은 속과 겉을 다르게 볼 것이니
그리 알라.
8 너희들이 인간 세상에 살아가면서 겉
마음은 무엇이더냐?
9 겉마음은 너희들이 먹을 수 없는 건수
와 같은 것이라 그리하지 아니하였더
냐?
10 정녕 진정한 생수만 생명의 근원이 되
며 너희들이 먹을 수 있으며 소중한
것이니라.
11 인간이 살아가면서 속마음은 주지 아
니하고 겉마음을 준다면, 그것은 건수
를 먹으라 하여 너희들에게 떠 주는
것이며, 진정한 생수를 떠 주지 아니
함이니,
12 그것은 누구든지 할 수 있으며 아무런
가치가 없는 것이니라.
13 먹을 수 없는 물을 먹으라고 떠 준다
면 그것이 무엇이겠느냐?
14 그러니 너의 제자들과 너는 말과 행동
이 일치해야 되며, 너희들이 깨우치는
경지가 높으면 높을수록 주변 정리에
실수가 있어서는 아니 되느니라.
15 실수가 있음으로써 그들은 당장 그럴
것이니라.
16 나 여호와를 믿는 자요, 나 여호와를
따르는 자들이 그러한 생활을 한다,
그와 같은 행동을 한다 말할 것이니,
17 그러니 바로 그것은 나를 대신하여 사
는 삶이 아니라 해도, 이미 너희들은
나를 대신하며 나의 삶을 사는 것이
아니더냐?
18 그러니 이것이 가장 두려워해야 할 문
제이며 너희들이 지켜야 할 문제이니

라.
19 이제는 대전이라는 곳에 성전이 또 하
나 생겼으며, 곧 하나의 성전을 내가
너에게 상으로 내릴 것이니,
20 그리했을 때 그는 점점 뻗어 나감이
니, 그는 세상을 덮어 나가기 시작하
는 것이 아니더냐?
21 그러니 그 속에서 가장 중요한 것은,
너희들이 어떠한 사람으로 그들에게
비쳐지느냐 하는 것이 중요함이니,
22 하나부터 백 가지를 참아야 되는 것이
며, 인내해야 됨이니라, 그리고 사랑
으로 다스려야 됨이니라.
23 너희들이 인간이 가지고 있는 감정이
폭발하며, 네 마음을 다스리지 못하
며, 두마음을 먹고 살아갈 때, 그 모두
는 나를 욕되게 하는 것이며,
24 나의 법전이 세상에 나가는 길을 막는
것이 너희들이라는 것을 잊어서는 아
니 됨을 알라.
25 모든 믿음의 길이요, 나에게 오른다는
그 백성들이 나의 피조물 만백성을 인
도하는 그 지도자라는 자들이 잘 가면
그들이 나에게 오르는 길을 인도하는
것이요,
26 잘못 가면 그들이 지옥으로 인도함이
니,
27 너희들이 바른 행동이요, 바른 삶을
사는 것은 나의 법전이 흘러가는 길을
터 주는 것이요,
28 너희들이 잘못하고 잘못 행동하는 것
은 흘러가는 나의 법전의 길을 막는
것이니,
29 이것이 너희들의 운명임을 잊지 말라
그리 전하라.

9,257 번째 하나님 말씀

2004년 1월 21일 08시 49분

1 사랑하는 나의 아들아!
2 "네, 아버님! 말씀하옵소서."
3 내가 너희들에게 육으로 짓는 그 교회
를 짓지 말며, 너희 마음에 교회를 지
으라 한 것을 너희들은 어찌 알고 있
는가?
4 "네, 아버님! 그렇사옵나이다.
5 저희들이 사랑하는 모든 백성들이요,
또한 저희들이 살아가면서 성전이요,
건물을 지으며 그곳에서 울고불고하
는 그곳은,
6 아버님께서 말씀하시기를, 그는 영원
히 존재하지 못하며 무너지며 부서진
다 하셨사옵나이다.
7 그러니 부서지고 무너지지 않는 그와
같은 교회를 가슴에 지으라는 그 말
씀에는 다음과 같은 뜻이 있음을 저는
느끼고 있사옵나이다.
8 저희들이 생명을 받아 세상에 나올
때, 아버님께서 저희들을 세상에 내려
보낼 때, 그때 생명의 영혼을 주신 것,
그것이 곧 천사와 같은 것이요,
9 그 마음이 곧 저희들의 교회요, 성전
이요, 그보다 더 위대한 것을 지어 가
슴에 안고 세상에 나온다 그리 생각하
고 있사옵나이다.
10 그러나 그것이 살아가면서 무너지고
부서지니, 그리하여 저희들이 오늘의
말세요, 종말의 시대라 하는 그와 같
은 말을 들으며,
11 인간이 인간을 두려워 하는 그와 같은
세상이 되었다 생각하옵나이다."

12 사랑하는 나의 아들딸들아, 너희들이
곧 나의 성전이라는 나의 아들이 전하
는 그 뜻을 알겠느냐?
13 네 몸 안에 나 여호와가 존재함을 너
희들은 알아야 할 것이니라.
14 내가 생명을 내려보내니, 너희들은 나
로부터 생명을 받아 가지고 나간 것이
아니더냐?
15 그러니 너희들의 그 몸 속에 내 성령
이 임하여 있음이니,
16 그때는 천사보다 아름답고 깨끗한 자
요, 그 누구도 너희들을 범접할 수 없
는 수정보다도 더 맑은 마음의 자세로
세상에 나감이니라.
17 그와 같이 내가 너희들에게 심어 준
그 영혼의 마음을 욕되지 않게 살면
되거늘, 어찌하여 너희들은 그리 살지
못하는가?
18 너희들은 세월이 지나가면서 인간의
육의 욕심에 의하여, 너희들의 가슴에
자리 잡은 성령을 몰아내며 그 자리를
지키지 못하도록 하는 것이 아니더냐?
19 어찌하여 너희들은 그와 같은 성령을
지키며 그와 같은 마음으로 살다 나에
게 와야 되거늘, 그 근본을 몰아내고
쫓아내는 그와 같은 행위를 하고 있는
가?
20 이제 그와 같은 나의 성령이요, 최초
에 나로부터 받아 나간 그 생명의 근
원을 너희들이 몰아내서는 아니 된다
는 것을 알아야 될 것이니라.
21 이는 곧 무엇이더냐?
22 너희들의 가슴에 성전이 이미 지어져
세상에 나감이니, 그 성전이 지탱하고
존재할 수 있도록 그리하면 되는 것을,
23 어찌하여 너희들은 나의 성령을 그곳
에서 지탱하지 못하게 하며 몰아내는
그와 같은 행위를 하느냐?
24 내가 너희들에게 내려 준 최초의 영혼
의 그 성령을 그대로 간직하고 지키고
산다면 그것이 곧 하늘에 오르는 길이
요, 나에게 오르는 길이라는 것을 나
의 백성 너희들은 어찌 모르느냐?
25 이 세상의 모든 백성들이 천년만년을
살지도 못하고 백 년의 삶을 넘지 못
하는 그 육의 세상의 삶 때문에 내가
내린 나의 성령이 제자리를 잡지 못하
도록 그리함이니,
26 그것이 오늘의 너희들이 살아가는 근
본의 잘못됨이요, 그로 인하여 모든
문제가 생기는 것이며,
27 너희들이 오늘 어렵고 힘든 그 길을
가도 나에게 못 오는 그와 같은 결과
에 처해 있다는 것을 알라.
28 모든 백성 너희들이 나로부터 받아 나
간 그 성령이요, 영혼의 진실된 마음
을 가지고 지키고 살면 되는 것을,
29 욕심이라는 그것 때문에 너희들이 그
사탄의 마음 때문에 그 모두를 몰아내
고 자리를 잡지 못함이니,
30 너희들이 그를 다시 심는 것이 얼마나
힘들고 어려운 길인지 알겠느냐?
31 너희들이 한 그루의 나무를 심으면 물
을 주고 정성 들여 잘 가꾸면 그는 좋
은 결실을 맺을 것이나, 너희들이 방
치하여 죽었을 때, 그 생명을 다시 살
린다는 것은 얼마나 어렵고 힘든 것인
가?
32 그와 같은 것이니라. 다 죽어 가기 전
에 너희들이 지금 나의 법전을 보고

깨우쳐 거듭나는 새로운 생명이요, 성
령을 너희들 몸에 임할 수 있도록 그
변화의 역사를 하지 아니하면,
33 결코 나에게 오를 수 없으며, 구원이
라는 것도 생각지 말라, 사랑하는 나
의 아들딸들아!

9,258 번째 하나님 말씀

2004년 1월 21일 09시 04분

1 사랑하는 나의 아들아!
2 "네, 아버님! 말씀하옵소서."
3 나의 법전은 나의 성령이니라.
4 그러니 나의 성령이 나의 새로운 법전
이요,
5 새로운 성경이 내려감은 내가 너희들
에게 무엇 때문에 그리 내리는지 알겠
는가?
6 내가 성경에 기록하여 너희들은 섬김
을 받는 자가 되지 말며 받듦을 받는
자가 되지 말라 하였으나,
7 그 도를 지나쳐 제왕적인 대우를 받는
것이 오늘의 종교 집단의 지도자요,
제사장의 이름을 가진 자들이 행하는
것이 아니더냐?
8 내가 나의 법전을 세상에 내려보내는
것은, 성경에 기록되었듯이, 섬김을
받지 말며 받듦을 받지 말며, 그와 같
은 제왕적인 행동을 하는 것을 바로잡
고자 하는 것이 나의 뜻임을 너희들은
알아야 될 것이며,
9 섬김을 받으며 제왕적인 생활에 젖어
있는 너희들을 다스리고 깨우치고자
내가 나의 법전을 지금 나의 아들을
통하여 내리는 그와 같은 역사가 이루
어짐을 너희들은 알겠는가?
10 너희들은 성경의 한 획도 한 자도 고
쳐도 빼도 아니 된다고 목숨을 바치
며, 거기 있는 내용은 너희들이 목숨
을 바쳐 지키고 행해야 된다 그리 가
르치지 아니하는가?
11 그를 빼고 더함이 아니라, 거기에 기
록된 내용들을 너희들이 목숨을 바쳐
지키고 행하는 것이 더 중요한 것이
며, 그것이 너희들이 가야 할 길이라
그리 모든 지도자는 가르치라 전하라.
12 나는 나의 법전을 내려보내니, 너희들
은 섬김을 받으려 하지 말며, 너희들
이 남을 섬기고 받드는 그와 같은 백
성으로서 살아가라는 것을 깨우쳐 주
기 위하여 법전에 구구절절이 그 모두
를 기록하여 전함을 알라.
13 가장 낮은 자가 되어야 될 것이며, 만
인의 종이 되어야 되는 것이 나의 아
들을 따르는 제자요, 그 백성들이 가
야 할 길이니,
14 그를 너희들이 몸소 먼저 행하며, 모
든 종교 집단이요, 지도자들, 제왕이
되고자 병이 든 자, 그들을 너희들이
깨우쳐 주고 치유하도록 그리하라.
15 그리하여 나의 아들 또한 너희들에게
섬김을 받는 것을 삼가도록 할 것이며,
16 너의 제자들 또한 선생으로서 지도자
로서 나가 만백성을 구할 때, 섬김을
받는 그와 같은 일이 없도록 해야 할
것을 명심하도록 가르치라.
17 내가 지금 나의 아들을 통하여 수많은
기적을 이룰 수도 있음이니라.
18 그리고 기적으로써 너희들을 내가 깨
우칠 수 있으나, 기적의 역사를 이룬

다는 것은 내 뜻이 아니라는 것을 이
제 너희들이 알 것이며,
19 기적으로써 나의 아들이 모두를 역사
한다면 모든 백성들이 그 앞에 고개를
숙여 그를 받들며 섬기려 할 것이니라.
20 아무리 나의 아들이 그를 거부하며 너
의 제자들이 그를 거부하고 말린다 해
도,
21 그와 같은 사악한 자들의 행동이요,
그 밀어붙이는 것을 막을 수 없음이
니 내가 기적의 역사를 이루지 아니하
는 것이며,
22 또한 내가 꼭 필요할 때 그를 다스려
쓰고 있음을 너희들은 알아야 될 것이
니라.
23 그리하여 기적의 역사를 이루는 것은
너희들이 원하지 않든 원하든 섬김을
받게 되며, 제왕적인 대우를 받게 되
는 것이니,
24 그와 같이 너희들이 무너지는 것을 내
가 사전에 방지하고 다스리고자, 오늘
너희들이 나의 법전이요, 나의 새로운
성경으로써 만백성을 깨우쳐 그 내용
을 받들어 행하도록 그리 가고 있음이
니 그리 알라.
25 다만 내가 필요할 때, 또한 나의 아들
의 머리가 하얗게 세어 내가 원하는
그 길을 달리고 있을 때, 필요할 때 그
역사를 이룰 수 있을 것이니라.
26 그러나 나의 아들이 법전을 만들어 세
상에 전하며 그의 머리가 백발이 되었
을 때, 나의 법전은 세상을 덮고 있을
것이니,
27 기적이 아니라도 너희들 스스로 기적
을 느끼게 되며, 무엇이 나 여호와의
뜻인지 알아 정상적인 삶의 길을 가는
역사가 이루어질 것이니,
28 기적이란 이루어지지 아니하며 필요
가 없을 것이니 그리 알도록 하라.

9,259 번째 하나님 말씀

2004년 1월 21일 09시 08분

1 나의 백성들이 나의 법전을 읽고 깨우
치며, 너희들이 전하는 소리를 듣고
너희들을 찾아오며 나의 성전을 찾아
올 것이니,
2 과연 너희들을 찾아오는 그 백성들을,
지금의 나의 아들을 따르는 제자요,
나의 법전을 먼저 깨우쳐 가는 너희들
이 그들을 천사로 만들어 하늘에 보내
며 나에게 보내는 그 길로 인도할 것
인가, 그를 사탄으로 만들어 지옥으로
보낼 것인가?
3 그것은 너희들의 행동 여하에 달렸음
을 명심하고, 또 그와 같은 자세의 소
중함을 알아야 될 것이니라.
4 법전을 읽고 깨우쳐 오는 백성들이 너
희들을 만나매, 옳고 바른 행동으로써
그들을 가르치지 못하며, 너희들의 몸
가짐이 흔들리며 말과 행동이 달랐을
때, 그는 바로 무엇이더냐?
5 천사가 되고자 찾아온 나의 백성들을
사탄으로 만드는 것이며,
6 또한 너희들이 바로 산다면 죄로 인하
여 사탄이 되어 있는 백성들을 너희들
이 천국으로 인도하는 그와 같은 역사
를 이룰 것이니,
7 너희들이 마음을 어찌 비우고 지키고
사느냐가 중요함을 알라.

8 지금부터 너희들이 내 마음을 어찌 알
고 내 뜻에 따라서 어찌 행하는가,
9 너희들을 찾아오며 나의 법전을 읽고
어렵게 찾아온 그 백성, 만 명 중에 하
나가 깨우쳐 오는 그 백성을 너희들이
받아들임에 있어서,
10 천사로 만들어 내 대업을 역사하도록
할 것인가, 그렇지 않으면 사탄으로
만들어 보낼 것인가, 그것은 너희 스
스로 결정하고 너희들에게 달렸음을
절대 잊지 말라.
11 나 여호와가 너희들에게 만들어 줄 수
없으며 내가 너희들에게 그리할 수 없
음이니라.
12 너희들의 마음을 열고 닫는 것은 나
여호와도 할 수 없으며, 누구도 네 부
모도 할 수 없으며,
13 오로지 네 마음 안에 있는 문고리가
네 쪽에만 있음이니, 그 문고리를 잡
고 있는 너희 자신만 할 수 있다 하였
음이니라.
14 그러니 이와 같은 이치를 안다면, 너
희들이 바로 살고 못사는 것, 그리고
너희들을 보고 만백성이 깨우쳐 하늘
에 오르는 길로 오고 못 오는 것,
15 그 모두가 너희들의 행동 여하에 달렸
음이니, 너희들에게 달린 과제라는 것
을 알라.
16 지금부터 너희가 마음을 비우지 못하
고 가르치고 전한다면 사탄의 후예를
만들 것이요,
17 너희들이 마음을 비우고 행함에 모범
이 되는 그와 같은 삶을 살며, 너희들
을 찾아온 나의 사랑하는 백성들이 저
희들과 스스로 차별화됨을 느껴 고개
를 숙여 '선생'이라 부를 수 있을 때,
그들은 너희들을 따라 천사가 된다는
것을 잊지 말라.
18 그는 곧 구원의 길을 오게 될 것이며,
그렇지 아니한 자는 천사가 될 수 없
음이니,
19 천사가 되고 못 되는 것, 만백성이 구
원을 받고 못 받는 것은 모두 다 너희
들에게 달렸다는 것을 알라.
20 너희들의 어깨가 얼마나 무거우며, 책
임이 얼마나 무거우며, 너희들의 행함
이 얼마나 중요한 것인가 알라.
21 그리하여 내가 너희들은 죽은 자라 하
였으며, 너희 자신이 없다는 것을 명
심하고 살라 하지 아니하였더냐?
22 자기가 없으며 자기 자신이 존재치 아
니하며 자기를 의식하지 아니하는 자,
그와 같은 백성만 모두 내 뜻을 역사
할 수 있는 백성이며 기초가 되어 있
는 백성이니,
23 그를 행하고 지키지 못하는 백성은 결
코 나에게 올 수 없으며, 만백성의 지
도자가 될 수 없다는 것을 알라.

9,260 번째 하나님 말씀

2004년 1월 21일 09시 15분

1 사랑하는 나의 아들아!
2 "네, 아버님! 말씀하옵소서."
3 이 세상에 구약과 신약이요, 또한 네
가 이루는 모든 기적의 역사는 나 여
호와의 뜻이 아니요, 내가 그 기쁨에
의하여 하는 것이 아니라 그리하였느
니라.
4 나는 그와 같은 역사를 이루고자 하지

아니하며, 기적을 이루고자 하지 아니
하는 것이니,
5 내 뜻이 아니요, 내 기쁨이 아니라는
것을 내가 너희들에게 깨우쳐 주었음
이니라.
6 그것을 하지 아니하면 그를 넘을 수
없는 어쩔 수 없는 환경이요, 상황에
서 내가 기적이라는 극약 처방으로써
너희들에게 길을 열어 준다 하였음이
니라.
7 그러니 성경에 기록하여 나의 아들 예
수가 무어라 전하였느냐?
8 예수의 이름으로 기적을 역사하고 권
능을 행한다 해도 '내가 도무지 알지
못하니, 불법을 행하는 자들아, 내게
서 떠나가라.' 나의 아들 예수가 그리
기록하여 전하지 아니하였느냐?
9 그러니 그 제자들이 예수의 이름을 빌
려 기적을 이루고 권능을 역사하는 것
도, 나의 아들 예수는 그것이 불법이
며 그를 모른다 하지 아니하였던가?
10 그것은 바로 무엇이더냐, 나 여호와가
그 기적을 기뻐하지 아니하며, 그 기
적의 역사를 즐겨 하는 것이 아니요,
11 어쩔 수 없는 환경에 처해서 내린 극
약 처방이요, 위험이 높은 약을 쓰는
것과 같은 것이기 때문이니라.
12 그와 같이 나의 아들 예수를 따르는
제자들이 권능을 행하고 기적을 행해
도 그를 용서치 아니하며 그를 불법이
라 하였음이니,
13 예수의 이름이요, 나의 아들의 이름이
요, 나의 이름을 팔아 너희들이 기적
을 행하는 그 모든 것은 내가 그를 용
서하지 아니하며 나와 관계없다는 뜻
임을 너희들은 알겠느냐?
14 그러니 나의 이름을 찾으며 나의 아들
예수의 이름을 찾으며, 또는 너희들이
나의 법전을 앞에 놓고 기적을 역사한
다 해도, 나의 백성 너희들이 이 세상
을 혼란케 하는 자들이라 그리하였음
이니라.
15 내 이름을 찾으며 나의 법전을 가슴에
놓고 역사하며 기적을 행하는 그와 같
은 자들도 모두 세상의 나의 백성들을
혼란케 하며 나의 백성들을 혼미토록
만드는 것이며, 나의 백성들을 흔들어
놓는 것이니,
16 이는 곧 다 사탄의 장난이니, 그것은
영원히 지속되지 못하며 영구히 그와
같은 기적의 역사는 이루지 아니할 것
이니라.
17 다만 내가 그들을 다 단죄할 때가 있
을 것이니 너희들은 그리 알라.
18 그러니 어떠한 기적의 역사도, 너희들
이 나의 이름을 팔든, 예수의 이름을
팔든, 나의 법전의 이름을 팔든, 그와
같은 기적의 역사를 이루는 것을 나는
원하지 아니하며, 그는 내가 바라지
아니하는 것이니,
19 그 또한 내가 너희들을 반겨 맞이하지
아니하고, 내가 '너희들을 모른다.' 한
다는 그 무서운 뜻임을 알라.

9,261 번째 하나님 말씀

2004년 1월 21일 21시 38분

1 사랑하는 나의 아들아!
2 "네, 아버님! 말씀하옵소서."
3 나의 아들 예수가 세상에 나감이니,

인간의 몸을 통하여 인간의 형체로 세
상에 나갔음이니라.
4 그러니 그 당시의 모든 종교 집단이
요, 지도자들이 그의 출생이요, 그가
태어난 그 자체를 가지고 그들은 나의
아들이라 믿지 아니하였으며,
5 믿지 아니하였기 때문에 그들은 내가
나의 아들 예수를 통하여 내리는 구원
의 길이요, 하늘에서 이루어진 것같이
지상에서 이루고자 하는 그 뜻을 거절
하였으며,
6 그를 그와 같이 고통스럽게 모두를 접
어 두고 일생을 마치도록 하지 아니하
였던가?
7 지금 또한 나의 아들 너를 통하여 저
희들이 원하는 모든 것을 내리며, 저
희들이 역사할 수 있는 것을 내리며,
저희들이 그리 갈구하는 구원의 길을
인도하고자 함이거늘,
8 어찌하여 이를 들여다보지 아니하며
이를 사탄이요, 이단이라 하는가?
9 2천 년 전에 자행했던 것보다도 더 사
악한 행위를 하고 있는 것이 그들이
아니더냐?
10 지금 너희들은 알아야 될 것이니라.
11 나의 아들을 통하여 역사하고자 하는
모든 것, 예수를 통하여 역사하고자
한 모든 신약의 성서를 가지고 너희들
이 무어라 말하느냐?
12 절대 이는 고쳐서도 안 되며 더해서도
안 되며 빼서도 안 된다 그리 말하는
너희들이 과연 어찌 살아가는가?
13 너희들 자신을 한번 돌이켜 봐야 될
것이니라.
14 그리하면서 너희들은 지금 무엇을 말
하느냐?
15 그와 같이 너희들이 빼지도 말고 더하
지도 말고 고치지 말라는 것을, 2천
년 전에 나의 아들 예수를 통하여 너
희들에게 세상에 전하고 가르쳤던 그
뜻을,
16 오늘 내가 나의 아들을 통하여 너희들
에게 그 뜻을 전하며 상세히 깨우쳐
주거늘,
17 어찌하여 그것을 너희들은 지금 받아
들이지 아니하는가?
18 너희들은 2천 년 전에 나의 아들 예수
를 통하여 내가 내린 것은 황금이요,
진주요, 보석과 같이 말하느니라.
19 그 당시의 그것이 진주와 보석이라면,
지금 내가 나의 아들을 통하여 내리는
나의 이 성령도 또한 진주요, 보석이
거늘,
20 어찌하여 2천 년 전에 내린 것은 진주
요, 보석이며, 지금 내리는 것은 너희
들을 사악하게 만들며 지옥으로 인도
하는 사탄의 말이라 그리 말하는가?
21 너희들이 하나를 가지고 다르게 평가
하는 그 저의가 무엇이던가?
22 너희들은 원래 한 입 가지고 두말하는
자들이기 때문에 그렇다는 것을 알아
야 될 것이니라.
23 너희들이 한 입 가지고 두 말을 하며,
너희들 마음속에 두마음을 가질 수 있
기 때문에, 너희들이 하나를 가지고
두 개로 평가하며, 똑같은 것을 가지
고 다르다 말하는 것이 오늘의 너희들
의 행태요, 형국이 아니더냐?
24 그러니 그와 같이 알면서 아니라 말하
는 자, 정답을 알면서 정답이 아니라

말하는 자와 어찌 말할 수 있으며 대
화할 수 있으며 그들과 더불어 갈 수
있단 말이던가?
25 이제 나의 아들을 따르는 제자, 너희
들의 소중함을 알라.
26 2천 년 전에 나의 아들 예수를 통하여
이루고자 하던 그 모두를 상세히 풀어
너희들이 이루는 길이요, 가는 길에
역사하는 것을 직접 기록하여 직접 전
하는 것을 알고 있음이니,
27 너희들은 이것이 바로 나의 진실한,
마지막으로 너희들에게 심판대의 역
사를 하는 것이라는 것을 알라.
28 나의 아들 예수가 전한 것은 그 제자
들이 아니요, 그 제자를 따르는 사람
들이 이것저것 취합하여 기록하여 전
한 것이니라.
29 그것도 몇백 년 동안 능력 있는 자, 귀
족이라는 자들이 가지고 모두를 다스
리고 연구하고 만들어, 인간의 입맛에
맞도록 나의 성서를 고치고 손댄 것임
을 알아야 될 것이니라.
30 그러나 너희들은 그와 같은 것을 한
자도 빼고 더해서도 안 된다 말하며,
31 지금 내가 똑같은 뜻을 직접 나의 아
들을 통하여 내려 너희들의 잘못된 것
을 고쳐 주며 다스리며 그 시시비비를
가려 주는 나의 법전이요, 성령이 세
상에 내려가거늘,
32 이를 거부하며 이는 사탄이요, 사악한
것이라 말함이니, 너희들이 과연 어떠
한 백성들이던가?
33 이는 모두가 저희 스스로 알고 있으면
서 그리함이니라.
34 그들이 알고 있으면서 이제 바로잡히
면 지금까지 저희들이 온 믿음의 역사
가 잘못된 것이며 저희들이 설 자리가
없으며 저희들이 제왕적인 짓을 할 수
없기 때문에 그리함이니라.
35 나는 모든 백성들에게 나의 아들들은
대우를 받는 자가 아니요, 받듦을 받
는 자가 아니요, 섬김을 받는 자가 아
니요,
36 섬기는 자가 되라 한 것이 나의 뜻이
니,
37 섬기는 자가 될 용기와 자신이 없는
자들이 그와 같은 행위를 하고 있다는
것을 잊어서는 아니 될 것이니라.

9,262 번째 하나님 말씀

2004년 1월 21일 21시 50분

1 사랑하는 나의 아들아!
2 "네, 아버님! 말씀하옵소서."
3 나 여호와가 성서에 이미 기록하여 너
희들에게 전하기를, '교만한 자는 멸
망의 선봉장'이라 내가 그리 말하였으
며 '겸손하며 미덕을 갖추는 것은 존
귀함'이라 그리 기록하여 깨우치지 아
니하였던가?
4 그와 같이 기록한 내용을 과연 어찌
새겨들으며 지금 어찌 행하고 있는가?
5 모든 종교 집단이요, 지도자 너희들이
과연 교만이라는 것을 버리고 존귀하
며 겸허한 자세로써 살아가고 있는가,
너희들 자신을 한번 돌이켜 봐야 될
것이니라.
6 어떠한 상황이든 남의 이야기를 듣지
아니하며 그 대답을 듣지 아니하고 그
들의 설명을 듣지 아니하고 너희들 임

의대로 대답하여 결정을 내리는 것은
가장 미련한 자요, 욕을 당하며 그리
살아갈 것이라 기록하여 나의 성경에
전한 내용을 너희들은 아는가?
7 이와 같은 내용을 기록하여 전한 의미
를 너희들은 어찌 아는가?
8 오늘에 모두를 거역하는 백성으로 살
아가기에 너희들을 위하여 내가 일찍
이 그와 같은 내용을 기록하여 전했느
니라.
9 교만은 멸망이요, 그리고 너희들이 남
의 이야기를 모두 듣지 아니하고 너희
임의대로 결정하고 답하는 것, 그와
같은 것이 미련하고 욕된 것이라 하였
으나,
10 욕된 것이라는 것은 너희들이 욕되는
것이 아니요, 지옥으로 간다, 그리고
너희들은 구원을 받지 못한다 내가 기
록하여 전한 것을, 너희들이 욕을 당
하게 될 것이라 그리 나약하게 전한
것임을 알라.
11 이 내용 또한 너희들이 구원받지 못한
다는 의미이니라.
12 이와 같이 너희들이 성서를 기록함에
있어서 너희들의 입맛이요, 너희 뜻대
로 고치고 다스려 나간 것이라는 것을
너희들은 알아야 될 것이니라.
13 내가 일찍이 성서에 기록한 이와 같은
의미를 너희들은 깊이 깨우치고 알아
야 될 것이니라.
14 오늘의 종교 집단이요, 지도자요, 그
리고 울고불고 맹종 맹신하는 그 광신
도들, 그들이 과연 어찌 살아가는가?
15 그들 중에 남의 것이요, 새로운 것을
듣지도 못하며 보지도 못하며 접하지
도 못하며 그와 같이 가르치는 자들이
있다면, 과연 너희들은 그들을 어찌
보겠는가?
16 그들처럼 어리석고 불쌍한 백성은 없
을 것이니라.
17 오늘의 모든 종교 집단의 지도자들이
제가 강론하고 가르치는 것 외에는 보
지도 말며 듣지도 말며 접하지도 말라
가르치는 것이 아니더냐?
18 진정한 보석을 가진 자는 누가 무어라
말해도, 아무리 가짜를 갖다 놓고 설
명하고 포장한다 해도, 그는 흔들림
없이 당당히 그 자리를 지킬 것이며,
어떤 것을 갖다 놓고 선전하든 그는
관심이 없을 것이니라.
19 그러니 제가 가짜 보석을 가진 자요,
찬란한 빛을 발하지 못하는 그 보석을
가졌기에,
20 너희들이 진정한 보석을 가지고 태양
빛에 비추어 봤을 때 그 아름다운 빛
이요, 찬란한 빛을 가짜는 낼 수 없으
며 그를 따라갈 수 없기에,
21 진정한 보석을 가진 자가 오면 너희들
스스로 값어치가 없으며 너희들 스스
로 버림을 받는 그 두렵고 무서운 것
때문에, 너희들은 새로 내리는 것을
듣지도 말며 보지도 말라 그리하니,
22 너희들이 보지도 말며 듣지도 말라는
것은 너희들이 거기에 기록하여 전하
는 내용을 알지도 못함이니,
23 남의 사연이요, 남의 사건의 전말을
듣지도 아니하고 너희들이 그저 일방
적으로 결정짓는 그와 같은 미련한 자
요,
24 종교의 믿음을 그와 같이 남의 정황의

모두를 듣지 아니하고 결정을 내린다
는 것이 얼마나 미련한 자들인가?
25 지옥의 길로 가는 백성이 된다는 것을
너희들은 알고 있느냐?
26 그와 같은 내용을 내가 미리 기록하여
전한 것임을 알라.
27 지금의 모든 종교 집단이요, 지도자들
이 가짜를 가지고 있기에, 진짜가 세
상에 나와 진짜를 가진 자가 그를 보
일까 봐 두렵고 겁내는 자들이니라.
28 인간 세상에서 너희들이 오답을 가지
고 가르치는 자는 정답을 가지고 있는
자가 와서 단상에 서서 가르치면 제가
어떠한 자라는 것을 하루아침에 알게
되기에,
29 문을 걸어 잠그고 그를 모함하며 음해
하며, 그를 절대 단상에 서지 못하도
록 하며, 정답을 가르치지 못하게 하
는 것이 오답을 가르치는 미련한 자가
아니더냐?
30 그 당시라도 제가 깨우쳐 저도 배우는
자가 된다면 다음 세대에 가서 제가
그와 같은 부끄러운 일은 당하지 아니
할 것이며, 이웃에게 또한 다른 사람
들 앞에 가서 체면을 세울 수 있으며,
저 자신이 바로 가르치는 선생으로 설
수 있는 것이거늘,
31 그 기회마저도 저버리는 것이 어리석
은 백성 너희들이 아니더냐?
32 그러니 너희들처럼 어리석고 불쌍한
백성은 없음이니, 나 여호와가 그를
의미해서 말한 것이니라.
33 너희들을 구원하고자 내가 나의 아들
을 통하여 160권이라는 새로운 성경
이요, '하늘에 오르는 길'이요, '하나
님! 말씀하옵소서.'라 하여 내가 이를
법전이라 하여 세상에 내려보내거늘,
34 모든 종교 집단이요, 지도자들이 어찌
하는가?
35 저희들은 읽어 보지도 아니하며 들여
다보지도 아니하며,
36 그를 읽고 깨우쳐 하늘에 오르는 길을
알고자 하는 그 백성들에게 절대 보지
말라 하며,
37 이를 보는 것은 사탄이 되는 것이요,
지옥으로 가는 것이요, 너희들을 현혹
해 지옥 불로 던지기 위한 사탄이 만
들어 낸 것이요, 사탄이 내려온 것이
며, 마지막 시대에 거짓 선지자가 내
려온 것이라 하느니라.
38 그러니 너희들은 더 열심히 기도하며
더 열심히 재물을 바치며 광란의 짓으
로써 제가 가르치는 설교를 듣고 깨우
치라 그리 가르치는 것이니라.
39 그러니 그것이 얼마나 어리석은 백성
들인가?
40 거듭나는 영광을 얻을 수 있는 나의
사랑하는 백성들까지 그 모두를 저버
리게 하며, 그들도 하늘에 오르는 길
이 아니요, 지옥으로 가는 그 길을 인
도하는 자들이니,
41 그러니 그 속에서 어리석고 불쌍한 것
은 나의 백성들이니라.
42 이제 너희 스스로 깨우쳐 하늘에 오르
는 길이요, 나의 법전을 읽고 깨우쳐
바른길을 찾도록 하지 아니하면 아니
될 것이니라.
43 내가 너희들에게 전함이니라, 나의 아
들을 사이비요, 이단이요, 사탄이라
말하는 자, 너희들은 들으라.

44 너희들이 정녕 나의 아들이 강론하는
것, 그 제자들에게 가르치는 것, 그리
고 나의 뜻을 전하는 것을 직접 들어
보고 나서 평가해도 늦지 않거늘,
45 어찌하여 들어 보지도 않고, 보지도
않고, 이를 사탄이요, 이단이요, 너희
들이 말하는 사이비 종교 집단이라 그
리 말하는가?
46 나는 너희들에게 물어보고자 하느니
라.
47 너희들이 하루에 몇 시간의 예배를 보
며 공부를 하느니라.
48 그러니 종교 지도자가 가르치며 설교
하는 내용이 거기에 무엇이 있느냐?
49 인간 세상에 살아가고 얽히고설킨 것
을 언성을 높이며 목구멍이 터지라 소
리를 지르며,
50 그저 '아멘! 할렐루야! 믿습니다! 맞
습니다!' 하는 소리를 유도하며 박수
를 유도하는 것이 너희들이 아니더냐?
51 이웃집이 아이를 낳아서 어떻고 저 윗
집의 할머니가 어떻고 저 집의 할아버
지가 어떻고 하며,
52 너희들이 쓸데없는 말을 가지고 큰 가
르침이요, 나 여호와의 뜻에 의한 것
처럼 단상에 서서 소리 지르고 악을
쓰며 그 백성들을 혼돈케 하여 '맞습
니다! 믿습니다!' 소리를 끌어내는 것
이 너희들이 아니더냐?
53 그리하고 결국 너희들은 재물을 거둬
들이는 것이니라.
54 그러니 너희들이 나의 백성이요, 신도
라는 자들을 기다리는 그 순간의 마음
자세가 무엇이더냐?
55 너희들이 깨우치고 진리를 가르쳐 하
늘에 오르는 길로 인도하기 위하여 그
들을 너희들이 문을 열어 놓고 기다리
는가,
56 아니면 그들이 가지고 오는 재물이요,
봉투를 거둬들이는 그 즐거움 때문에
기다리고 있는가, 스스로 너희들은 평
가해 보라.
57 나의 아들이 과연 나의 뜻을 가르칠
때 어찌하는가?
58 그는 한 시간이요, 정해진 시간에 단
상에 서서 내 뜻이요, 내가 명한 것,
옳고 그른 것을 가르치며,
59 너희들에게 행하라 하며, 행하지 않는
자는 성전에 오지 말라 하며,
60 그는 끝난 다음에 그들에게 재물을 바
치라 함이 없으며, 재물을 거두어들이
지 아니함이니,
61 그가 문을 열어 놓고 기다리는 것은
진정한 깨달음이요, 내가 사랑하고 내
가 기뻐하는 나로부터 선택된 아들딸
이 오기를 바라는 것이지,
62 재물을 들고 오는 것을 바라지 아니함
이니,
63 어떠한 것이 하늘에 오르는 길이요,
어떠한 것이 지옥으로 가는 길이요,
64 어떠한 자가 교만한 자요, 욕심이 있
는 자요, 도둑의 마음을 가진 자요, 어
떠한 자가 만백성을 가르치는 천사와
같은 마음을 가지고 가는 자인가?
65 나의 아들이 너희들이 읽고자 하는 책
을 못 읽게 하던가, 너희들이 읽고자
하는 서적을 뒤지지 못하게 하던가,
66 나의 아들이 너희들이 이웃 교회를 간
들 말하던가, 너희들이 어떠한 종파를
간다 하여 말하던가?

67 나의 아들은 가 보라 하며, 가서 배우
고 들으라 그리 말함이니,
68 정녕 지금 나의 아들이 행하는 역사와
반대로, 모든 종교 집단이요, 지도자
요, 수천 년 동안 흘러오면서 뿌리내
리고 조직을 가졌으며 방대한 힘을 가
지고 있는 너희들은 이웃에 있는 종교
집단을 들여다보지도 못하게 하며, 세
상에 나와 있는 서적이요, 책도 읽지
못하도록 하니,
69 과연 누가 진실이며 과연 누가 거짓된
보석을 가지고 있는가?
70 가짜와 진짜라는 것을 너희들이 생각
해도 알 수 있는 것을, 어찌 이것 하나
구분하지 못하고, 어리석은 백성들아,
너희들이 지옥으로 가는 타락의 길로
떨어져 가느냐?

9,263 번째 하나님 말씀

2004년 1월 21일 21시 57분

1 사랑하는 나의 아들아!
2 "네, 아버님! 말씀하옵소서."
3 나의 피조물 만백성들이 내가 내린 태
양이요, 달빛 아래 이 세상을 살아가
며 자연을 취하여 똑같이 살아가느니
라.
4 그러니 이 세상에서 같은 삶이요, 같
은 형국으로 살아가는 너희들이 살아
가면서 행하는 것은 어떠한 것으로써
귀착되는가?
5 너희들은 살아가는 모든 생활 속에서
반드시 두 갈래의 길에서 하나를 선택
하는 그와 같은 삶을 살아야 하는 것
이 너희들의 운명이라 그리하였느니
라.
6 너희들은 선과 악의 갈래길에서 어떠
한 것을 선택해야 하는가 그것을 살아
가면서 수없이 결정해야 되며 수없이
선택하는 것이라 내가 그리 너희들에
게 전하였느니라.
7 그리하여 너희들이 선택했을 때, 그를
어찌 행하고 가느냐 그것은 너희들의
운명이요, 벗어날 수 없는 길이라 하
지 아니하였더냐?
8 너희들이 악을 행하며 악을 생각하고
악의 삶으로 살아간다면 너희들은 악
의 씨를 계속 키우게 되며 그 씨앗을
뿌리게 되는 것이라 내가 그리 말하였
느니라.
9 그러나 선함을 행하고 살며 선한 행동
을 보이며 사는 자는 선한 씨앗을 뿌
리는 것이며, 그 선한 씨앗을 세상에
전함이니 만백성들이 또한 구원의 길
을 볼 수 있는 것이라 내가 그리 말하
였느니라.
10 이제 너희들은 들어야 될 것이니라.
11 너희들은 똑같이 입에서 나오는 말이
있느니라.
12 말이라는 것은 너희 입을 통하여 모든
의사를 전달하지 않느냐?
13 그러니 그 말에 또한 무서움이 있음을
알아야 될 것이니라.
14 너희들이 같은 입에서 나오는 똑같은
말이요, 음성이요, 그 소리라 하여도,
15 거기서 나오는 것, 너희들이 하는 것
에 따라서 구원의 양식이 되는 말이
있는가 하면, 나의 피조물 만백성을
지옥으로 이끌어 가며 인도하는 그와
같은 말이 될 수 있는 것이니,

16 너희들의 입을 통해서 나오는 말 한마
디가 얼마나 귀하고 소중한 것인가 알
아야 될 것이니라.
17 너희들이 한마디 던지는 그 말로 희망
을 가지고 구원의 길로 갈 수 있는 백
성으로 인도할 수도 있으며,
18 패자로 살아가며 세상을 다 부정적으
로 보고 살아가며, 그리하여 선함을
행하지 못하여 지옥으로 가는 삶을 살
아갈 수 있도록, 사람을 그리 만드는
것이 너희들의 입에서 나오는 그 말이
니,
19 그 말의 소중함과 귀함을 알아야 될
것이니라.
20 이제 나의 사랑하는 아들을 따르는 제
자 너희들은 알아야 될 것이니라.
21 너희들은 이 세상에 살아가면서 배가
고플 때 밥을 먹고 배가 부른 그 행복
이요, 귀함을 아느니라.
22 그러나 이제 나의 아들을 따르는 제자
너희들은 음식을 먹어 배가 부른 그와
같은 배부름의 인간의 삶을 사는 것이
아니라,
23 나 여호와가 내리는 참진리요, 내가
나의 아들을 통하여 내리는 강론을 듣
고 그를 받아들여 너희들이 그를 먹고
배부른 느낌을 가지며, 배부른 삶을
사는 그와 같은 백성으로 변해야 될
것이니라.
24 내가 나의 아들을 통하여 내리는 그
입으로 나가는 말을 받아들임에 있어
서 너희들이 참진리의 뜻이요, 그를
잘 받아들이는 자는 먹지 않아도 배부
름을 알 것이요,
25 그를 듣지 못하며 제대로 받아들이지
못하는 자는 아무리 먹어도 너희들이
배부름을 모르는 것이니라.
26 그러한 백성은 음식을 먹어 제 배가
부른 것, 그것만 배가 부름으로 알 것
이니라.
27 내가 나의 피조물 만백성 너희들에게
나의 법전을 만들어 세상에 전함이니,
28 이를 읽고 깨우치는 백성들은 먹지 않
아도 배부름을 알 것이며, 참진리를
너희 몸에 섭취하는 것이 얼마나 귀하
고 소중한 것인가를 알 것이니라.
29 그들은 지금 혼탁한 저희들의 마음을
다스려 나가며, 광명한 천지의 빛을
보며 하늘에 오르는 길을 알며, 제가
존재하는 가치를 알며, 인간의 삶의
길을 깨닫고 있기에,
30 그들은 세상의 무엇과도 바꿀 수 없는
배부름을 얻게 될 것이니라.
31 그러나 나의 법전을 읽고 깨우치지 못
하며 그를 보고도 깨닫지 못하는 백성
은,
32 나의 참진리요, 나 여호와의 뜻이요,
하늘에 오르는 그 빛을 받음으로 저희
가 배부르고 편안하고 평강함을 모르
고,
33 음식을 먹음으로 배부를 줄만 알며 물
을 마셔 갈증을 해소하는 것밖에는 모
르는 자들이니라.
34 오죽하면 내가 너희들에게 말하여 전
하였느냐?
35 너희들은 빵으로만 살아갈 수 없는 나
의 사랑하는 백성들이요,
36 모든 동식물을 지배할 수 있는 지혜를
준 아버지요, 창조주 나의 만백성이
요, 그리고 너희들만 가진 특성이요,

너희들만 가지고 있는 은혜라 그리 예
수가 전하지 아니하였던가?
37 그러니 예수가 빵만 가지고 먹고살 수
없다는 것은 무엇이더냐?
38 빵을 먹고 배부른 자는 육의 세상을
벗어나지 못하며 짐승과 같은 삶을 벗
어나지 못한 자요,
39 성령이요, 참진리요, 하늘의 빛을 먹
고 마시고 사는 그것이 너희들이 정녕
사는 길이요, 배부름을 느끼는 자는
영원히 사는 세상에 올 수 있는 백성
이라는 의미에서 나의 아들 예수가 그
리 말하였느니라.
40 나 여호와가 내리는 참진리의 가르침
을 먹고 사는 자가 선택된 백성이요,
거듭나는 영광을 얻을 것이요, 빵을
먹고 배부름을 느끼는 자는 그와 같은
길을 볼 수 없다 가르친 그 뜻을 너희
들은 깨달아야 될 것이니라.

9,264 번째 하나님 말씀

2004년 1월 21일 22시 06분

1 사랑하는 나의 아들아!
2 "네, 아버님! 말씀하옵소서."
3 인간 세상에 너희들이 살아감이니, 자
식이 잘못 살아가며 부모의 뜻을 거역
할 때, 부모는 어찌하는가?
4 그 자식을 바로 다스리고 바로 세우기
위하여 매를 듦이니라.
5 그러니 그 부모가 매를 들 때, 어떠한
마음으로써 매를 드는가?
6 부모는 어쩔 수 없기 때문에 그 매를
듦이니라.
7 그러니 부모가 사랑하는 마음속의 그
매는 무엇이던가?
8 무서운 회초리가 되는 것이니라.
9 또한 그와 같이 부모가 매를 들고 자
식을 다스리고자 할 때, 그 부모의 마
음은 과연 어떠하겠는가?
10 그 부모의 마음 아픔을 너희들은 모를
것이니라.
11 그러니 부모가 자식을 다스리기 위해
드는 그 매는 필요악이니라.
12 그것이 필요하듯이, 지금 너희들이 살
아가는 그와 같은 길이요, 나에게 오
르는 길이요, 믿음의 길을 가는 그 백
성 너희들을 바로잡기 위하여, 너희들
을 하늘에 오르는 그 영광의 은혜를
얻게 하기 위하여,
13 사탄이라는 그 매가 너희들에게 필요
하기 때문에 그들이 존재함을 너희들
은 알아야 될 것이니라.
14 그러나 너희들은 잘못 가는 그 자식을
바로잡기 위하여 부모가 때리는 그 사
랑의 매를 무서워하며,
15 오로지 그 매의 무서움만을 알며, 그
매가 무서워 너희들이 바로 서는 그와
같은 삶이요, 바로 서고자 한다면 과
연 어떠하던가?
16 너희들은 잘못되었으며 모두를 알지
못하는 것이 아니던가?
17 가장 귀하고 소중한 것을 알지 못함이
니, 너희들이 그저 때릴 때의 아픔을
느끼는 매를 보고 바로 서고 깨닫고자
한다면 그것은 한계가 있을 것이니라.
18 그러니 너희들은 여기서 그를 알아야
될 것이니라.
19 매를 때려 아픈 것을 생각하기 전에,
매를 때리는 그 부모의 아픈 마음을

알 수 있는 자식, 그 마음을 들여다보
는 자식이 되어야 됨을 너희들은 절대
잊어서는 아니 될 것이니라.
20 너희들이 매의 무서움을 알면서 때리
는 부모의 그 아픈 숨결을 모른다면,
과연 너희들이 진정한 믿음이요, 진정
한 깨달음이요, 세상에 살아가는 진정
한 길을 볼 수 있겠는가?
21 너희들은 사랑이요, 그리움이요, 인간
의 소중함이요, 가르치고 배움이라는
것, 그리고 부모의 사랑이요, 그 모두
를 느끼지 못하고 살아가는 메마른 백
성이 되는 것이니라.
22 그러니 매는 무서워하면서 그를 때리
는 부모의 가슴 아픔이요, 아픈 숨결
을 모르는 백성이 되어서는 아니 될
것이니라.
23 지금의 모든 종교 집단이요, 지도자들
이요, 그들이 가는 것이 무엇이더냐?
24 저희들을 다스리고자 때리는 매가 필
요하여 세상에 내보낸 사탄이요, 그들
의 역할은 무서워하며 존경하며 두려
워하는 것이 그들이니라.
25 그러니 지금 너희들이 어떠한 것이더
냐?
26 부모가 자식을 바로잡기 위하여 사랑
의 매를 듦이니, 그 매가 무서워서 그
자식이 바로 서고자 하는 것처럼,
27 너희들은 내가 믿음의 길이요, 너희들
을 바로 깨우쳐 하늘에 오르게 하기
위하여 존재하게 했던 그 사탄을 무서
워하는 것이니,
28 어린 아이가 매만 무서워하며 부모의
아픈 숨결을 모르는 것과 같은 것이
바로 너희들의 오늘의 믿음이니라.
29 그리하여 너희들은 사탄을 숭배하며
그 사탄을 두려워하는 것이요, 그리하
여 사탄의 종이 되어 가는 것이 너희
들이니,
30 부모의 그 아픈 숨결이요, 진정한 사
랑이요, 아름다움을 모르는 것이니라.
31 지금 모든 나의 백성 너희들이 그와
같으니, 나 여호와의 마음이요, 내 아
픈 심정을 너희들이 아는가?
32 사탄을 존재하도록 놔두는 것, 사탄이
너희들을 희롱하도록 놔두는 것, 사탄
이 너희들을 이끌어 가고 무너지게 하
는 것,
33 그와 같은 것을 보면서도 참고 있는
내 마음의 아픔을 너희들은 알아야 될
것이며, 내 심정을 들여다봐야 될 것
이니,
34 너희들이 그 사탄에게 무너져서는 아
니 될 것이며, 그를 두려워해서도 아
니 되며, 그 종이 되어서도 아니 될 것
이니라.
35 사랑의 매는 매일 뿐이요, 그 부모 마
음의 슬픔이요, 부모의 숨결을 보도록
그리한다면, 너희들이 어찌 살아가야
하며 어찌 서야 하는지 알 것이니라.
36 매를 무서워하는 삭막한 백성은, 그
매가 아닐 때 그는 무너질 것이며,
37 그리고 그 매만 생각하는 자는 사랑의
매요, 아픈 숨결을 몰아쉬는 그 부모
의 마음을 거역하는 자요, 그를 아프
게 하는 자이니, 탕아로 그들이 타락
할 것이며 그와 같은 삶을 살아갈 것
이니라.
38 부모가 때리는 사랑의 매를 알며, 부
모의 아프고 고통스러운 그 숨결이요,

그 마음을 아는 자는 바로 효성스러운 자식으로서 사회에 필요한 인간으로 클 것이니,
39 오늘의 종교 집단이요, 믿음의 길을 가는 백성 너희들, 사탄을 두려워하며 사탄을 숭배하는 자들이 그와 같은 자로 되어야 될 것이며,
40 그와 같이 사탄으로 하여금 너희들을 다스리고자 하는 나 여호와의 아픈 심정을 아는 백성은 나의 뜻에 따라 하늘에 오르는 그와 같은 길을 갈 수 있는 백성이라는 것을 알라.

9,265 번째 하나님 말씀

2004년 1월 21일 22시 16분

1 사랑하는 나의 아들아!
2 "네, 아버님! 말씀하옵소서."
3 너희들이 인간 세상에 살아가면서 천재적인 능력이 있고 뛰어난 자가 모두를 다 지배하며, 부귀와 영화를 누리며, 인간 세상에서 너희들이 세속에서 말하는 성공하는 자라 말할 수 있느냐?
4 너희들은 결코 그와 같이 말할 수 없을 것이니라.
5 능력이 있다 해도 무엇이 이루어지고 안 이루어지는 것이 그것으로써 결정이 나는 것은 아니지 않더냐?
6 천재성이 있다 해도 노력을 하지 아니하면 아무것도 이룰 수가 없으며 거둬들일 수가 없는 것이 아니더냐?
7 너희들은 그와 같은 이치를 잘 알고 있으며, 그와 같은 것을 인간 세상에서 수없이 보고 또 체험하고 살아가는 것이 너희들이니라.
8 그러니 너희들이 이루고자 하는 뜻을 이룰 수 있는 것, 너희들이 인간 세상에서 남부럽지 않은 그와 같은 인생의 삶을 살아가는 것은 무엇이더냐?
9 부단히 노력하는 자, 그리고 끈기를 가지고 노력하며 자신을 훈련시켜 갈 때, 너희들은 좋은 결과요, 그 목표하는 것을 이룰 수 있는 것이 아니더냐?
10 그러니 그와 같은 노력과 끈기가 모두를 얻는 그와 같은 결과가 이루어지는 것이요,
11 아무리 천재성이 있다 해도, 남들이 노력하여 이루는 것이 스스로 이루어지며 그 대가가 너희들 앞에 이루어진다는 생각을 하지 아니할 것이며, 그렇지 못한 것을 많이 보고 있을 것이니라.
12 노력하지 아니하면 아무리 천재성이 있다 해도 아무것도 이루어지는 것이 없는 것이니라.
13 그러니 너희들의 믿음이라는 것이 과연 어떠하던가?
14 지금의 너희들이 가지고 가는 그 믿음이 잘못되었음이니라.
15 천재적인 재능을 가지고 있는 자는 노력하지 아니하고 일하지 아니하며 자신을 계발하지 아니해도 남부럽지 않은 삶을 살 수 있다고 믿는 오만하고 방자한 자이니,
16 그와 같은 자는 결국 얻어지는 것이 무엇이 있는가?
17 스스로 패자가 되는 것이며,
18 그와 같은 천재성을 선한 곳이요, 인간 사회를 위해 쓰는 것이 아니요,
19 마지막에는 악한 곳, 사악한 곳에 그

를 발휘하고 쓰게 되는 것이 천재성을
가지고 있는 자가 끈기 있게 노력하지
않은 결과가 아니던가?
20 너희들의 오늘의 믿음이 그러하니라.
21 나의 아들 예수를 구세주라 부르기만
하며, 나 여호와를 아버지라 부르며,
너희들에게 무엇을 이루어 달라, 무엇
을 역사해 달라, 울고불고 찾는 그와
같은 믿음의 길을 가기만 하면 너희들
은 구원받는 것이라 그리 말하고 있음
이니라.
22 그러니 그것이 얼마나 잘못된 것이면
내가 너희들이 죽어 내 앞에 왔을 때,
23 너희들은 나를 위해 평생을 살아왔다
하나, 내가 너희들을 모른다고 하는
그 무서운 말로써 너희들에게 대답한
다 하였겠느냐?
24 노력과 끈기와 용기 없이는 절대 구원
을 받을 수 없으며 이루어질 수 없음
을 알라.
25 그리고 너희들은 노력과 용기와 그 끈
기가 무엇이더냐?
26 너희들이 하늘을 향하여 한 점의 부끄
럼이 없는 삶을 살기 위한 그 끈기 있
는 노력과, 그리고 너희들이 내가 내
린 계명을 지키고 사는 그와 같은 노
력 없이는 절대로 구원의 역사가 이루
어질 수 없다는 것을 알아야 할 것이
니라.
27 그러니 너희들은 구원받을 수 없다는
것을 알라.
28 그러나 지금의 나의 피조물 만백성 그
들은 재물과 금화를 거둬들이기 위하
여 그들에게 말하느니라.
29 너희들이 나의 아들 예수를 구세주라
부르기만 하면, 그리고 나를 찾고 울
고불고한다면, 너희들이 나를 아버지
라 부르기만 한다면,
30 너희들은 예수의 보혈로써 모든 죄를
씻어 구원을 받는다 그리 말함이니,
31 그것이 비로 천재적인 재능만 믿고 노
력하지 아니하여 폐인이 되며,
32 폐인에서 벗어나기 위해 사악한 방법
으로 제 머리를 쓰는 자들과 너희들은
똑같은 오늘의 형국에 처해 있다는 것
을 나의 법전에 기록하여 전함이니라.
33 너희들이 그저 말로써 구원을 받았다
하며 행함은 없는 그와 같은 오늘의
너희들의 믿음이 어떠한가?
34 나는 너희들을 보기에 가슴이 답답하
며 내 마음이 아픔을 너희들이 아느냐?
35 한 자를 고쳐도 안 되며 빼도 안 되고
더해서도 안 된다는, 너희들이 말하는
그 성서에 내가 너희들에게 기록하여
전하지 않았더냐?
36 '행하지 않는 믿음은 곧 죽음의 믿음'
이라 그리하였거늘, 어찌하여 너희들
은 행함이 없는 그와 같은 믿음으로
가는가?
37 오만하고 자만한 것, 그리고 섬김을
받는 자는 지옥으로 가는 길이라 하였
거늘,
38 오늘의 지도자요, 또한 그들이 어떠한
행위를 하며, 믿음의 길을 가는 백성
들이 어찌 가는가?
39 이웃과 더불어 문을 열고 모두를 서로
웃고 협조하며 살아가야 하는 것이 너
희들이거늘,
40 너희들이야말로 자기는 구원을 받은
자요, 특별한 자요, 오물이 묻어 있지

않은 자요, 나 여호와가 기억하는 자
요, 그리고 너희들은 죽기만 하면 나
에게 와 상을 받을 수 있는 선택된 백
성이라는 그 착각 속에서 문을 닫고
살며 너희들 자신의 마음을 닫고 사는
자들이니,
41 그와 같이 불쌍한 자들이 이 세상을
지배하고 있으며, 그들이 지금도 거리
로 나가 나의 사랑하는 백성들을 지옥
으로 가는 그 길로 이끌어 가고 인도
함이니,
42 과연 너희들이 지금 어찌 가야 되겠느
냐?
43 사랑하는 나의 아들을 따르는 제자들
이요, 그리고 나의 법전을 읽고 깨우
친 만백성 너희들은 들으라.
44 너희들의 형제가 지금 지옥 불로 감이
니, 너희들이 형제를 사랑하며 이웃을
사랑하며 나의 피조물 만백성을 사랑
한다면, 지옥으로 가는 자들을 그저
바라보고만 있어야 되겠느냐?
45 지옥으로 가는 길을 인도하는 백성들
은 써서 들고 지고 세상에 길거리에
나와 저를 따르라, 누구를 따르라, 어
찌해야 너희들이 구원을 받는다 하며
지금 지옥으로 이끌어 가는 데 모두를
다 바치고 있거늘,
46 너희들은 과연 지금 무엇을 하고 있느
냐?
47 들판에 가서 씨앗을 뿌리지 않는 자들
과 일하지 않는 자는 가을에 수확할
수 없다는 이치를 내가 너희들에게 전
했듯이,
48 그들은 지금 씨앗을 뿌리고 가꾸고 있
음이니라.
49 그것도 알곡식이 아니요, 너희들이 말
하는 가라지요, 그리고 버리는 것이
요, 악의 씨앗을 뿌리며 악을 키우고
가꾸는 그와 같은 일을 잠시도 쉬지
아니하고, 헤아릴 수 없는 백성들이
지금 씨앗을 뿌리거늘,
50 선한 씨앗을 가지고 있는 너희들은 네
손에 쥐고 있으며 네 가슴에 안고만
있고, 자신이 없어 세상에 뿌리지 못
하며 심지 못하고 있음이니, 어찌해야
된단 말이더냐?
51 너희들의 가슴에 안고 손에 쥐고 있는
그 선한 씨앗을 뿌려 세상을 덮어 나
갈 때,
52 그 가라지가 뿌리를 내리지 못하며,
악의 씨를 뿌리지 못하며, 뿌리를 내
리지 못하니,
53 그와 같은 길은 너희들이 손에 들고
있는 그 선한 씨앗을 심어서 세상을
덮는 길밖에 없으니,
54 나의 법전을 만들어 전하고 전하는 데
너희들이 어찌해야 될 것인가?
55 그들 보다 열배 백배 더 뛰고 노력해
야 되거늘, 너희들이 어찌하여 잠만
자고 있단 말이더냐, 사랑하는 나의
아들딸들아!

9,266 번째 하나님 말씀

2004년 1월 21일 22시 28분

1 사랑하는 나의 아들아!
2 "네, 아버님! 말씀하옵소서."
3 너를 따르는 그 제자들이요, 그리고
나의 법전을 읽고 깨우쳐 선택된 백성
너희들이 과연 무엇이며, 무엇이 다른

줄 알겠느냐?
4 지금 너의 제자들에게 너는 그와 같은
이치를 깨우치고 전해야 될 것이니라.
5 사랑하는 나의 아들아!
6 "네, 아버님!"
7 너는 무엇이 다르다 생각하느냐?
8 "네, 제가 감히 생각하기에는, 이것이
다른 것이라 생각되옵나이다.
9 제가 인간의 생각으로 살 때, 저의 제
자들이 아버님을 모르며 법전을 모르
며 아버님의 성전을 찾지 아니하며,
아버님이 저를 통하여 내리는 그 성령
이요, 강론을 듣지 아니했을 때,
10 즉 아버님께서 지금 저의 제자들, 법
전을 읽고 깨우친 백성들을 부르고 찾
기 전까지는, 그들이 살아가는 삶이
어찌했든 간에, 저는 그와 같은 삶과
오늘의 삶이 엄청난 차이가 있음을 깨
닫고 있사옵나이다."
11 그래, 나의 아들아, 그것이 무엇이더
냐?
12 "아버님께서 부르시고 선택하며 법전
을 읽고 깨우치며 저와 더불어 가는
그 제자들은 저희들이 하늘을 속일 수
있었으며, 아버님을 속일 수 있으며,
또한 아버님이 무관심할 수 있으며,
또 기억하지 않을 수 있으며, 아버님
과 관계없는 그와 같은 백성이라 할
수도 있사옵나이다.
13 그러니 그때는 하늘을 속일 수 있으
며, 또한 아버님을 속일 수 있으며, 저
자신들이 죄를 지으면서도 그 두려움
을 모르고 그와 같은 삶을 살 수 있는
여유 있는 그와 같은 삶이었다 그리
생각하옵나이다.
14 그러나 이제는 그것이 아니 되옵나이
다.
15 저희들이 선택되어 이 역사를 하는
백성이요, 법전을 읽는 백성은, 한 교
실 안에 몇 명을 놓고 선생이 그 시험
감독을 하기 위하여 그의 눈을 똑바로
뜨고 쳐다보고 있듯이,
16 그와 같은 관심을 가지고 있는 선생
밑에서 저희들이 거짓말하지 아니하
며 시험지를 속일 수 없는 것처럼,
17 저희들이 그 많은 학생들을 감독하되
그 선생이 너그럽게 거짓말하는 자,
또 속이는 자, 남의 것을 보는 자를 덮
어 주고 또한 그를 모르는 체할 수도
있으나,
18 열 명도 안 되는 속에서 엄격한 선생
이 시험 감독을 하며, 부정을 용납하
지 않는 선생 앞에 있을 때, 감히 무엇
을 어찌하겠사옵나이까?
19 그와 같이 다른 것이라 저는 생각하옵
나이다.
20 예전에는 아버님 앞에서 저희들이 거
짓을 하며 하늘을 속이고 지금 얼렁뚱
땅 그저 대충대충 생각나는 대로 살아
갈 수 있었을 것이라 생각하오나,
21 이제 아버님으로부터 선택된 백성이
요, 부름을 받은 백성은 절대 그와 같
이 할 수가 없다는 것,
22 아버님께서 엄격히 감독하시며, 하나
도 놓치지 아니하고 보고 계시며, 하
나도 놓는 것이 없이 보고 계시는 것
이라는 그와 같은 무섭고 두려운 마음
을 저는 갖고 있으며 그를 알고 있사
옵나이다.
23 그것이 또한 아버님께서 저희들에게

내리는 상이요, 저희들을 사랑하는 것
이라 저는 그리 생각하옵나이다.
24 이제는 아버님께서 내리시는 법전을
읽고 깨우치는 그 백성들, 저희들이
어떠한 것인가를, 저는 그와 같은 비
유로써 알고 있사옵나이다.
25 그저 대충 넘어가는 선생 앞에서 저희
들이 그저 시험을 치르는 자, 대충대
충 가는 느슨한 감독관 앞에서 옆에
있는 것을 보며 앞에 있는 것을 볼 수
있는 여유 있는 그와 같은 삶을 살았
다면,
26 그것이 아버님을 모르며 법전을 접하
지 아니하였으며 아버님께서 내리는
강론을 듣지 않는 삶이라 그리 생각되
오며,
27 이제는 엄격한 선생이요, 절대 용납하
지도 않는 선생이 몇 사람을 시험 감
독을 하는 것, 그 눈을 부라리고 뜨고
있는 것, 그리고 계속 움직이는 것, 그
리 감독하는 차이라 저는 그리 감히
사료되옵나이다.
28 이제는 아버님을 속일 생각을 해서도
아니 되며, 하늘을 속일 수 있다는 생
각을 해서도 아니 된다는 것,
29 그리하여 아버님께 부름을 받기 전의
삶과 지금의 부름을 받은 삶의 그 형
태가 그와 같이 무섭고 두렵다는 것을
저희들은 알아야 될 것이나,
30 아직 저의 제자들은 이를 깨닫지 못
하며 이를 알지 못하고 있는 것 같사
옵나이다."
31 사랑하는 나의 아들아, 그러하니라.
32 내가 너희들을 부르고 선택한 것은 무
엇이더냐?
33 이제 너희들은 내가 하나도 보지 않는
것이 없으며 관여하지 않는 것이 없으
니, 너희들이 나를 속인다는 생각 자
체도 해서는 아니 될 것이니라.
34 누구도 나를 속일 수 없으나, 각별히
내가 너희들이 움직이는 모두를 바라
보고 있으며 쳐다보고 있다는 생각을
너희들은 하지 아니하면 아니 될 것이
니 그리 알라.
35 그것이 두려우며 무서운 것을 알아야
될 것이니라.
36 너희들이 한 계단 벗어난 것이 무엇이
더냐?
37 그리하여 만백성을 깨우치고 인도하
는 나로부터 대명을 받은 너희들이 잘
가고 잘못 가는 그것을 내가 용납하겠
는가, 그를 보지 아니할 수 있겠는가?
38 나의 피조물 만백성은 그저 깨우쳐서
하늘에 오면 되느니라.
39 그러나 그들을 깨우치는 선생이요, 지
도자로서, 나의 전사로서 나에게 명받
은 너희들은 내가 바로 가르치고 바로
깨우치지 아니하면 아니 되기에, 너희
들을 내가 훈련시키고 있는 과정이거
늘,
40 나 여호와 밑에서 훈련을 받는 너희들
이 과연 나를 속일 수 있으며, 내가 그
저 보는 듯 안 보는 듯 대충대충 모든
것을 살아갈 수 있다 생각하는가?
41 그것이 너희들이 나로부터 선택된 백
성이요, 내가 너희들을 부르고 쓰고자
하는 자의 차이점이라는 것을 나의 아
들 네가 그리 잘 말하고 잘 알고 있음
이니,
42 그 뜻을 너의 제자들에게 전해야 될

것이니라.
43 선택된 것이요, 나에게 오는 백성 너희들이 쓸데없는 발상이요, 쓸데없는 생각으로써 아무리 어떠한 수를 부려도 아니 되는 것임을 너희들은 반드시 알라.
44 너희들은 반드시 한 점의 부끄럼 없이 살아가야 하는 것이 너희들이니라.
45 이제는 너희들은 나를 속이고자 하는 생각을 버리며, 대충 넘어갈 것이라는 생각을 버리며, 모두를 버리도록 그리 하라.
46 내가 너희들을 직접 보고 감시 감독하고 있다는 것, 너희들은 지도자이기에 내가 직접 하나하나 다스리고 있다는 것, 너희들은 그 두려움을 알라 그리 전하라.
47 너희가 편안한 삶을 살 수 있는 길은 그 길뿐이니라.
48 너희들이 느슨한 선생의 감독하에 하는 것이 아니요, 엄격한 선생 밑에서 몇 사람을 감독하는 그 무서움보다도 더 무서우리만큼 내가 너희들의 모두를 보고 있다는 것을 알라.
49 이를 안다면 너희들이 과연 어떠한 행위를 하고 살 수 있는가?
50 그러니 그와 같은 마음을 결정하여, 너희들이 감히 잘못된 것, 헛된 것, 그리고 쓰러지는 것, 나를 속이고 내가 못 볼 것이라는 그와 같은 허황된 생각을 버리고 사는 것이 편안한 삶이요, 곧은 삶이요, 나에게 오를 수 있는 길이라는 것을 알라.
51 나 여호와가 보지 않을 때와 내가 바라볼 때, 너희들의 행동이 어떠하며, 너희들이 어떻게 생각하는지 너희들 자신을 들여다보라.
52 내가 보지 않을 때와 내가 직접 너희들을 내려다 보고 있을 때 어떤 차이점이 있는지 너희가 한번 생각해 보도록 그리 전하라.
53 내가 보지 아니했을 때의 너희들의 삶이요, 내가 모르는 삶이 있다면, 너희들이 그와 같은 여유가 있다면, 과연 너희들은 어떠한 삶을 살겠는가?
54 그러한 삶을 사는 너희들이 내가 지금 너희들에게 하나도 융통성이 없으며 안 보는 것이 없으며 내가 감시 감독하지 아니하는 것이 없다는 그와 같은 생각으로써 바꾸고 살아가지 아니하면 아니 될 것이니,
55 너희들이 정녕 더 이상 어리석은 삶을 살 것인가?
56 너희들은 내가 보지 않다가 너희들을 항상 감시 감독하는 틀에 집어넣고 지금 가르치고 있는 그와 같은 변화가 이루어지는 것이 너희들이 나에게 받은 은혜요, 영광이라 그리 생각하고 깨닫도록 그리하라.
57 그리하면 너희들이 어찌 살아가야 할 것인가 알 것이니라.

9,267 번째 하나님 말씀

2004년 1월 21일 22시 41분

1 사랑하는 나의 아들아!
2 "네, 아버님! 말씀하옵소서."
3 나의 사랑하는 백성 너희들이 살아가면서 너희들은 아름다움에 두 가지의 종류가 있음이니라.

4 외형적인 아름다움과 내면의 아름다
움이 있음이니라.
5 그러니 너희들이 그 아름다움의 다스
림의 그 소중함은 또한 무엇이더냐?
6 나의 피조물 만백성 너희들이 살아가
면서 너희들은 외형적인 아름다움이
요, 그에 대해서만 모든 마음이 집중
되어 있으며,
7 내면의 아름다움을 다스려 그를 키우
고자 노력하는 백성들이 없음이니,
8 그리하여 이 세상이 잘못되었으며 거
꾸로 가고 있다 함이니라.
9 너희들이 외형의 미운 것은 감출 수
있으며, 이를 모두 지울 수 있는 것이
외형적인 미운 모습이 아니더냐?
10 그러나 너희들은 내면적인 미운 모습
이요, 내면적인 그 마음의 흉터는 결
코 너희들이 고칠 수 없으며 다스릴
수 없는 것임을 어찌하여 모른단 말이
더냐?
11 너희들은 내면의 아름다움이요, 외면
의 아름다움을 놓고 생각할 때, 나 여
호와가 어떠한 것을 더 소중히 하며,
어떠한 것이 나에게 사랑을 받는 것인
지를 정녕 모른단 말이더냐?
12 너희들의 내면의 아름다움이 외면의
그 아름다움보다 나에게 더 소중하며
귀한 것을 어찌 모른단 말이더냐?
13 그러니 이제 나의 아들을 따르는 제자
들이요, 나의 법전을 읽고 깨우친 만
백성 너희들은 감출 수 있고 숨길 수
있는 그 외형의 아름다움이요, 그것에
너희들의 모두를 바치지 말라.
14 너희들의 내면에 고칠 수 없는 한 번
의 흉터요, 미운 모습이요, 내면의 아
름다운 마음에 상처를 주지 않도록 내
면의 마음을 아름답게 가꾸는 데 최선
을 다하라.
15 내면의 아름다움이 얼마나 소중하고
귀한 것인지 너희들은 모르고 있음이
니라.
16 지금의 나의 피조물 그들이 가는 종교
집단이요, 지도자, 그들의 신앙이요,
믿음이라는 것이 무엇인 줄 알겠느냐?
17 그들은 내면의 형태를 감추기 위해서
만 모두를 다 바치고 있는 자이니라.
18 그리하여 저희들이 분을 바르며 얼굴
에 화장을 하며 그와 같은 것으로써
모두를 다 바치는 자들이요,
19 정녕 내면의 그 상처요, 내면의 아픔
을 보지 못하는 자들이니,
20 그리하여 너희들이 정녕 나의 뜻을 거
역하는 자들이라 함을 알라.
21 너희들의 외면의 흉터요, 외형의 미움
은 아무것도 아니니라.
22 내면의 미움이요, 내면의 그 흉터가
무서운 것이니,
23 너희들이 생각하는 것, 마음먹는 것,
그리하여 너희들이 마음과 계획에 의
하여 행하는 것, 그것이 잘못되었을
때 너희들은 얼마나 무서운 결과를 초
래하는지를 어찌하여 모른단 말이더
냐?
24 이제 나의 아들을 따르는 제자들이요,
그리고 법전을 읽고 깨우친 만백성 너
희들은 외면의 형태요, 외면의 아름다
움에 신경을 쓰며 그를 가꾸는 데 시
간을 소비하지 말라.
25 내면의 마음에 흉터가 생기지 않도록,
너희들의 내면에 미운 마음이 자리 잡

지 아니하도록, 내면의 마음을 아름답
고 곱게 가꾸고 다스리는 데 최선을
다하라.
26 그것이 나 여호와에게 기쁨이요, 내가
바라는 것이라는 것을 너희들은 잊지
말라, 사랑하는 나의 아들딸들아!

9,268 번째 하나님 말씀

2004년 1월 21일 22시 46분

1 사랑하는 나의 아들아!
2 "네, 아버님! 말씀하옵소서."
3 인간 세상에 너희들이 세속에서 살아
가면서 가장 어리석고 불쌍한 백성을
너희들은 어떠한 자라 생각하는가?
4 살아가면서 이유를 대며, 이유가 있기
에 저희들이 노력하지 아니하며 연구
하지 않는다는 그와 같은 백성들을 말
할 것이니라.
5 저는 부모로부터 받은 유산이 없기 때
문에 일어설 수가 없으며 행복한 자가
아니라 말할 것이며,
6 저는 태어난 환경이 불행하기에 이룰
수 없으며,
7 제 주변에 친척이요, 집안에 있는 사
람이 없어 저를 도와주는 자가 없으며,
8 그리고 저는 남들처럼 멋지게 생기지
않았으며 저는 남들처럼 머리가 좋지
못하기에 저는 불행한 사람이요, 승자
가 될 수 없다고 생각하는 자,
9 제가 가지고 있는 여건은 너무나 나약
하며 제가 가지고 있는 것은 남에게
비추어 봐서 모두 나약하며 연약하기
에 저는 절대 일어설 수가 없다는 자,
10 저는 공부를 제대로 하지 못하였기 때
문에, 저는 제대로 배우지 못했기 때
문에 승자가 될 수 없다는 자,
11 이와 같은 생각으로 제가 패자를 자처
하며 패자의 길을 가는 백성, 그와 같
은 백성들을 너희들은 어리석고 불쌍
한 백성이라 그리 말하느니라.
12 그리하여 너희들은 말하느니라.
13 누구는 어렵고 어려운 환경에서 너보
다 더 어려운 환경에서 딛고 일어선
자가 있다 하며 너희들은 그를 가르쳐
깨우치려 하나,
14 또한 그와 같은 것을 받아들이지 아니
하며 그와 같은 것은 남의 일처럼 생
각하는 자,
15 그리하여 저는 이와 같은 환경이요,
이와 같은 여건이기에 결코 일어설 수
없다 하여 자신을 포기하는 백성이야
말로 이 세상에 존재 가치가 없다 하
며, '얼마나 어리석고 불쌍한 백성인
가!' 너희들은 그리 말하느니라.
16 그러나 이제 나의 아들을 따르는 제자
들이요, 나의 법전을 읽고 깨우친 백
성 너희들은 들으라.
17 그들보다도 더 불행하고 어리석은 백
성들이 무엇인 줄 알겠느냐?
18 이 세상에 살아가면서 믿음이요, 하늘
에 오르는 길이요, 나에게 선택받았다
는 그 백성들, 그러면서 내가 친필로
써 내리며 내가 지키라는 나의 십계명
을 인간이기 때문에 이 세상에서 지킬
수 없다는 백성,
19 그와 같은 백성들이 얼마나 불행한 백
성들인가?
20 그들이 가장 어리석은 백성들임을 너
희들은 알아야 될 것이니라.

21 제3의 시대를 열어 가며 나의 법전 160권을 새로운 성경이요, '하늘에 오르는 길'이요, '하나님! 말씀하옵소서.' 라 하여 내가 제목을 이리 내려 줘 너희들에게 지금 깨우침을 전하는 이 법전이,
22 정녕 2천 년 전에 나의 아들 예수에게 명하여 지키고 행할 수 있도록 한 것과 다른 것이 없는 그 길을 가거늘,
23 이를 너희들이 지킬 수 없으며 이대로 살 수 없다 말하는 자, 그리고 인간은 절대 이를 지키고 살 수 없다 말하는 자,
24 그들이 이 세상에서 인간 세상에서 모든 환경 때문에 여건 때문에 포기한 백성보다 천배 만배 더 불행하고 가련한 백성이요, 어리석은 백성이라는 것을 너희들은 알아야 될 것이니라.
25 더욱이 너희들이 말하기를, 그와 같이 인간의 노력으로 인하여 바른 삶을 살며, 그리고 내가 써 내리고 내가 명한 것은 무조건 지키는 것이 인간의 도리라 그리 가르치고 높이 소리치는 자를,
26 그는 거짓된 자요, 사악한 자요, 사탄이라 너희들이 그리 말하느니라.
27 '인간은 나약하며, 태어날 때 원죄가 있음이니, 그 모두를 씻는 것은 창조주 아버지께서 그저 물로 세척해 주듯이 세척해 주지 아니하면 우리 능력으로는 절대 씻을 수 없고 닦을 수 없다.' 그리 말함이니,
28 제 몸의 오물을 씻어 내는 어떤 노력도 하지 아니하는 어리석은 자에게 나 여호와는 구원의 길이요, 축복의 영광이 절대 없다 함을 알라.
29 너희들이 씻어 내고 털어 내기 위해 최선의 노력을 다했을 때만, 그 노력함이 갸륵하고 가상하여 나 여호와가 너희들을 구원하며 내 품에 끌어안는다는 것을 절대 잊지 말라 그리 전하라.

9,269 번째 하나님 말씀

2004년 1월 21일 23시 02분

1 사랑하는 나의 아들아!
2 "네, 아버님! 말씀하옵소서."
3 나 여호와가 너에게 정도로 가며 바르게 가라, 또한 너의 제자들은 하늘을 향하여 한 점의 부끄럼이 없이 살라, 그것만이 너희들이 나에게 오는 길이요, 나로부터 선택된 백성들이 가야 할 길이라 그리 말함이니,
4 지금 너희들이 살아가는 그 세상이 어떠한 줄 알겠는가?
5 너희들은 이 세상이 아름답고 이 광명천지가 모든 죄악으로 덮여 있으며, 죄악의 구렁텅이가 되어 있다 함을 알겠느냐?
6 지금 나의 아들 너를 따르는 제자들이요, 그리고 모든 백성들이 다 죄의 구렁텅이에서 허덕이고 있느니라.
7 그러니 죄의 구렁텅이에서 서로 허덕이는 아비규환 속에서 너희들이 누구를 씻어 주고 누구를 다스리고 누구를 깨우칠 수 있단 말이더냐?
8 그러니 나의 아들 너와 너를 따르는 제자들이요, 나의 법전을 읽고 깨우친 만백성 너희들이 그 죄로 뒤범벅이 된 그 구렁텅이에서 벗어 날 수 있는 길

은 무엇이더냐?
9 너희들이 하늘에 오르는 길이요, 정도
의 길로써 그 빛을 받아 그 빛을 따라
와야 그 구렁텅이에서 벗어날 수 있는
것이니라.
10 너희들이 그 구렁텅이에서 벗어났을
때만 밧줄을 내려 그들을 구원할 수
있으며 그 생명을 구할 수 있는 것이
니,
11 아직도 너희들이 벗어나지 못하고 헤
어나지 못했기에, 내가 너희들에게 바
로 가라 그리 무서운 것을 너희들에게
명하고 가르침이니라.
12 내가 너희들에게 무엇을 내리겠노라,
무슨 축복을 주겠노라, 그리고 너희들
의 어려움을 들어 주는 그와 같은 것
으로써 내가 너희들을 긁어모으고 전
한다면,
13 나의 성전에 모여들지 아니할 자가 없
으며 이곳을 찾지 않을 자가 없을 것
이니라.
14 그러나 내가 구렁텅이요, 죄 속에서
허덕이는 너희들에게 무엇을 먹이고
키운다면 너희들은 정녕 그 몸이 무겁
고 더 무거우니,
15 비대해진 몸을 가지고는 너희들이 그
죄의 온상이요, 그 구렁텅이에서 벗어
나지 못하기에,
16 내가 너희들에게 사랑이요, 축복이요,
은혜를 내리지 못하고 있음이니, 너희
들이 벗어나야 됨을 알라.
17 너희들이 벗어났을 때는 만백성을 구
원하기 위해 그 밧줄을 던짐이니,
18 거기에 매달리는 백성들을 끌어올리
기 위해서는 너희들이 힘이 필요하며
용력이 필요하지 않겠느냐?
19 내가 그때 너희들에게 힘을 실어 줄
것이며, 또한 너희들의 몸을 내가 다
스려 줄 것이니,
20 지금 내가 너희들에게 내리지 못함은
바로 무엇이더냐?
21 그리하여 내가 너희들에게 무어라 말
하였느냐?
22 내가 너희들에게 내리고 주고 싶은 상
이요, 상품을 그득히 쌓아 놓았으나,
23 받을 자가 없어, 받을 때가 안 되어 내
가 내리지 못한다고 법전의 1부에 기
록하여 전한 그 뜻을 너희들은 알겠느
냐?
24 지금 너희들이 그러한 형국이니라.
25 그러니 너희들이 어서 거기서 벗어나
야 되며 너희들이 먼저 올라와야 되거
늘,
26 너희들이 아직 올라오지 못하며 벗어
나지 못하고 너희들도 그들과 더불어
지금 서로 죄의 구렁텅이에서 헤매고
있음이니라.
27 그러니 내가 강한 훈련으로써 너희들
을 다스리지 아니하면 너희들이 거기
서 나올 수가 없음이니,
28 너희들이 나와서 나의 피조물 만백성
을 끌어내고 구원하기 시작해야 됨이
니,
29 그 구원의 역사를 해야 할 너희들 자
신이 구원할 수 있는 자리에 일어서지
못하고 있음이니, 그를 내가 걱정하며
그를 한탄함이니라.
30 그리고 그를 이루고자 하여 나 여호와
가 너희들에게 어렵고 힘든 그 길을
가라 함이니라.

31 나의 성전을 찾는 백성, 나의 법전을 읽고 깨우치는 백성, 나의 아들을 통하여 내리는 강론을 듣는 너희들에게 오늘보다 내일 더 강도 높은 것을 요구하며, 또 내일보다 모레 더 무섭고 강도 높은 것을 내가 명하며 따르라 함은 무엇이더냐?

32 그리하여 너희들이 다스려지고 다스려졌을 때, 스스로 너희들이 그 죄의 구렁텅이요, 그 온상에서 나올 수 있음이니라.

33 나왔을 때 너희들이 구원할 수 있기 때문이니, 길을 알라, 사랑하는 나의 아들딸들아!

34 모든 마음을 비우라.

35 욕심의 마음이요, 너희들이 시기 질투하는 마음이요, 그 모든 마음을 비웠을 때, 너희들이 가벼운 몸이 되니,

36 네 스스로 그곳에서 올라올 수 있다 함을 잊지 말라, 사랑하는 나의 아들딸들아!

9,270 번째 하나님 말씀

2004년 1월 21일 23시 08분

1 사랑하는 나의 아들아!

2 "네, 아버님! 말씀하옵소서."

3 너희들이 법당이요, 교회요, 성당을 다니며 공부한 백성들에게 물어보라.

4 너희들이 하루를 공부하며 거기서 깨닫는 것이 무엇이며 듣고 변화되는 것이 무엇이더냐?

5 인간 세상에 살아가는 이야기요, 인간 세상에 얽히고설킨 것을 너희들이 큰 교훈이요, 가르침인 것처럼 종교 지도자들이 목청을 높여 소리를 지르고 있음이니라.

6 그러니 그것이 너희들이 볼 때, 하루의 공부하는 것은 그와 같이 할 수 있다 하나,

7 그 공부함이 하루가 아니요, 1년이요, 10년이요, 평생 동안 너희들이 죽어갈 때까지 그 방법으로 똑같은 형국으로 제자리를 돌고 도는 것이니,

8 거기에서 너희들이 깨달음이 어디 있으며 변함이 어디 있단 말이더냐?

9 너희들이 하루 기도하는 것이요, 하루 설교를 잘못 들은 것은 하루뿐이라 말하나,

10 그것이 그다음에 고쳐지는 것이 아니요, 새로운 변화로 가는 것이 아니라, 똑같은 방법으로 제자리를 돌고 돎이니,

11 평생 동안 너희들은 똑같은 방법으로써 인간 세상에서 이루어진 그저 희비애락 같은 이야기로써 듣고 배우고, 그것으로써 감명받았다 하며, 그것으로써 은혜 받았다, 구원을 받았다 함이니,

12 인간 세상에 이루어진 이야기를 듣고 너희들이 무슨 구원을 받고 은혜를 받았다 말하느냐?

13 지금 내가 나의 아들을 통하여 너희들에게 전하고 깨우치는 것은 무엇이더냐?

14 답이 정확하며, 너희들이 행하고 행하지 말아야 할 것이 정확함이니,

15 오(O), 엑스(X)가 정확하게 기록된 것을 나의 아들을 통하여 너희들에게 가르침이니, 그것이 그리하여 무섭고 두

려운 것이니라.
16 나의 아들이 너희들에게 강론을 전하
며 세상사에 웃고 우는 희비애락을 가
지고 너희들을 울리고 웃기더냐?
17 오로지 나의 뜻이요, 나의 성령에 의
하여 너희들이 지켜야 될 것, 행하여
야 될 것, 무섭고 두려운 것만 너희들
에게 계속 부어 넣음이니,
18 너희들 자신이 두렵고 무서우며, 너희
들 자신이 갈 수 없는 그와 같이 무너
지는 형국까지 가는 것이 너희들이며,
밀릴 때까지 밀려가는 것이 너희들이
아니더냐?
19 그러니 그와 같은 강도 높은 훈련이
요, 가르침을 배우는 것으로도 너희들
이 지금 완벽하게 버리지 못하며, 죄
의 온상이요, 진흙 구렁텅이에서 너희
들이 네 몸이 무거워 벗어나지 못하거
늘,
20 인간 세상에 사는 희비애락의 그와 같
은 것을 가지고 구원받았다며 울고불
고하는 자들, 그것이 하늘의 뜻이라며
설교하는 그 내용을 너희들이 듣고 점
검해 보라.
21 그것이 과연 나 여호와가 내리는 명령
이요, 나 여호와가 너희들에게 가르치
는 것인가?
22 이제 나의 아들을 통하여 내리는 나
여호와의 강론이요, 가르침을 들었으
며 성령을 들은 너희들이 이제는 분석
할 수 있는 자리에 와 있지 않으냐?
23 이제는 너희들이 교회라는 곳에 가 종
교 집단들이 가르치고 강론하고 설교
하는 것과, 나의 아들을 통하여 너희
들에게 직접 내리는 나 여호와의 가르
침이요, 너희들에게 심어 주는 것이
어찌 다른가를 모두 다 알 수 있는 너
희들의 오늘의 위치에 와 있지 않으냐?
24 너희들이 이제는 구분할 수 있을 것이
니라.
25 너희들이 구분할 수 있다면 그를 가지
고 나의 피조물 만백성을 구하는 데
그 기초로 삼아야 될 것이며, 그와 같
은 것을 가지고 너희들이 깨우치는 역
사를 함에 게을리해서는 아니 될 것이
니라.
26 그들은 365일이요, 죽을 때까지 가르
치고 깨우치는 것이 아무것도 머리에
남는 것이 없으며,
27 나 여호와의 뜻을 직접 받아 가르치는
것도 아니요, 저희들 생각이요, 세상
사의 희비애락을 모두 엮어서 가르치
니,
28 그것이 무슨 진리요, 하늘의 이치요,
하늘의 공부를 할 수 있겠느냐?
29 하늘의 공부요, 하늘의 이치요, 참진
리요, 나에게 오를 수 있는 그와 같은
가르침은 나 여호와가 직접 내리는 나
의 강론이요, 나의 법전이요, 새로운
성경 그 속에 있는 것 외에는 아무것
도 이 세상에 없음을 너희들은 알아야
될 것이니라.
30 그렇다면 너희들이 나의 법전을 읽고
깨우치며, 강론을 듣고 깨우치고 변하
는 그 삶의 생활과,
31 수십 년 동안 교회요, 믿음이요, 성당
이요, 법당을 다니면서 너희들이 변해
지고 얻어지고 잃은 것이 무엇인가 한
번 돌이켜 보라.
32 너희들은 잃은 것은 수없이 있을 것이

며, 얻은 것은 너희들의 머릿속에 남
는 것이 없을 것이니,
33 그리고 이웃에게 들어서 다 알고 있는
것, 이웃에서 행하는 것, 그와 같은 것
을 너희들이 언성을 높여 무슨 하늘의
뜻이요, 나 여호와가 내리는 뜻인 것
처럼 악쓰고 있는 것에 박수하고 '아
멘! 할렐루야! 맞습니다! 옳습니다!'
소리 지르는 것이 너희들이니,
34 그리고 너희들이 그 죄의 온상에서 나
와 밝은 잔디를 보면 아무것도 아니니,
35 너희들이 그와 같은 생활로써 구원을
받았다 하지 말라.
36 하늘의 이치요, 하늘의 뜻을 배우며
하늘의 뜻을 공부하지 아니하면 너희
들이 정녕 내 뜻에 의한 것이 아니며,
나의 뜻을 만백성에게 전하는 것이 아
니요, 만백성을 깨우치는 길을 가지
못하는 것이 너희들임을 알라.
37 나 여호와의 뜻을 접하고 나 여호와의
뜻을 듣고 배우는 것만이 하늘에 오르
는 기초가 다져짐이니,
38 내가 내리는 강론이 아니요, 내가 너
희들에게 명하는 것이 아니요, 인간
세상에 생긴 것, 그저 희비애락을 뒤
죽박죽 엮어서 떠들고 전하는 것,
39 그러면서 강론이요, 설교라 하여 너희
들에게 재물을 거둬들여 저희들이 착
복하는 데 모두를 다 바치고 있는 사
악한 자,
40 그 속에 너희들이 참진리요, 하늘에
오르는 길이 있다고는 꿈에도 생각하
지 말라 그리 전하라.

9,271 번째 하나님 말씀

2004년 1월 22일 03시 03분

1 "너는 나 외에는 다른 신들을 네게 있
게 말지니라.
2 너를 위하여 새긴 우상을 만들지 말
고, 또 위로 하늘에 있는 것이나 아래
로 땅에 있는 것이나 땅 아래 물속에
있는 것의 아무 형상이든지 만들지 말
며, 그것들에게 절하지 말며 그것들을
섬기지 말라.
3 너는 너의 하나님 여호와의 이름을 망
령되이 일컫지 말라.
4 안식일을 기억하여 거룩히 지키라.
5 네 부모를 공경하라.
6 살인하지 말지니라.
7 간음하지 말지니라.
8 도적질하지 말지니라.
9 네 이웃에 대하여 거짓 증거하지 말지
니라.
10 네 이웃의 집을 탐내지 말지니라.
11 나 여호와가 존재함을 믿는 그 자체가
구원의 길에 들어서는 기본이요 근본
이며, 나의 법전을 가슴에 안고 정독
하는 자, 반석 위에 서서 하늘에 오르
는 찬란한 빛을 보게 되는 영광을 얻
게 됨이니라."
12 사랑하는 나의 아들아!
13 "네, 아버님! 말씀하옵소서."
14 너희들은 나로부터 선택된 나의 아들
딸임이니, 한 점의 부끄러움이 없는
삶을 살라 함이니라.
15 그것이 만백성을 구하는 길이요, 하늘
에 오르는 길이니, 너 자신이 또한 그
와 같은 길을 가는 것이 네가 가야 할

길이니라.
16 너희들은 머뭇거릴 시간이 없으며, 너
희들은 늦출 수가 없으며, 다음에 깨
달아 다음에 변화되는 삶을 살며 나
의 뜻에 따라 살고자 하는 그와 같은
생각을 해서도 아니 됨이니라.
17 나의 법전이 이제는 준비되기 시작하
며, 160권이라는 법전이 세상에 나올
날이 머지않았음이니, 이는 누구도 역
사할 수 없으며 그 누구도 이룰 수 없
을 것이니라.
18 몇 권의 법전이 세상에 나오는 것과,
160권의 법전이 세상에 나와 만백성
을 구하는 그 역사를 이룬다는 것은,
모든 백성들이 보고 느끼고 깨달음이
다를 것이니라.
19 그러니 너희들이 그때까지도 시간이
필요하며, 변화되는 역사가 필요하며,
악습을 버리지 못하고 몸부림치고 있
다면 아니 됨이니라.
20 너희들이 또 무너지고 또 일어서고,
일어서고 또 무너지는 그와 같은 길을
가서는 아니 됨이니라.
21 이제는 너희들이 무너짐이 없어야 될
것이니라.
22 그저 너희들은 오로지 바로 서서 앞을
보고 달려가는 그와 같은 삶을 살아야
될 것이니라.
23 사랑하는 나의 아들아, 이제 네가 모
두를 다스리고 갈 수 있지 않은가?
24 너 자신부터 다스리며 너 자신부터 바
로 서야 될 것이니, 나 여호와가 너에
게 더 이상 뭐라 말하고 싶지 아니하
며, 너의 제자들 또한 변하라 말하고
싶지 아니함이니라.
25 너희들이 이제는 배울 만큼 배웠으며,
깨우칠 만큼 깨우쳤으며, 나의 강론을
들을 만큼 들었으며, 너 또한 나로부
터 받을 만큼 받았으며,
26 모두를 책으로 만들어 법전으로 만들
어 네가 얼만큼 역사하고 얼만큼 가고
들었는가 스스로 알 것이며,
27 그를 생각하고 기억하여 네가 살아간
다면, 감히 네가 한 점의 부끄럼이 있
는 그와 같은 삶을 살아서는 아니 될
것이며,
28 너의 제자들도 내일은 나아지겠지, 모
레는 나아지겠지, 세월이 가면 나아지
겠지 하는 그와 같은 안일한 생각을
가져서는 아니 될 것이니라.
29 너희들은 변하는 것이 급속도로 변해
야 되며, 너희들이 한 점의 부끄럼이
없는 삶을 살기 위해서 최선의 노력을
다하지 아니하면 아니 될 것이니, 그
리 알라.

9,272 번째 하나님 말씀

2004년 1월 22일 03시 06분

1 사랑하는 나의 아들아!
2 "네, 아버님! 말씀하옵소서."
3 인간 세상에 살아가는 너희들도 온몸
과 마음을 다 바쳐 무엇인가를 이루고
자 한다면 결코 너희는 못 이룰 것이
없지 않더냐?
4 그리고 꿈과 목표를 달성할 수 있는
것은 너희들의 노력 여하에 달렸지 않
던가?
5 성한 몸이요, 건전한 정신을 가지고
사는 너희들이 무엇인가 몸과 마음을

다 바쳐 이루고자 했을 때, 안 이루어
질 것이 없는 것이 이 세상의 이치이
거늘,
6 몸이 불편한 자요, 너희들이 말하는
신체의 장애를 가진 사람들도 성한 사
람보다 더 훌륭한 역사를 이루며 더
위대한 것을 이루고 감이니,
7 그리고 누구도 이룰 수 없는 그와 같
은 길을 극복하며 역사하는 것을 너희
는 알고 있지 않은가?
8 그러니 그들이 단순히 너희들만큼 노
력을 하여서 그리 이루어졌다 생각하
는가?
9 몸이 성한 자보다 몸이 불편한 자는
열배 백배 피나는 노력을 해서 최선을
다했을 때, 그 모두가 얻어지는 결과
가 아니더냐?
10 그러니 그들만큼의 노력도 하지 아니
하면서 무엇을 이룬다 생각하는 것은
너희들의 오만이요, 자만이 아니던가?
11 그러니 너희들은 그와 같은 이치를 깨
달아 최선의 노력을 다하는 데 게을리
해서는 아니 될 것이니라.
12 더욱이 지금 나의 법전을 만들어 만백
성을 구한다 하여 선택된 너희들이 과
연 얼마나 많은 노력을 하며 준비된
삶을 살아가는 것인지, 너희들이 한번
돌이켜 봐야 될 것이니라.
13 나 여호와가 너희들에게 준비해 줄 수
있으며 내가 너희들에게 갖춰 줄 수
있는 그 많은 여건을 다 들어주었으며
그만큼 많은 것을 내가 이루어 주었거
늘,
14 너희들은 그 여건 속에서 나의 뜻을
펴지 못하며, 나의 법전을 만들어 세
상에 전하는 데 그 역사를 이루지 못
한다면,
15 과연 너희들이 몸과 마음을 다 바쳐
창조주 나 여호와의 뜻에 따라 일했으
며 역사했다 말할 수 있는가?
16 그러니 너희들이 나에게 와 한 점의
부끄럼이 없는 삶을 살고자 한다면,
나 여호와가 너희들에게 이와 같이 준
비해 주었으며 만들어 준 그 여건 속
에서 너희들이 몸과 마음을 다 바쳐
역사한다면,
17 나의 법전은 세상을 덮는 데 두려울
것이 없으며, 늦어짐이 없을 것이며,
그를 방해한다 해도 그가 방해됨이 없
을 것이니,
18 너희들이 몸과 마음을 얼마만큼 바쳐
이 위대한 역사를 이루느냐 하는 것이
가장 큰 관건이며, 너희들이 해야 할
일이라는 것을 잊지 말라.

9,273 번째 하나님 말씀

2004년 1월 22일 07시 32분

1 사랑하는 나의 아들아!
2 "네, 아버님! 말씀하옵소서."
3 160권의 법전을 세상에 내려보내 너
희들을 깨우치고자 함이요, 이게 새로
운 성경이요, 그리고 구원의 기본이
요, 근본이라 하였음이니라.
4 그러니 나의 뜻에 따라 이와 같이 역
사할 수 있는 자 있으면 나와서 제가
진정한 나의 아들이요, 나로부터 선택
된 자라 그리 말하라 전하라.
5 그러나 그와 같은 역사는 있을 수 없
을 것임이니 그리 알라.

6 너희들은 어떠한 것을 역사하든 간에
그 줄거리에 따라서 모두를 역사해야
함이니, 그 줄거리가 가지를 치고 가
지를 또 친다 해도 너희들이 160권의
법전의 그 역사는 이룰 수 없을 것이
니라.
7 그리고 또한 나의 아들이 죽을 때까지
하늘의 뜻이요, 아름다운 그 모두를,
너희들의 가슴에 와 닿는 아름다운 그
진리요, 참진리를 수없이 이 세상에
기록하여 전할 것이니,
8 이는 명하는 자가 있지 아니하면 그
역사를 이룰 수 없음을 너희들은 알라.
9 예수가 인간의 형태로써 세상에 와 그
모든 역사를 이룬 것은, 보낸 이가 있
으며 또한 보내진 나의 아들이기 때문
에, 보낸 이의 그 역사에 따라 행하고
움직였기 때문임을 너희들은 아는가?
10 지금의 나의 아들이 160권의 법전을
세상에 내며, 그리고 너희들이 봐도
봐도 끝이 없는 새로운 뜻을 세상에
내려보내며, 하늘의 참진리를 나의 아
들을 통하여 세상에 전하는 그 역사는
그가 죽을 때까지 이루어질 것이니,
11 과연 인간이 그와 같은 역사를 이룰
수 있는가?
12 인간의 생각이요, 인간의 머리로써는
그와 같이 할 수 없음을 너희들은 알
아야 될 것이니라.
13 이제 오늘 아침 내가 나의 아들을 통
하여 너희들에게 내리니, 만백성 너희
들은 들으라.
14 나의 아들 예수의 보혈로써 구원을 받
으며, 그가 속죄양으로 죽음으로써 모
두가 끝났다 그리하지 말라.
15 너희들이 노력하는 것으로써 구원을
받는 것이며, 너희들이 행함에 따라
모두가 이루어지니,
16 나 여호와를 찾는 것으로써는 너희들
이 구원을 받을 수 없다는 그 한 가지
를 모든 백성들에게 전해 주며,
17 만백성이 거기에서 벗어나는 믿음으
로 가도록 그리 전해야 될 것이니라.
18 그를 벗어나지 못하며 그를 너희들이
깨우치지 못해서는 아니 될 것이니라.
19 그리고 나의 아들을 따르는 제자 너희
들은 모든 악습을 한 번에 버리는 그
와 같은 용기 있는 아침이 되어야 될
것이니 그리 알라.
20 너희들이 이제는 두 번 다시 부끄러운
일이요, 부끄러운 행동을 해서는 아니
되니, 그것은 마음에 달렸느니라.
21 마음 하나 다스리면 세상의 모두를 다
얻는다 했거늘,
22 어찌하여 너희들이 마음 한자리를 다
스리지 못하고 그리도 우왕좌왕하는
가?
23 그는 아직도 욕심을 버리지 못하였기
때문임을 너희들은 알아야 될 것이니
라.
24 성서에 기록하여 전하였느니라.
25 너희들은 나의 아들이 너희들의 모든
죄를 안고 갔다 함이니,
26 그와 같은 예수의 고통이요, 시련을
진정 너희 것으로 만들며 너희를 위하
여 그가 그 고통스러운 죽음을 견뎠다
면, 그 대가가 무엇인 줄 알겠느냐?
27 그의 피로써 구원을 받았다 하여 쉽고
평탄한 그 믿음이 아니라, 그가 그와
같이 죽으면서까지 나 여호와의 뜻을

전하려 했으며 너희들을 구원하고자
했다는 것을 믿는다면,
28 너희들은 그에게 한 점의 부끄럼이 없
는 아름다운 삶을 사는 것이 믿음의
길을 가는 너희들과 이방인이라 하는
백성과의 차이점이니,
29 그 차이점이 없다면 아무런 가치가 없
는 것이니, 그를 욕되게 하지 말아야
될 것이니라.
30 너희들은 그와 같이 행하지 못하면서
말로써만 나의 아들이 모든 죄를 지고
갔으며, 그저 너희들의 모든 죄를 대
속하여 죽어 갔다 그리하며,
31 그를 찾고 그를 부르는 것으로써 구원
을 받는다 그리 말하지 말라.
32 행함으로써 받는다는 것을 절대 잊지
말도록 그리 전하라.

9,274 번째 하나님 말씀

2004년 1월 22일 07시 37분

1 사랑하는 나의 아들아!
2 "네, 아버님! 말씀하옵소서."
3 너희들은 하나가 되어 모두를 사랑하
며, 인간을 똑같이 사랑하라, 가진 자
와 없는 자를 편애하지 말라는 그 마
음의 뜻을 알겠느냐?
4 부모가 자식을 사랑하는 그와 같은 마
음이요, 또한 너희들이 형제 간에 사
랑하는 마음이요, 주변에 너희들이 사
랑하는 마음이 편애하는 그와 같은 사
랑을 한다면, 너희들은 어떠한 결과를
초래하는지 알겠느냐?
5 그 모두는 작게는 한 가정이 화목이
갈라지며, 모두가 다 갈라지는 그와
같은 형국이 되느니라.
6 그러니 편애라는 것이 그렇게 무서운
것이며, 나 여호와의 뜻이 아님을 너
희들은 알아야 될 것이니라.
7 편애하는 마음으로써 이웃과 서로 갈
라지며, 국가간에 갈라지며, 그리하여
너희들의 생명을 앗아 가는 전쟁까지
도 불사하는 것이 편애하는 삶에서 이
루어짐이니,
8 그는 모두를 다 파괴하는 것임을 너희
들은 알라.
9 그러니 편애하는 사랑이 얼마나 무서
운 것이더냐?
10 지금의 종교 집단과 지도자 그들이 정
녕 편애하며 편견된 사랑을 하지 않고
만백성을 가르치며 구원의 길로 인도
한다 생각하느냐?
11 나 여호와가 바라보는 그들은 이루 말
할 수 없음이니, 그들은 내가 원하지
않는 편견된 사랑을 지금 하고 있음이
니라.
12 나의 뜻을 거역하는 짓을 하고 있는
것이 너희들의 오늘의 세상의 삶이니,
모든 세상을 갈라 놓는 무서운 행위를
하고 있는 것이 그들이니라.
13 지금의 종교 집단 너희들이 어찌하는
가?
14 나의 피조물 만백성에 대하여 너희들
이 그 많은 세월 속에 지금 새로운 진
리요, 아름다움이 내려간다 해도, 보
지 못하도록 하며 듣지 못하도록 하며
그 모두의 길을 막는 것이 너희들이
아니더냐?
15 그러면서 지금 내가 나의 아들을 통하
여 내리는 구원의 길이요, 새로운 생

명의 길인 이 생수마저도 너희들이 보
지 못하도록 하며, 듣지 못하도록 하
며, 마시지 못하도록 그리 가르치고
있음이니라.
16 그러니 이것이 너희들의 편견된 사랑
이요, 편애요, 그와 같은 것으로써 너
희들이 나의 피조물 만백성의 가슴을
황폐하게 만들었으며,
17 형제간의 사랑이요, 이웃간의 사랑이
요, 그리고 너희들의 삶의 생활 속에
모든 인간 세속에서 사랑이 메마르도
록 그리한 것이 너희들이니라.
18 그 편애의 사랑이 얼마나 무서운지 아
느냐?
19 그리하여 나의 아들을 따르는 제자들
이요, 나의 법전을 보고 깨우친 만백
성 너희들은 하나가 되며, 똑같이 사
랑을 하며, 편견된 사랑을 하지 말라
함이 거기 있음이니라.
20 편견된 사랑은 모두를 갈라 놓게 되
며, 그 편견된 사랑을 받는 사람의 마
음의 상처에서 인간을 사랑하는 마음
이 사악한 마음으로 가니,
21 그 사악한 마음은 편견에 의하여 얼마
나 무서운 일을 저지를 수 있는지 알
겠느냐?
22 그 편견의 사랑으로 하여 너희들이 죽
고 사는 무서운 험악한 결과까지도 이
루어진다는 것, 이를 너희들이 깨달아
야 될 것이니라.
23 그리하여 모두를 사랑하라 하였음이
니, 너희들이 나의 성전에 와 나의 아
들을 통하여 내리는 강론을 들으며 한
형제라는 너희들이 편견된 사랑을 가
지고 있으면 얼마나 무서운 것인가 알
아야 될 것이니라.
24 아무리 사랑하는 마음이요, 깊은 마음
이 있다 하여도, 편견된 사랑은 모두
가 망하게 되며, 모두를 갈라 놓게 되
며, 하나로 되게 하지 못하는 것이니,
25 편견된 사랑을 하지 말라 그리 전하도
록 하라.
26 오늘 아침 내가 너희들에게 내리는 메
시지이니라.

9,275 번째 하나님 말씀

2004년 1월 22일 07시 43분

1 사랑하는 나의 아들아!
2 "네, 아버님! 말씀하옵소서."
3 편파된 그 편견의 사랑이 얼마나 무서
운 것인지 내가 이야기했느니라.
4 편애된 사랑의 그 차이는 무엇이던가?
5 편애된 사랑을 받지 않는 자는 모두를
긍정적으로 생각하며, 모두를 사랑으
로 다스리는 그와 같은 마음을 가지고
살아가는 것이니라.
6 그러나 편애된 사랑을 한다면, 그 편
애된 사랑 속이요, 편견 속에 시달리
며 살아가는 그 백성들은 앞서가는 자
를 따라 배우려는 생각을 하지 아니
하느니라.
7 그리하여 그들은 앞서가는 자, 너희보
다 더 나은 길을 가는 자, 그와 같은
자로 하여금 제가 피해를 입으며 제가
그로 하여금 불이익을 당한다는 그와
같은 생각을 하니,
8 그가 아니면 제가 대우를 받을 수 있
으며 그가 아니면 더 사랑을 받을 수
있으며 그가 아니면 제가 일등이라는

그와 같은 생각을 하게 됨이니,
9 그와 같은 생각을 하기 시작한다면,
그는 앞에 가는 자를 저주하고 미워하
기 시작하며, 시기와 질투요, 끝에 가
서는 어떠한 마음으로 변하는지 알겠
느냐?
10 무서운 마음의 극치에 도달하니, 이제
는 그를 따라가 배우는 것이 아니라
시기하고 질투하고 미워하는 마음이
뭉쳐 그를 해하고자 하는 그와 같은
마음으로써 자리 잡는 것이니,
11 이것이 얼마나 무서운 마음인가를 너
희들이 알겠느냐?
12 그러니 편애하는 마음으로써 너희들
이 사랑하면 아니 되느니라.
13 그것이 얼마나 어리석은 백성이요, 얼
마나 무섭게 전락되는가?
14 지금 나의 백성 너희가 있기에 제가
지금 불이익을 당한다 생각하며, 그리
고 너희들이 있어서 제가 모두를 잃
는다는 생각을 한다면 그들은 무서운
결과를 초래하는 그와 같은 일을 저지
를 것이니라.
15 그러니 너희들이 그와 같은 마음을 가
지고 간다면, 나의 성전에 공부하는
그 백성들도 하나의 마음으로 이루지
못하며, 그들 자신도 마음을 다스리
지 못하는 그와 같은 형국이 될 것이
니,
16 그러니 이것이 얼마나 무서운 사랑인
가 너희들은 알아야 될 것이니라.
17 한발 앞서 가는 자를 따라잡아 배우고
전진하고자 하는 그와 같은 생각을 버
리고,
18 시기하고 질투하는 그와 같은 마음으
로써 결국 너희들은 살해하고자 하는
마음까지, 그리고 너희들과 유명을 달
리하는 그와 같은 극한 상황의 마음
까지도 가질 수 있는 것이 편애하는
사랑의 마음의 자세라는 걸 너희들은
알게 될 것이니라.
19 그러니 그와 같은 마음을 가지고 사는
백성이 어떠한 길을 선택하며 결국 그
는 어떠한 길을 가겠는가?
20 그는 나에게 오르는 그 길의 삶이 아
니라, 죽음의 길이요, 지옥으로 가는
그와 같은 길을 가는 그 삶을 사는 백
성이 되게 되었음이니,
21 너희들이 편애하는 그와 같은 사랑으
로써 만백성을 대하지 말며, 한 가정
도 그와 같은 것으로써 가져서는 아니
될 것이니,
22 자식과 자식을 사랑함에 똑같이 사랑
하는 그 마음이 근본이요, 그와 같은
마음을 가지고 열 자식을 똑같이 사랑
하는 부모가 세상의 남의 집 자식도
사랑하는 마음을 가질 수 있음이니,
23 제 자식을 편애하고 편견을 갖는 마
음을 가졌다면 그 가정의 불화의 시작
이요, 거기에는 무서운 결과를 초래하
며, 만백성을 너희들이 편애하고 사랑
할 수 없다는 걸 알라.
24 성서에도 그와 같은 걸로 인하여 얼마
나 무서운 길이 역사하며, 살인과 살
인의 그와 같은 현상이 이루어지는가?
25 그리고 전쟁이 일어나 죽고 사는 그와
같은 일이 생기는가?
26 형제지간에도 편애가 그리 무서움을
너희들은 오늘 아침 깊이 깨우쳐 배우
도록 그리하라.

9,276 번째 하나님 말씀

2004년 1월 22일 07시 50분

1 사랑하는 나의 아들아!
2 "네, 아버님! 말씀하옵소서."
3 내가 너희들에게 내려 준 그 지혜를
바로 쓰고 못 쓰는 백성의 차이는 어
떠한 줄 알겠느냐?
4 내가 너희들에게 높이 내려 준 그 지
혜를 지혜로운 것으로 쓰는 백성은 남
의 가르침에 귀를 기울이며 그 가르침
을 제 것으로 만드는 현명함을 얻느니
라.
5 그러나 지혜롭지 못한 백성이야말로
어떠한 형국이더냐?
6 오만하고 교만하며 남의 가르침에 귀
를 기울일 줄 모르는 것이 잘못된 백
성들이요, 지혜롭지 못한 백성이니라.
7 그러니 수천 년 동안 흘러오는 종교
집단의 지도자와 그 신도라는 자, 그
들이 과연 어찌 살아가는가?
8 그 종교 집단과 백성은 저희는 구원받
았다 그리 생각하는 착각 속에 살며,
9 오로지 죽어 나에게 오며 하늘에 오를
수 있는 것은 저희들이 정해진 것이
며, 당연한 것이며,
10 죽어 나에게 왔을 때 얼마나 좋은 자
리에 얼마나 큰 상을 받느냐 하는 것
밖에는 없다고 저희들은 착각 속에 살
아가는 그 어리석은 백성들이니, 그들
처럼 오만하고 교만한 백성이 과연 어
디 있느냐?
11 인간 세상에서 시합을 하기도 전에 이
길 수 있다 생각하며 이긴 것처럼, 모
든 상패요, 상장을 다 제 것처럼 제 앞
에 갖다 놓고자 하는 자,
12 그는 결국 그 욕심에 눈이 어두워 저
보다 못한 자에게도 패하는 것이 인간
세상의 이치이거늘,
13 하늘의 법도요, 구원을 받고 못 받는
것은 나의 고유의 권한이며 인간이 시
시비비할 자격이 없으며 감히 논할 수
있는 자격도 없는 것을,
14 너희들이 큰 상을 받을 일만 남았다
생각하며, 은혜를 받을 것을 생각을
하며 그와 같은 착각 속에 사는 자들
이 얼마나 어리석고 불쌍한 백성이요,
오만과 교만에 차 있는 백성인지 알겠
느냐?
15 이 모두는 지금의 종교 집단의 지도자
들이 진리를 모르고 제대로 인도하지
못한 탓이니라.
16 그저 저희들은 재물을 바치면 구원을
받을 것이며, 울고불고 저희들이 벌어
진 입으로 찬송가를 소리 지르며 찬송
을 부르며 그리하면 저희는 구원을 받
을 수 있다는 것이 머릿속에 젖어 있
음이니,
17 그러니 그들이 지금까지 살아오는 그
믿음이요, 저희들이 행한 신앙이 무엇
이더냐?
18 그저 저 하나 구원받기 위하여 물질이
요, 재물을 바치는 데 주저하지 아니
하며, 그저 제가 찬송가를 부르고 악
쓰고 목이 터지라 부르니,
19 제 부모가 죽어서 그 앞에 와 통곡하
는 소리도 그것만 못하며, 오열하는
목소리도 그만 못할 것이며, 그보다
열배 백배 더한 소리로써 찬송을 불러
대며 악을 쓰는 것이 그들이 아니더냐?

20 그러니 부모 형제에게는 끝없이 인색
하며, 남들과도 그와 같은 관계는 갖
지 아니할 것이니라.
21 그러면서 믿지 않는 저희들의 형제를
저주하며 그를 인간으로 생각지도 아
니하는 그와 같은 사악한 자들이 구원
을 받았다 착각할 수 있는 것도 당연
한 것이며,
22 나에게 오를 수 있다 하여 너희들이
나에게 와 큰 상을 받고 천국의 문에
들어선다는 착각을 하고 사는 정신병
자가 된 것은 당연하며, 너희들이 그
리 믿는 것이 당연한 것이라 그리 말
함이니,
23 그 뜻을 알겠느냐, 사랑하는 나의 아
들아!
24 "네, 아버님! 지금의 믿음의 길을 가
는 자들이 구원을 받았으며, 저희들은
아버님께서 열어 주시는 천국의 문을
제가 열고 들어 올 수 있으며,
25 아버님께 큰 상을 받을 것이라 착각하
고 사는 것, 그 환상에 젖어 있는 것은
당연하다 그리 생각되옵나이다."
26 그 당연함이 무엇이기 때문이냐, 나의
아들아!
27 "그들은 믿음이라는 길을 가면서 모
두를 다 저버리고, 제가 구원을 받기
위하여 지금까지 바친 그 재물이 얼마
며, 그 재물의 덩어리를 생각할 때 상
상할 수 없는 양을 바쳤으며,
28 그리고 그들은 울고불고 악을 쓴 것이
저희 부모가 돌아가셨을 때 그 슬픔
에 우는 소리보다도 열배 백배 더 악
을 쓰며 부른 찬송이요, 그 수없이 부
른 찬송이요, 경배한다 하여 부른 찬
송이요,
29 그리고 저희들이 달라, 이루어 달라
그리 기도하고 빌고 빈 것, 그저 성서
에 두드리면 열릴 것이며 구하라 하면
얻을 것이라 하는 그것을 그대로 행하
고 살아온 것이 저희들이 지금까지 한
일이니,
30 헤아릴 수 없는 그 많은 재물을 바쳤
음이니 그들이 구원받을 것은 당연한
일이라 생각하며,
31 그와 같이 많이 바쳤거늘 구원을 못
받는다는 것은 저희들은 생각지도 못
하는 백성으로 전락되었기 때문이옵
나이다.
32 그들은 정녕 물질로써 금화와 은화로
써는 살 수 없으며 구원받을 수 없는
것이 하늘에 오르는 길이라는 걸 모르
기 때문에,
33 그저 잘못된 종교 지도자요, 거짓된
자들이 재물을 갖다 많이 바치며, 형
제에게 나누어 주지 말며 오로지 저희
들에게 갖다 바치고 또 바치며,
34 없는 자가 모두를 다 털어 바치면 열
배 백배의 축복을 받는다 하니,
35 있는 것 없는 것을 다 제가 지금까지
바친 그 양을 생각하면, 저희 가족과
형제지간에 먹고사는 것보다도 더 많
은 양을 바친 자가 있으니,
36 재물을 바치면 구원을 받는다 하여
그와 같이 바친 자는 제가 구원을 받
을 수 있다고 착각하고도 남을 만큼
바친 그 재물 때문에 그들이 환상에
빠져 있으며, 착각 속에 허덕이고 있
사옵나이다.
37 그러니 그들은 저희들이 헤아릴 수 없

이 갖다 바친 것, 수없이 바친 그 재물 때문에 그 착각 속에서 허덕이는 것이라 생각되옵나이다."
38 사랑하는 나의 아들아, 그러하니라.
39 저희들이 형제를 살리며 부모를 살리며 이웃을 살리며 나눠 쓰고 불쌍한 자를 도우며 살아갈 수 있는 그 많은 재물,
40 저희들이 온 가족이 먹고살 수 있는 그 양보다 더 많은 것을 제가 재물을 바치면 구원을 받는다 하여, 인색하기 한량없는 자가 저를 구원하기 위해 바친 재물은 헤아릴 수 없으니,
41 그 모두가 나의 하늘 나라 창고 안에 쌓여 있으며, 내가 하나하나 저희들의 생명부에 기록한 줄 아나,
42 내 생명부에는 선하게 산 것만 기록됨이니라.
43 나 여호와는 내리는 하나님이요, 받는 하나님이 아니요, 나는 모두가 필요 없다는 것을 너희들이 알며, 오늘의 그 착각이요, 환상 속에서 벗어나도록 하라.
44 나의 법전을 읽고 깨우치지 못한다면 이는 너희들의 복이니라.

9,277 번째 하나님 말씀

2004년 1월 22일 07시 57분

1 사랑하는 나의 아들아!
2 "네, 아버님! 말씀하옵소서."
3 너희들은 나를 향하여 끝없이 달려오고 걸어오느니라.
4 그러니 그 길은 무엇이더냐?
5 너희들이 죽음의 길이요, 인간의 육의 세상에 종말을 거두는 그 길을 향하여 너희들은 쉬지 않고 걷고 달려오지 않느냐?
6 그러니 너희들이 나에게 오르는 방법도 두 가지의 길이 있음이니, 너희들은 이를 깊이 깨우쳐 행해야 될 것이니라.
7 너희들이 참진리의 길이요, 나에게 오는 그 진리의 뜻을 나 여호와가 내리는 그 모두를 깨우쳐 너희 것으로 만들어, 그와 같이 아름답게 살아가는 자와 더불어 길동무를 하여 나에게 온다면, 너희들은 구원의 그 길을 갈 것이며 구원을 받게 될 것이니라.
8 참진리의 길을 배우는 백성과 너희들이 길동무라 하여 온다면 바로 그것이 구원의 길이요, 나에게 올 수 있는 길이요, 거듭나는 그와 같은 삶을 위해서 오는 것이요,
9 그렇지 아니하고 지옥을 향하여 가는 백성과 너희들이 죄를 지으며 악한 자와 더불어 길동무를 한다면, 결국 너희들은 지옥이라는 곳을 가는 것을 면치 못하는 것이 너희들의 삶이 아니더냐?
10 너희가 참진리와 비진리를 연구하고 사는 삶이 아닌 것이 오늘의 그 한스러움이요, 내 가슴이 아픔이니라.
11 너희들이 나에게 오르는 길은 어쩔 수 없이 와야 되며, 누구도 벗어날 수 없는 것이니라.
12 그러나 죽음을 향하여 오는 너희들이 길동무를 어떠한 사람과 더불어 하며 나에게 오느냐에 따라서 얼마나 무서운 결과가 있는지 알아야 될 것이니,

13 너희들은 선한 백성이요, 참진리의 길
을 가는 백성과 더불어 길동무를 할
것인가, 악을 행하며 선을 저주하는
자와 길동무를 할 것인가?
14 너희들은 여기서 그를 확정하고 깨우
쳐야 될 것이니라.
15 그러나 지금의 모든 백성 너희들은 선
과 악이요, 참진리와 비진리를 구분하
지 아니하고,
16 그저 너희들이 인간 세상에 살며 더
많은 사람들이 모여 있는 것, 더 많은
집단에 웅성거리는 것, 인간 세상에서
말하는 힘과 능력을 가지고 있는 자들,
17 그와 같은 속에 너희 자신을 던져 그
들과 휩쓸려 걸어가고자 하며, 그와
더불어 길동무를 하고자 하는 것이 너
희들이 아니더냐?
18 너희들은 먼저 생각해야 할 것이, 진
정한 믿음이요, 참진리의 길을 선택하
는 것이 중요하거늘, 너희들은 그 소
중한 것은 뒷전이요,
19 어느 곳에 사람이 많이 모였으며, 어
느 곳에 능력이 있으며, 어느 곳에 힘
이 있으며, 어느 집단이 세상을 지배
하는 것이냐,
20 그를 생각하고 계산하여 너희들이 진
리라 하여 그 믿음을 찾아감이니, 잘
못된 것이라 하는 것이니라.
21 너희가 가는 길은 내가 설명하지 아니
하여도 지금 그와 같은 것을 기준으로
너희들이 믿음을 선택하고 신앙의 길
을 간다면, 너희들이 어느 길로 가는
것인지 두말할 것도 없이 너희들은 알
것이니라.
22 그러니 지금 수천 년 동안 흘러오며
너희들이 나에게 달려오고 걸어오면
서 참진리의 길을 깨닫고 가는 자와
동행하지 못하고, 너희들이 선하지 못
한 행위를 하는 자와 길동무를 하여
왔으니,
23 그 결과는 선한 것이 아니라 하였음이
니라.
24 오늘의 믿음이요, 너희들의 신앙이 2
천 년 동안 지나온 과정이 이와 같은
형국으로써 모두 이루어졌음이니,
25 악을 행하는 자와 더불어 길동무하는
나의 백성들은 헤아릴 수가 없으며,
26 참진리요, 아름다운 길을 가는 자와
길동무하기를 꺼리는 것이니, 너희들
이 진정 어떠한 뜻에 의하여 역사하느
냐?
27 내 뜻에 의하여 이루어진 자가 있더냐?
28 그러니 너희들이 참진리의 그 길을 가
는 자와 길동무하는 것은 인간성을 회
복하는 것이며, 내가 내려보낸 사랑의
원심이요, 너희들이 그 마음으로 되돌
아가야 나에게 올 수 있으나,
29 그렇지 않는 백성은 인간성을 회복되
지 못함이니, 나에게 올 수 없으며, 내
가 내려보낸 그 마음의 자세로 살지
못하기에 너희들은 나에게 올 자격이
없다 함이니,
30 그 무서움을 알아, 너희들이 길동무를
어찌 선택하느냐, 이를 다시 한 번 깨
우쳐야 될 것이니 그리 잊지 말라 전
하라.

9,278 번째 하나님 말씀

2004년 1월 22일 08시 04분

1 사랑하는 나의 아들아!

2 "네, 아버님! 말씀하옵소서."

3 너희들이 그리 원하고 갈구하는 구원의 길이 무엇이더냐?

4 그는 곧 사랑이라 내가 그리하지 아니하였느냐?

5 창조주 나 여호와의 그 모두는 곧 사랑이며, 모두 사랑으로써 이루어지며, 사랑의 본체가 나라 너희들에게 그리 가르쳐 주지 아니하였더냐?

6 그러니 너희들이 사랑하고 베풀며 사는 것은 과연 무엇이라 생각하느냐?

7 너희들이 사랑하며 사랑을 베풀고 사는 그 백성은 세상 것을 다 얻는다 했음이니라.

8 그러니 사랑을 실천하고 사는 삶이라는 것은 너희 자신을 보호하고 지켜주며 네가 거듭나는 기적의 은혜요, 역사를 입는 것이며,

9 너희들이 그리 갈구하고 원하면서도, 그것이 너희들의 모든 소원을 얻는 길이며 그 모두를 이룰 수 있는 길이거늘,

10 어찌하여 그 사랑을 행하지 아니하며 베풀지 아니하며 너희들이 그 모두를 이루어지기를 바라며 역사하기를 그리 바라는가?

11 그러니 너희들은 알라, 너희들이 사랑하고 행하고 실천하는 길이 아니면 절대 구원의 길이 없으며 나에게 오를 수 없다는 것, 그 어떠한 길도 너희들에게 구원의 역사를 할 수 없다는 것,

12 사랑이라는 그 본체를 버려두고 접어두고는 아무것도 이룰 수 없다는 것을 너희들은 알아야 될 것이니라.

13 너희들이 사랑이요, 베푸는 그 아름다운 마음이 없이는, 그리고 너희들이 그와 같은 것을 행하지 아니하고는 절대 구원할 수 없다는 것을 어찌 그리 모르는 어리석은 백성들이더냐?

14 그러니 그와 같은 것을 모르고 사는 것은 절대 너희들이 나에게 올 수 없음이니라.

15 그러니 사랑을 행하며 살라는 것이 나 여호와의 뜻이니라.

16 그러니 너희들이 사랑을 하며 베풀고 나누는 것이 가장 으뜸이요, 가장 소중한 것이며,

17 너희들이 지상에서 얻고자 하는 모두를 얻을 것이며,

18 죽어 나에게 와 심판을 받을 때 당당한 모습으로 나에게 오를 수 있는 그 영광된 것, 그것이 사랑이요, 그를 행하고 실천하고 사는 것이 가장 중요함이니, 이를 너희들은 잊지 말라.

19 내가 나의 아들을 통하여 다시 한 번 너희에게 전함이니라.

20 사랑이라는 것을 베풀고 사는 너희들이야말로 너희 자신을 보호하고 지켜주며, 너희가 거듭나는 기적의 역사의 그 은혜요, 축복을 무조건 받으며, 영원히 사는 세상에 나 여호와와 더불어 살며 나와 같이 존재함이니,

21 모든 사람들이 시기와 질투요, 욕심 때문에 눈이 어두워 사랑이라는 것을 하지 못하며, 그를 알고도 행하지 아니하여 구원받은 자가 없다면,

22 이 사랑의 행함이 얼마나 귀한 것인가
다시 한 번 깊이 가슴에 새기도록 그
리하라.

9,279 번째 하나님 말씀

2004년 1월 22일 08시 08분

1 사랑하는 나의 아들아!
2 "네, 아버님! 말씀하옵소서."
3 너희가 십일조를 바쳐야 된다 하며 거
둬들인다면 결코 나 여호와를 아버지
라 부르지 말라 함이니라.
4 모든 종교 집단이요, 지도자들이요,
너희들이 십일조라는 것을 바쳐 구원
을 받는다며 거둬들이는 자, 그리고
그것을 바쳐야만 구원을 받는다 생각
하는 백성,
5 너희들은 거둬들이는 자나 바치는 자
나 나를 아버지라 부르지 말라.
6 나는 그와 같은 자의 아버지가 아님을
너희들은 알라.
7 내가 성서에 일찍이 기록하여 전하였
으며 너희들이 또한 모두를 알고 있느
니라.
8 부림을 받는 종이요, 남의 것을 관리
하고 농사짓는 자는 모든 수확을 했으
면, 그 주인에게 일부를 되돌려 바치
는 것이며, 그에게 대가를 치르는 것
은 당연한 것이니라.
9 그러나 그와 같은 농장을 관리하고 모
두를 관리하는 그 주인의 아들은 부모
에게 너희들이 말하는 십일조라는 걸
바치는 일이 없으며, 그와 같은 역사
가 이루어지지 아니하는 것이 아들과
아버지의 사이이니라.
10 다만, 바치고 거둬들이는 것은 부리는
자와 부림을 받는 자, 종과 주인의 사
이일 때요, 남의 것을 관리하고 농사
지으며 관리하는 그와 같은 자가 그
은혜에 감사하여 보답으로 바치는 것
이니라.
11 그러니 십일조를 바쳐야 되며 그를 바
치지 아니하면 구원을 받을 수 없으며
나를 만날 수 없다는 자, 너희들은 나
를 아버지라 부르지 말라.
12 너희들이 부르는 소리가 나는 듣기 싫
으며, 나는 그와 같은 자식을 둔 적이
없음을 너희들은 알라.
13 나는 아들딸들과 거래하는 자가 아니
요, 나는 그와 같은 어버이가 아님을
너희들은 알라.
14 그러니 너희들이 내가 원하여 거둬들
이며 내가 기뻐하니 십일조를 거둬들
인다면, 스스로 너희들이 나의 아들딸
이 아님을 자처하는 것임을 모르는가?
15 너희들은 종으로서 나와 관계없는 부
리는 자요, 그리고 내가 너희들과 어
떠한 부자의 인연이요, 아들딸의 관계
도 아니라는 것을 인정하는 자들이 하
는 행위이니,
16 나는 그와 같은 자들과 관계없으며 너
희들을 모르느니라.
17 그러니 너희들 스스로 나의 아들딸임
을 거부하는 행위를 하고 있으며, 그
리하여 너희들이 나의 아들딸임을 거
부한다면 너희들은 무엇이더냐?
18 사탄의 자식이 되기를 바라며, 악마의
자식이 되고자 그 길을 달려가는 자들
이니,
19 나는 너희들과 모르는 사이요, 너희들

과 관계없다는 그 의미를 알라.
20 그러니 지금서부터 십일조를 바치는
자와 거둬들이는 자는 모두 나와 아들
딸의 관계를 끊는 자들이니, 너희들은
나와 관계없는 자요, 사탄의 자식임을
알라.
21 그러니 그것이 얼마나 두렵고 무서운
일인 줄 아는가?
22 그를 너희들이 자행하면서 그리고 너
희들이 죽을 때까지 수십 년 동안 거
둬들이고 바치고 하는 그것이 너희들
이 나와 관계가 없는 얼마나 멀리 떨
어진 사탄의 자식으로 가 있는 것인가
를 너희들은 죽어 내 앞에 왔을 때 알
게 될 것이니,
23 종과 주인의 관계를 유지하려거든 그
리하도록 하라.

9,280 번째 하나님 말씀

2004년 1월 22일 09시 19분

1 사랑하는 나의 아들아!
2 "네, 아버님! 말씀하옵소서."
3 인간 너희들의 심리가 어떠하더냐?
4 너희들이 하는 짓이요, 버릇을 고치라
하면 절대 고치지 아니하는 것이며 제
고집대로 나가는 것이 인간이니라.
5 그러나 그 버릇을 고치게 하는 그 방
법 또한 여러 가지가 있지 않더냐?
6 너희들이 그와 같은 세상에 살아가는
이치에서 나쁜 습관이 있으며 나쁜 버
릇이 있는 자를 그대로 고치라 하면
그는 그것을 고치지 아니할 것이니라.
7 그러니 그에게 너희가 그와 같은 버릇
이 정말 보기 좋고 아름답다 하여 그
에게 어떠한 상을 내려 줬다 하자.
8 그러면 그는 그 상을 받기 위해서 그
와 같은 나쁜 습관을 더 열심히 하지
않겠는가?
9 그다음에 너희들이 그 상금을 줄여서
줘 보라.
10 그러면 그들은 그 상금을 받는 재미로
또 그리할 것이니라.
11 그러나 나중에 와서 너희들에게 그와
같은 행위로써 내가 상금을 줄 수가
없게 되었으니, 상금을 주지 못한다
하면,
12 '네가 상금을 주지도 아니하는데 내가
이와 같은 짓을 뭐하러 하겠느냐? 나
는 절대 이런 짓을 하지 아니한다.' 하
여 제 습관이요, 악습을 고칠 수도 있
는 것이 아니더냐?
13 그러니 가르치고 지도하는 그 방법이
수천수만 가지의 갈래가 있음이니,
14 너희들이 남들 앞에 '나는 모른다.' 그
리 대답하는 것이 정답이라 하지 아니
하였더냐?
15 그러니 나의 피조물 만백성이요, 나의
강론을 들었으며 내가 내린 가르침을
들은 너희들은 세상사를 생각하고 깨
우치는 이치를 수천수만 가지를 너희
들 것으로 만들어 그리 변화되는 삶을
살아야 되는 것이니라.
16 나 여호와가 너희들의 손에 쥐여 준
것을 펴지 못하고 오로지 그것만 가지
고 지키고 사는 것이 하늘에 오르는
길이라 한다면,
17 남들은 그를 보고 열 개 백 개를 깨우
쳐 가나, 너희들이 하나만 움켜쥐고
있다면, 과연 무엇이 변화되겠느냐?

18 그는 변화되는 것이 없으며 역사하는
것이 없음이니라.
19 또한 너희들이 인간 세상에 살아가는
것이 그러하니라.
20 하던 짓도 나쁜 습관도 단번에 고치라
면 고치지 아니하나, 거기에 상금을
주며 정말 잘한다 하여 거기에 대한
대가를 지불하다가,
21 세월이 지난 다음에 그 대가를 주는
것을 줄이며 나중에 가서 대가를 주지
아니하면,
22 '내가 대가도 받지 아니하고 뭐하러
이와 같은 짓을 당신 앞에서 하느냐?'
하며 그 버릇을 제가 스스로 고칠 수
있다 하지 아니하였느냐?
23 그와 같은 마음을 너희들이 뒤집어 보
면 또 어떠한 것이더냐?
24 너희들은 하던 짓도 하라고 하면 하지
않는 습성이 있음이니라.
25 그러나 너희들은 지금 가는 길을 중단
할 수도 없으며 아니 갈 수도 없는 것
이 너희들의 운명이요, 너희들이 처해
있는 입장이라는 것을 알아야 될 것이
니라.
26 너희들은 어떠한 입장이든 어떠한 환
경이든 스스로 즐거운 마음으로 하게
되면 배가의 성과를 거둘 수 있는 것
이요,
27 너희들이 괴로운 마음으로써 역사한
다면 결코 아무것도 얻어지는 것이 없
지 않더냐?
28 그러니 너희들은 나의 뜻에 따라 모두
역사하며 160권의 법전을 만들고, 하
늘에서 내리는 참진리의 그 아름다움
을 기록하고 전하여 만백성을 구하고
구하는 역사를 계속해야 될 것이니,
29 너희들이 이를 즐겁고 행복하다는 마
음을 가지고 오늘 아침 출발하는 그
마음의 자세가 귀하고 소중함을 알라.
30 너희들이 이를 중단하며 이를 고통스
럽다 생각해도 아니 갈 수 있다면 나
여호와는 말하지 아니할 것이나, 가지
아니하면 아니 되는 것이 너희들임을
알라.
31 그러니 너희들은 오늘의 모든 역사함
을 즐거운 마음으로 기쁜 마음으로 그
리 행해야 될 것이며,
32 기쁘지 않은 마음으로 너희들이 나의
법전을 접하고 나의 법전을 전하고자
할 때 그 성과를 거둘 수 없으며 그 뜻
을 이룰 수 없는 것이니라.
33 자신에 찬 마음이요, 용기 있는 마음
이요, 이룰 수 있다는 것, 할 수 있다
는 것, 너희는 결국 승자가 될 수 있다
는 마음을 갖고 시작하면, 그것이 너
희들의 머릿속에 심어지는 것이요,
34 너희도 모르게 그 성공하는 그림을 그
리게 됨이니, 너희 자신이 벌써 성공
을 하고 있다고 그려진 그림에 의하여
너희가 벌써 출발하고 달려가고 있는
그 위대함을 얻게 될 것이니라.
35 '나는 승자가 될 수 없다.' 생각하고
'나는 패자가 될 수밖에 없다.' 생각하
는 자와 반대로, '나는 승자가 될 수
있으며, 어떠한 역경에서도 나는 이기
고 성공하는 자가 되겠다.' 하여 노력
하는 자, 그는 반드시 거둬들이며 이
길 수 있는 것이니라.
36 그러니 너희들이 오늘의 가는 길을 고
통스럽고 힘들다 생각한다면 너희들

은 결국 거둬들이는 것이 없으며 역사
하는 것이 없음이니, 너희들이 더 힘
들고 어려운 것이니라.
37 그러나 너희들은 나의 뜻이요, 이를
역사하지 아니하면 아니 된다는 생각
을 굳건히 갖고 믿고 나갈 때, 너희들
은 몇 배의 그 성과를 거둘 것이며,
38 고통스럽고 힘들다는 것도 바로 지우
고 잊을 것이며, 즐거움으로 변하는
것이 인간 너희들이 살아가는 형태요,
삶이라는 것을 잊지 말라, 사랑하는
나의 아들딸들아!

9,281 번째 하나님 말씀

2004년 1월 22일 09시 24분

1 사랑하는 나의 아들아!
2 "네, 아버님! 말씀하옵소서."
3 너희들이 십일조라는 것을 거둬들이
는 데 혈안이 되어 있으며, 그를 바치
지 않는 자는 비신도요, 사악한 자요,
사탄의 자식이라 그리 몰아붙이니,
4 그 종교 집단이요, 지도자의 그 사악
한 말에 너희들이 두렵고 겁을 먹어
그 십일조를 바치기 위해 모두를 다
바치고 있는 것이 오늘의 너희들의 형
국이 아니더냐?
5 나는 오늘 아침 나의 아들을 통하여
너희들에게 전하고자 함이니라.
6 너희들이 십일조를 바치는 것은 죄악
이며, 내가 바치라 명한 적이 없다 하
였음이니,
7 내가 오늘 너희들에게 전하는 것은 너
희들이 살아가면서 하루에 백 가지를
악한 일을 하며 죄를 짓고 산다 하자.
8 그러니 거기서 너희들이 나에게 십일
조를 바치는 것은 백 가지 중에서 열
가지라도 착한 일을 하는 것, 선함을
행하는 것, 그것이 바로 너희들이 나
에게 바치는 십일조요, 그것이 위대한
십일조라는 것을 절대 잊지 말도록 그
리하라.
9 이제 나의 아들을 따르는 제자들이요,
나의 법전을 읽고 깨우친 만백성 너희
들은 십일조가 무엇인 줄 알겠느냐?
10 하루에 너희들이 백 가지를 잘못하며
죄를 짓고 나에게 부끄러운 일을 하는
그와 같은 삶에서,
11 십일조라 하여 단 열 가지라도 너희들
이 아름답게 사는 것, 그리고 변화되
는 삶을 사는 것, 그것을 나에게 바치
는 것이 나의 가장 큰 기쁨이요, 영광
이니라.
12 내가 너희들에게 재물로써는 받지 아
니하며 재물로써는 나와 관계없다 하
였으며, 너희들의 아름답고 고운 마음
을 나에게 바치는 것이 가장 큰 기쁨
이요, 그것이 너희들이 하늘에 오르는
길이요, 영광의 길이라 하지 아니하였
더냐?
13 그러니 이제 나의 아들을 따르는 제자
들이요, 나의 법전을 읽고 깨우친 만
백성 너희들은 십일조라는 그 개념을
바꾸라.
14 그 십일조라는 것을 재물로 바치며 금
화와 은화를 바쳐 너희들이 거둬들이
는 사악한 행위를 하는 것이 아니요,
15 너희들의 악한 마음이요, 죄 된 마음
이요, 하늘을 향하여 부끄럽게 살아가
는 마음에서 하루에 하나씩 선하고 아

름다운 마음으로 바꿔서 변화되는 그
십일조를 나에게 바치도록 그 제자들
에게 전할 것이며,
16 또한 나의 법전을 읽고 깨우친 자요,
나의 아들을 따르는 제자 너희들은 모
두 그와 같은 십일조를 나에게 바치라.
17 그러면 너희들이 세상 것을 다 바치는
것보다 더 귀하고 소중한 것이며, 나
여호와의 기쁨이 이루 말할 수 없음이
니 이를 알겠는가?
18 그러니 너희들이 악한 것을 버리고
10분의 1이라도 착하고 아름답게 사
는 삶을 살라.
19 그것이 내가 거둬들이는 십일조요, 너
희들이 나에게 바치는 십일조이니,
20 지금의 종교 집단이요, 지도자 저희들
에게 어떤 재물을 바치든, 거짓말해서
번 돈이든, 사기해서 번 돈이든, 남의
주머니를 훔치고 턴 것이든, 강도짓을
해서 벌었든,
21 그저 재물로 십일조를 받아들이고 바
치고 거래하고 주고받고 그리하며,
22 말로써 그들이 구원을 받으며 천국에
갈 수 있다 하며, 너희는 티켓을 받은
자라 장사하든 말든 너희들은 관계치
말며,
23 나의 아들을 따르는 사랑하는 제자들
이요, 그리고 나의 법전을 읽고 깨우
친 사랑하는 백성 너희들은 십일조를
나에게 바치는 것을, 오늘 아침 이 순
간부터 너희들이 가지고 있는 나쁜 습
관을 고치는 십일조를 바치도록 하라.
24 그것이 나에게 바치는 위대한 십일조
이니,
25 누가 무어라 하든 저희들은 뒤죽박죽
이 되어 얽히고설키든, 저희들이 어떠
한 진흙탕에서 얽히고설켜 몸싸움을
하고 살아가든, 너희들은 그와 같은
것을 바라보지 말며,
26 악습을 버리는 십일조를 하도록 하라.
27 하나를 고치고 또 고쳤을 때 너희들이
백 개 중에서 십일조를 바치면 90개
가 남으니, 거기서 너희들이 또 변하
여 나에게 십일조를 바치면 얼마가 남
겠느냐?
28 그리하여 너희들이 줄이고 줄여 가는
그 십일조를 나에게 바치도록 하라.
29 그것이 구원의 길이요, 너희들의 기쁨
이요, 나 여호와의 행복이요, 나 여호
와의 기쁨이요,
30 사랑하는 나의 아들딸이 존재하는 그
가치를 얻으니, 내가 재앙을 내리고자
분노한 마음을 달랠 수 있는 것이 여
기에 있음이니라.
31 너희들이 십일조를 바치고 또 바쳐
50개가 남았음이니, 50개의 십일조가
또 몇 개더냐?
32 그를 바쳐 보라.
33 그러면 결국 남는 건 무엇이더냐?
34 모든 악습을 다 버리며, 너희들이 추
하고 더러운 것을 다 버림이니, 그 위
대한 십일조가 무엇인 줄 알겠느냐?
35 이제 너희들이 마음을 다스려 가는 곳
에 쓰는 것이 십일조이니라.
36 그저 벌어서 재물을 바치고, 도둑질하
고 강도질하여 바치고, 또 벌어서 바
치고 또 벌어서 바치고, 제자리에 오
는 그와 같은 재물로써 바치는 것이
십일조가 아님을 알라.
37 너희들이 십일조를 바침으로써 재물

이 죽나며 생활이 궁핍하며 너희들이
살아가는 고통을 겪는 것이 십일조가
아니니라.
38 너희들이 악습 열 개를 버리며 10분
의 1을 버리고 또 10분의 1을 버렸을
때,
39 너희들이 천사같이 아름다운 마음으
로 변화되며, 너희들 자신이 기쁨을
알며,
40 세상에 살아왔던 부끄러움을 알며, 얼
마나 어리석고 잘못 살아왔는지 깨달
은 그 기쁨이요, 영광은 너희들이 나
에게 바치는 그 십일조에서만 얻을 수
있을 것이니,
41 이제 너희들의 십일조는 악습을 열 개
중에 하나, 10분의 1을 고쳐 바치는
것이라 그리 가르치고 전하거라, 사랑
하는 나의 아들딸들아!

9,282 번째 하나님 말씀

2004년 1월 22일 09시 28분

1 사랑하는 나의 아들아!
2 내가 너희들에게 바치라는 그 십일조
의 명령을 알겠느냐?
3 너희들이 재물을 바치는 그 십일조는
하늘에 오는 것이 없으며, 나에게 전
달되는 것이 없으며, 하늘에 쌓아 놓
는 것이 없음이니라.
4 사악한 지도자요, 사탄의 자식들이 중
간에서 그것을 가로채고 저희들이 거
둬 호의호식하며,
5 제 성전을 더 아름답고 더 크게 가꾸
어 사탄에게 즐거움을 주는 것이니라.
6 그러나 너희들이 악습의 십일조를 바
치는 것은 누구에게 바치는 것이냐?
7 나 여호와에게 직접 바침이니, 나 여
호와에게 바치는 그 십일조가 얼마나
위대하고 소중한 것이더냐?
8 너희들이 백 개의 악습 중에서 열 개
를 버렸을 때 그는 나를 기쁘게 하며
나에게 바치는 십일조이니, 바로 너희
들이 십일조를 바친다면 창조주 나에
게 바로 바치는 그 십일조를 바치라.
9 나에게 오지도 못하는 그와 같은 십일
조를 나에게 바치지 말라.
10 너희들이 나에게 오르는 그 마음도 산
소보다도 더 가벼워야만 너희들이 나
에게 오른다 하였거늘,
11 금화와 은화요, 그 무거운 욕심 덩어
리를 너희들이 거둬들이고 거둬들여
쌓아 놓고, 그를 가지고 너희들이 나
에게 오를 수 있으며 그 재물을 너희
들이 하늘에 던질 수 있고 나에게 올
릴 수 있느냐?
12 무슨 방법으로 너희들이 올리겠느냐?
13 너희들이 달에 줄을 매어 나에게 올려
보내겠느냐, 해에 줄을 매어 나에게
올려 보내겠는가?
14 너희들이 금화와 은화를 바리바리 싸
서 집어 던져서 나에게 오를 수 있는
가?
15 너희들이 한 계단 한 계단 오르는 사
다리를 하늘에 닿도록 만들어 그를 짊
어지고 나에게 오를 수 있겠는가?
16 그 사악한 짓을 하지 말며 말도 안 되
는 짓을 하지 말며, 너희들이 이룰 수
없는 짓을 가지고 하지 말라.
17 이제 사랑하는 나의 아들 너희들에게
내가 오늘 아침에 상을 주며 기쁨을

줌이니,
18 나에게 십일조를 직접 바치는 그 영광
을 줌은 너희들이 오늘의 변화를 이루
었으며 그 역사를 이루었으며 아름답
게 살아가고자 하는 너희들의 그 마음
에 내가 상을 내림이니, 너희들만큼은
나에게 직접 바치는 십일조를 바치도
록 그리하라.
19 나에게 직접 바치는 그 십일조요, 내
가 받아들여 기뻐하는 그 십일조야말
로 너희들 개인의 보물 창고에 쌓임이
니, 너희들이 나에게 와 그 상을 받는
것이니라.
20 하늘에 오르지 못하는 것을 던져 본
들 땅에 떨어지며, 밀어붙인들 땅에
떨어지는 그와 같은 재물이요, 하늘의
창고에 쌓이지 않는 것으로써 은혜와
축복이요, 영광이요, 구원을 받는다는
자,
21 그 사기꾼들이요, 도둑이요, 강도와
같은 자, 살인자와 같은 자들 말에 너
희들이 속지 말라.
22 그들은 살인하는 자보다도 더 무서우
니라.
23 수많은 나의 백성들을 살인하는 자이
니, 한두 사람을 살인하는 자도 그 생
명을 내놓아야 되며 그 대가를 치러야
하거늘, 셀 수 없이 많은 나의 백성들
을 죽이는 자들이 그 대가를 치르지
아니하고 온전하게 견딜 수 있다 하느
냐?
24 사후의 세계에서 그 대가를 치르며 그
벌을 받게 되어 있는 것이 그들임을
알라, 사랑하는 나의 아들딸들아!
25 너희들은 벌 받는 십일조를 바치지 말
며 지옥으로 가는 십일조를 바치지 말
라, 사랑하는 나의 아들딸들아!
26 내가 기뻐하는 십일조를 직접 나에게
바치도록 그리하라.

9,283 번째 하나님 말씀

2004년 1월 22일 09시 33분

1 사랑하는 나의 아들아!
2 "네, 아버님! 말씀하옵소서."
3 너희들이 바치는 그 십일조요, 그 사
악한 방법은 무엇이더냐?
4 너희들은 구약에 기록되어 있는 그 일
부의 내용을 가지고 오늘과 같이 나의
피조물 만백성을 고통스럽게 몰아가
며 재물을 거둬들이느니라.
5 구약의 시대에 죄를 사하는 제사를 올
리는 백성이 그 길을 가기 위하여 저
희들을 위하여 제사를 드림이니,
6 그에게 생활 대책의 일부로 물질로써
그에게 보답하는 그와 같은 것이었음
이니, 그 또한 내가 잘못되었다 하였
음이니라.
7 그것도 제 스스로 이루고 역사하며 나
에게 제사를 드리는 것이 옳은 길이라
하였음이니,
8 그 당시 제사를 대표적으로 지내는 자
를 위하여 너희들이 조금씩 나눔을 가
져 그를 도와 그가 제사에 전념하도록
그리 가르쳐 준 것이 아니더냐?
9 그리하여 십일조를 거둬들였음이니
라.
10 그러니 여기서 오늘 내가 너희들에게
가르치는 그 깨달음을 알라.
11 너희들은 나의 아들이 세상에 와 그가

죽음으로써 그 보혈로써 인간 자체의
나의 아들 예수로써 제사를 다 바쳤으
며 그리하여 제사는 그것으로써 끝났
음이니, 너희들이 제사를 지낼 필요가
없으며 제사 같은 행사를 할 수 없는
것이라 너희들이 그리 말하였음이니,
12 이제 나의 아들이 생명을 바치며 그
피로써 죽음으로써 인간 세상의 모든
죄를 안고 가 마지막 제사를 지냈기
에, 그 후로는 너희들이 죄가 없는 자
이기에 제사를 지낼 필요가 없다 하였
음이니,
13 제사를 지내는 자에게 바치고 거둬들
이던 그 십일조를, 이제 너희들은 제
사를 지낼 필요가 없으며 제사를 지내
는 역사가 끝났음이니,
14 너희들이 십일조를 거둬들이는 것은
잘못된 것이며 내 뜻을 거역하는 것이
아니더냐?
15 어찌하여 너희들은 그와 같은 이치 하
나를 모르는가?
16 나의 아들이 너희들의 온갖 죄를 짊어
지고 가며 마지막 제물로써 제사를 지
내고 바쳤음이니, 이제는 더 이상 제
사를 지낼 필요가 없으며, 너희들은
나의 아들을 찾기만 하면 구원을 받는
다 하니,
17 제사를 지내기 위하여 그를 담당하는
자가 먹고살게 하기 위하여 너희들이
조금씩 바쳤던 그 십일조의 개념은 모
두가 파괴되었거늘,
18 어찌하여 너희들이 나에게 바치는 제
사의 행사는 이제 예수가 거두어 모두
끝났다 하면서, 너희들이 즐겁고 즐거
운 재물을 거둬들이는 것은 계속 그와
같은 행위를 하느냐?
19 지금 모든 종교 집단이요, 지도자 그
들이 과연 무엇을 하느냐?
20 너희들은 나에게 제사를 바치는 행위
를 하며, 제사로써 너희들이 모두를
역사하느니라.
21 너희들은 나의 복음을 전한다 하여 복
음의 전사로서 나에게 명을 받았다는
자들이 아니더냐?
22 그러니 구원을 받은 너희들이 제사를
지낼 이유가 없으며 제사를 바칠 뜻이
없으며,
23 너희들 또한 제사를 지내는 것이 아니
요, 나의 복음을 전하는 역사를 하는
것이요, 제사를 지내는 제사장이 아니
지 않더냐?
24 그러한 이치를 너희들이 안다면, 어찌
십일조를 거둬들이느냐?
25 그러니 그 십일조를 거둬들이는 것,
그 행사가 잘못되었으며, 너희들은 거
짓된 자요, 나를 속이는 자들이니라.
26 지금의 종교 집단이요, 지도자 너희들
은 제사장이 아니요, 나의 뜻에 따라
복음을 전파하는 전사로 너희들이 세
상에 나왔으며, 지도자라 너희들이 말
하지 않느냐?
27 그러니 제사를 지낼 수 있는 제사장의
자격이 없으며, 제사를 지내지 않는
자들이니,
28 구약시대에 모든 죄를 대속하여 남의
죄를 빌어 주는 제사장의 그 제사를
지내는 것을 돕기 위하여 너희들이 조
금씩 나누어 주었던 것을 어찌하여 폐
하지 아니하고, 지금까지도 죽기 아니
면 살기로 그를 물고 있느냐, 이 사악

한 백성들아!
29 이제 내 뜻을 내가 전하며, 하늘의 이
치를 깨우쳐 하나하나 낱낱이 너희들
에게 전하니,
30 이를 듣고 깨우친 자가 이를 행하지
아니하면 용서치 아니할 것이며,
31 이와 같은 것을 내려보내니, 너희들은
이를 보고 깨우쳐 십일조의 행위를 중
단하도록 그리하라.
32 너희들은 복음을 전한다는 자들이요,
제사장이 아니니라.
33 나의 아들 예수의 몸을 바쳐 그 피를
바쳐 그 고통의 죽음으로써 모든 제사
의 행사는 끝났으며,
34 제사는 더 이상 지낼 필요가 없으며
역사하지 아니한다 하면서,
35 제사장의 생활비를 도와주던 그 십일
조는 어찌하여 그리도 악을 쓰고 거둬
들이는가, 이 사악한 짐승들아!

9,284 번째 하나님 말씀

2004년 1월 22일 09시 40분

1 사랑하는 나의 아들아!
2 "네, 아버님! 말씀하옵소서."
3 사랑하는 나의 아들아, 너만큼은 나
여호와의 이 아프고 저린 마음을 알겠
느냐?
4 "네, 아버님! 저는 그 깊이를 알 수 없
으며 아버님의 눈물의 시름을 모르고
있사옵나이다.
5 다만 아버님께서 지금 모두를 태워 내
려보낸다는 그 '하나님! 말씀하옵소
서.' 새로운 법전이요, 새로운 성경이
아버님의 피눈물로써 이루어지며 그
피눈물로써 역사한다는 것,
6 저의 제자들이 흰 종이에 검은 글씨
로 기록하여 그를 전하나, 그 검은 것
은 아버님의 피로써 기록되는 것이며
아버님의 피눈물로써 모두가 역사된
다는 것을 저는 조금은 알고 있사오며,
7 아버님의 아픈 마음을 조금은 들여다
볼 수 있는 것 같사오나, 아버님이 피
눈물 흘리는 그 고통이요, 아픈 마음
을 제가 감히 어찌 알겠사옵나이까?"
8 사랑하는 나의 아들아, 네 마음이요,
네 생각은 과연 어떠하더냐?
9 내가 울고 있으며 내 피눈물로써 너의
제자들이 글로 써 책으로 만들어 세상
에 전함이니,
10 그 검은 글씨가 바로 나의 피눈물이라
네가 말했으니, 내 아픈 마음을 너는
아느냐?
11 "네, 아버님! 저는 조금은 알 것 같사
옵나이다.
12 아버님의 뜻을 따라 만백성을 구한다
는 종교 집단이요, 지도자들이요, 그
리고 맹종 맹신하며 광분하는 그 백성
들이 얼마나 불쌍하고 가련한 백성들
인가, 그를 지금 아버님께서 불쌍히
여겨 아파하시는 가슴의 아픔을 저는
알고 있사옵나이다.
13 그를 느끼고 있기에 제가 그 백성들을
구하기 위하여 아버님의 말씀을 받아
기록하는 데 최선을 다하고자 하며,
14 저의 제자들 또한 제가 매를 들어 그
들을 다스려 가는 이와 같은 길을 가
고 있는 그것은 그 백성들이 불쌍하며,
15 그 불쌍한 백성들이 하는 그 행위는
성경이라는 것을 가슴에 안고 다니며

수백 번 읽었다 하여 그 책이 닳도록
낡아진 그 성경이요,
16 그 성경 위에 빨갛고 파랗고 노란 줄
을 수없이 그어 놓아 그들이 그것을
보물처럼 간직하고 가슴에 안고 있으
며, 저희 자식에게 유물로 남기고자
하는 것이요,
17 '나는 믿음의 길을 이리 갔다.' 하여
보이고자 하는 그들의 그 행위가 얼
마나 잘못된 것이며 지금 거역하고 있
는 것인가를,
18 주일마다 저희들이 예배를 드리며 각
종 헌금을 바치며 모든 행사장에 찾아
가 재물을 바치며 울고불고하는 그 백
성들,
19 그들이 바로 성경의 비유의 뜻인 아버
님의 참뜻을 모르며, 그 의미를 알고
자 하지 아니하며 아버님의 속뜻을 모
르고 가는 백성들이니,
20 이것이 얼마나 아버님의 가슴이 아파
오며 저려 오는 것인가를 조금은 알
것 같사오며 알고 있사옵나이다.
21 아버님께서 그 백성들에게 너희들은
산으로 올라가야 산다 그리 말씀하시
면, 그들은 두말할 것 없이 산으로 오
르는 것이 아니요, 강으로 그저 들입
다 내뛰는 자들이 지금의 믿음의 길
을 가는 종교 집단이요, 지도자요, 지
금 광분하는 신도들이옵나이다.
22 강으로 가라 하시면 그 종교 집단이
요, 지도자들이 깃발을 높이 들어 산
으로 '나를 따르라.' 하며 달려가니,
23 아버님의 뜻을 거꾸로 모두를 이해하
고 받아들이고 있는 것이 그들이옵나
이다.
24 그들이 거꾸로 받아들이고 거꾸로 역
사하는 것을 그 자신들이 모름이니,
그것이 옳은 것이라 생각하며, 아버님
의 뜻이요, 진리로 알고 죽기 아니면
살기로 그리 가니,
25 이를 보는 아버님의 마음이 얼마나 저
리고 아플 것인가 알고 있사옵나이다.
26 오로지 법전이요, 십계명을 지키고 행
하는 것이 아버님께서 산으로 가라면
산으로 가는 길이요, 강으로 가라면
강으로 가는 길이거늘,
27 지금의 모든 종교 집단의 지도자와
광분한 자들이 제정신을 잃고 있음이
니, 아버님께서 산으로 가라면 강으로
들입다 뛰며 그저 물속으로 뛰어드는
그와 같은 형국으로 가고 있는 것이
그들이옵나이다.
28 그러니 그들이 성경을 천 번을 읽으면
뭐하며, 만 번을 읽으면 뭐하며, 평생
을 교회에다 바치며 평생 동안 성서를
읽은들 무엇하겠사옵나이까?
29 아버님의 뜻 하나를 깨닫지 못하며 그
를 들여다보지 못하는 어리석은 종교
집단이요, 지도자들의 거짓 설교요,
거짓 가르침에 놀아나는 그들이 불쌍
하고 불쌍하여, 아버님께서 피눈물을
흘리심을 저는 느끼고 있사옵나이다.
30 그러면서 저희들이 강물이 흘러가는
것처럼 유유히 지옥 불로 흘러가는 것
을 저희들이 막으려 하지 아니하며,
헤어나지 아니하며, 뛰쳐나오고자 하
지 아니하는 그들이 불쌍하여 아버님
께서 울고 계심을 알고 있사옵나이다.
31 그들이 입으로 말하기는 저희들이 제
일 똑똑하며 성령이 임한 백성이요,

가장 축복받은 백성이요, 그리하여 저
희들은 무조건 제일 먼저 구원을 받은
자라 그리 말하며,
32 하늘에 오르는 길이 없다 하여도 저희
들은 올라갈 자리가 있으며, 올라갈
구석이 있다 그리 믿고 따르는 백성들,
33 그를 바라보는 아버님의 가슴이 얼마
나 아프고 얼마나 저려 올 것인가,
34 그리하여 아버님이 피눈물을 내리심
이니, 그 피눈물을 받아쓰는 것이 아
버님의 법전이요, 하늘에 오르는 길이
요, 그 피눈물로써 저의 제자들이 책
을 만들고 있사오니,
35 오늘 이 순간부터 저희들이 글로 쓰는
것은 아버님의 피로 찍어 쓰고 있음이
니, 그 두려움과 무서움을 다시 한 번
저의 제자들에게 깨우쳐,
36 법전을 만드는 데 한두 자의 오차가
있어서도 아니 되는 소중함을 가르치
고 전하도록 그리하여 역사하겠사옵
나이다, 아버님!
37 노엽고 그 아픈 마음을 거두시옵소
서."

9,285 번째 하나님 말씀

2004년 1월 22일 09시 53분

1 사랑하는 나의 아들아!
2 "네, 아버님! 말씀하옵소서."
3 지금 구원의 길이요, 하늘에 오르는
길을 인도한다는 그 백성들이 행하고
살아가는 그 모습을 네가 봄이 어떠하
며, 그들의 행함이 어떠하더냐?
4 "네, 아버님! 저는 믿음의 행위요, 그
와 같은 곳을 가 본 적이 없으며, 또한
제가 교회라는 곳을 가 본 적이 없으
며 설교를 들어 본 적이 없으나,
5 그 믿음의 길을 간다는 지도자요, 그
신도들이 가는 것이 어떠한 것이며 어
떠한 형태로 가는 것인가 조금은 알
것 같사옵나이다.
6 아버님께서 수없이 내려 주신 그 말씀
을 듣고 들어 깨달아 제가 알고 있는
것은, 그들의 삶은 이러한 길을 가는
것 같사옵나이다.
7 그들은 창조주 아버님을 전지전능한
아버지라 부르면서, 아버님의 뜻에 따
라 순종하며 그 뜻을 거역하지 아니하
고 산다고 저희들이 가고 있는 길이
순종하는 것이 아니요, 아버님을 욕되
게 하며 아버님의 뜻을 거역하는 그와
같은 삶을 살고 있는 자들이옵나이다.
8 그들이 아버님 뜻에 순종하며 아버님
뜻에 의해 역사한다 하나, 그것이 아
버님을 욕되게 하며 능멸하는 그와 같
은 행위를 하는 것을 그들이 모르고
지금 그 죄를 짓고 있는 것이 그들의
삶이요,
9 아버님의 뜻을 알아 행하는 자는 사탄
이라 몰아붙이는 그와 같은 행위를 하
고 있는 것이 오늘의 그들의 믿음이라
저는 알고 있사옵나이다.
10 진정한 참진리요, 아버지의 뜻을 따라
행하고 실천하고 어렵게 가는 그 백성
들을 사탄이요, 이단이요, 악마라 그
리 몰아붙이는 데 모두를 다 바치는
것이 오늘의 그들이 가는 길이니,
11 그를 바라보는 아버님의 마음이 얼마
나 저리고 아픈 것인가를 저는 조금
은 알 것 같사옵나이다.

12 살아서 움직이는 싱싱한 것들 그리고
새로운 생명을 잉태할 수 있는 것들은
그들이 보기에는 다 썩은 것이며 그
들은 다 버려지는 것이라 그리 말하옵
나이다.
13 그리고 죄의 무리 속에서 저희들이 다
썩고 죄 속에서 썩어져 있는 것은 저
희들은 생생한 생명이 넘치는 것이요,
싱싱한 것이라 그리 보며,
14 아버님의 뜻을 모두 역으로 거행하는
자들이 그리 행하면서도 그것이 죄인
줄을 모르며 저희들이 가고 있는 길이
무엇인가 모르고 가는 불쌍한 백성들
이 바로 그들인 것이옵나이다.
15 그들을 바라보는 아버님의 가슴이 천
갈래 만 갈래 찢어진다는 것을 감히
말로써 표현할 수 없으며, 아버님께서
재앙으로 다스리지 아니하심이 두렵
고 겁나옵나이다.
16 그들은 재물을 가지고 모든 것을 다
이룰 수 있으며 재물로써 역사할 수
있다 그리하옵나이다.
17 그리하여 모두가 재물로써 거래하는
것이 아버님께 죄라는 것을 법전에 기
록하여 전했으며 성서에 기록하였으
나,
18 재물로써 모두를 구원하며 저희들이
재물로써 거래하는 그와 같은 행위를
하고 있는 것이 그들인 줄 알고 있사
옵나이다.
19 재물을 많이 바치는 자는 심판을 받
지 아니하며 재물을 많이 바치는 자는
천국에 간다는 것으로 생각하고 있사
옵나이다.
20 더럽고 추하게 번 그 재물로써 저희
들이 바친다 하면 그것이 더 죄가 된
다는 것을 모르고 있으며,
21 그는 아버님께서 거둬들이지 아니하
며 아버님께서 원하지 않는다는 것을
모르고 있는 어리석은 백성이옵나이
다.
22 아버지께서 십일조를 바라시는 것은,
그들이 재물의 번 것을 십 분의 일을
바치는 것이 아니요,
23 백 가지 사악한 마음을 가지고 있는
자가 열 가지를 고쳐 천사와 같은 마
음으로 돌리는 것이니,
24 그리하여 십일조는 우리가 악한 마음
을 선한 마음으로 돌리는 것이 아버지
께 바치는 십일조요,
25 아버님을 기쁘게 하며 아버님께 직접
바치는 그 십일조의 의미도 모르고
있는 어리석은 백성들이라 그리 생각
이 되옵나이다.
26 그러니 그들이 하늘에 오를 수 없는
그 무거운 재물이요, 금화를 가지고
십일조라 하나, 십일조라는 것은 저희
가 백 가지 악습이 있으면 그중에 열
개를 깨우쳐 고치는 것으로 아버님께
직접 바치는 십일조가 아버님께 가장
기쁨이라 명하신 그 뜻을 그들은 알지
도 못하며 생각지도 못하고 살아가는
어리석은 백성이라 생각되옵나이다.
27 거짓 지도자에게 바치는 그 재물을 가
지고 저희들이 경쟁을 하고 있는 것이
며, 저희들이 종교 지도자요, 집단에
재물을 바치는 데 경쟁을 하여 싸고
지고 갖다 바치면서,
28 저희들의 부모 형제는 사랑할 줄 모
르며, 그리하여 저희들의 형제요, 부

모가 믿음의 길을 같이 가지 아니한
다 하여 그들을 짐승처럼 여기고 단
절하고 살아가는 것이 그들이 가고
있는 짓이며 그 행위인 줄 알고 있사
옵나이다.
29 그것이 죄인 줄 모르는 것이 그들이옵
나이다.
30 형제를 미워하는 자는 정성껏 치르는
제사도 형제의 마음을 풀고 와 제사를
지내라는 아버님의 지엄하신 그 뜻을
그들은 그저 한쪽 귀로 듣고 개구리
울음소리로 듣는 사악한 자들이니,
31 아버님의 뜻을 거역하는 것이 하늘에
오르고 순종하는 것이라며 그리 살아
가는 어리석은 백성들이니,
32 그를 바라보는 아버님의 마음이 어떠
하실 것인지 감히 두렵사옵나이다.
33 저희들이 짓는 교회는 죄의 온상이라
하였음이니, 그것이 저희들의 손으로
지은 죄의 온상이요, 아버지께서 짓지
말라는 그 교회를 지면서 그것이 저희
들이 천당으로 가는 길이요, 하늘에
오르는 길이요, 집합소요, 중간 정거
장이라 그리하며,
34 그 죄의 온상에 모이는 자만 하늘에
오르는 배를 타고 저희들이 하늘에
오를 수 있다 그리 생각하며 강을 건
널 수 있다 생각하는 그 불쌍한 백성
들,
35 그들이 지금 그와 같은 믿음이요, 그
와 같은 생각으로써 오로지 수천 년
동안 그 길을 온 것이라 저는 그리 들
여다보고 있사옵나이다.
36 저희들이 울고불고 광란의 짓을 하며
부르는 그 찬송이라는 것은 누가 지었
는지도 모르는 그 곡을 가지고 찬송을
벌어진 입으로 불러 대면서,
37 아버님께 바치는 즐거움이요, 아버님
께 바치는 기쁨이요, 그 노래를 부르
는 것처럼 그대로 이루어지며, 그 은
혜와 영광이 있을 것이라 하여 평생
그들이 불러 대고 떠드나,
38 그것은 아버님이 듣지 아니하는 것이
며, 그 모두가 저희들이 그 가사대로
이루어지며 축복이 내려질 것이라며
울고불고 광란의 짓을 하고 눈물을 짜
고 콧물을 짜고 있는 그것을 아버님께
서 듣지 아니하시며 아버님께서 모른
다는 것을 모르고 있는 어리석은 자들
이옵나이다.
39 권력 있는 자, 그들이 죄의 온상인 교
회를 짓는 곳에 힘을 보태며, 재물이
있는 자, 그 죄의 온상인 교회를 짓는
곳에 저희들이 무엇을 바쳤을 때,
40 그 많은 것을 바치면 바칠수록 저희들
은 아버님께 와 그 심판을 받는 것을
면하는 자요, 심판을 받지 아니하며
천국의 문에 들어설 수 있는 것이라
그리 가르치는 것이 종교 집단의 지
도자들과 그를 믿고 따라가는 자들이
니,
41 하늘의 법도는 공의의 하나님이요, 그
모두는 선하고 악한 것은 저를 따르는
제자들까지도 도와줌이 없으며 봐 줌
이 없으며 눈감아 주는 것이 없다는
것을 모르는 그 백성들이니,
42 예수님까지도 눈감아 줄 수 없었던 그
엄하고 지엄한 아버님의 법도를 모르
는 자들이옵나이다.
43 그러니 그와 같은 자들이 제 눈에 비

치며 제 마음에 들어오는 것이 제가
보고 느끼는 것이 그와 같은 것이옵나
이다.
44 저희들이 큰 것을 바치고 많은 것을
바치는 것이 더 큰 죄요, 용서받지 못
하는 것이요, 사탄에게 힘을 주며 사
탄의 집을 지은 그 죄가 얼마나 큰 것
인지 모르고,
45 저희들이 재물을 바쳐 짓는 그 교회에
모든 것을 다 바치며, 건물에다 더 많
이 바치는 것, 그리고 더 높이 짓는 것,
46 그와 같은 역사를 하는 것은 심판을
받지 아니하고 저희들이 지옥으로 절
대 가지 아니하며 구원을 받는다 그리
생각하는 어리석은 백성들이옵나이
다.
47 마음이 편안하며 사랑하는 마음을 가
지며, 온유한 마음을 가지고 있는 자,
재물을 바치지 아니하고 울고불고하
지 않는 자는 반드시 심판을 받으며,
48 그 심판은 보나마나 지옥으로 간다 생
각하는 것이 그 어리석은 백성들이옵
나이다.
49 저희들이 바람보다도 더 가벼워야만
하늘에 오를 수 있다는 이치를 모르며,
50 저희들이 지고 올 수도 없으며 던질
수도 없으며 달에 줄을 매어 올릴 수
도 없으며, 사다리를 만들어 올릴 수
도 없으며, 던져서도 올릴 수 없는 그
무겁고 추한 재물을 하늘의 창고에
쌓아 놓는다는 그 어리석은 백성들,
51 그것이 아버님의 뜻이라 그리 알고 있
는 자들, 그것이 축복을 받는다는 어
리석고 불쌍한 백성들인 줄 아옵나이
다.
52 제 눈에 비치는 그것이 그들이 가는
길이라 생각되옵나이다."
53 사랑하는 나의 아들아, 네가 그들이
잘못 가는 것을 알았으면, 네 눈에 그
리 비쳤으면, 그들이 잘못 가는 것이
며 잘못되었음이니,
54 너의 제자들과 너는 이를 읽고 또 읽
어 그들을 바로잡고, 하나하나 시정하
고 고쳐 나가는 데 너희들이 앞장을
서서 그들을 깨우치며,
55 너희들은 이와 같은 전철을 밟아서는
아니 되는 것이 너희들의 운명임을 알
라, 사랑하는 나의 아들딸들아!

9,286 번째 하나님 말씀

2004년 1월 22일 10시 09분

1 사랑하는 나의 아들아!
2 "네, 아버님! 말씀하옵소서."
3 이제 너를 따르는 제자들과 나의 법전
을 읽고 깨우친 만백성, 너희들은 듣
고 깨우쳐야 될 것이며, 지금 믿음의
길을 가는 모든 백성들에게 경종을 울
려 그들에게 너희들이 충격을 줘, 그
들을 깨우치도록 그리하라.
4 너희들이 지금까지 생각했던 나 여호
와요, 너희들이 생각했던 아버지가 아
니라는 것,
5 너희들이 지금까지 울고불고 구세주
로 찾는 것, 나의 아들 예수를 찾으며
너희가 알고 있는 그와 같은 예수요,
나의 아들이 아니라는 것을 그들에게
깨우쳐 주고 전하도록 그리하라.
6 너희들이 알고 있는 나의 아들 예수가
아니며 너희들이 알고 있는 나 여호와

가 아니라는 것,
7 너희들이 지금 잘못 알고 있으며 잘못
가고 있기 때문에 너희들이 나를 알지
못하며 나의 아들을 알지 못하는 너희
들이라 그리 전하라.
8 너희가 알고 있는 나의 아들이 아니며
나 여호와가 아님이니,
9 그러니 너희가 지금까지 배우고 공부
하며 한 획도 빼지 못하며 더하지도
못하며, 오로지 그를 읽고 깨우쳐 너
희들이 구원을 받는 것이며 나에게 오
를 수 있다 하여 배운 그 성경 또한,
10 너희들이 빨간 줄 노란 줄, 파란 줄을
채우며 닳도록 읽어 오던 그 성경 자
체 또한 너희가 생각하고 있는 그 성
경이 아니라는 것을 그들에 알려 주라.
11 그들의 가슴에 경종을 울려야 될 것이
니라.
12 또한 너희들도 알아들어야 될 것이니
라.
13 나의 법전 또한 너희가 읽고 듣는다
하여 그대로가 아님을 알라.
14 너희들이 정녕 나 여호와의 뜻을 안다
면, 너희들이 마음을 열고 봐야 하느
니라.
15 마음의 문을 열지 아니하면 너희들은
절대 알 수 없음이니라.
16 너희들은 능력이 있는 자, 재물을 바
치는 자, 권력을 바치는 자, 그와 같은
자는 구원이요,
17 능력이 없으며 재물을 바치지 못하는
자, 가난한 자는 심판을 받는 백성이
라 그리 생각하고 가르치는 그 믿음
자체가 잘못되었으니,
18 그와 같은 믿음으로써 가는 오늘의 종
교 집단이요, 지도자, 그리고 그것을
믿고 광분하며 광신하는 신도들, 너희
들은 이제까지 알았던 나 여호와는 너
희들이 알고 있는 나 여호와가 아니
며, 너희들이 나를 다시 봐야 될 것이
며,
19 너희들이 구세주라 부르며 그 보혈로
써 구원을 받았다는 나의 아들 예수,
너희들이 찾기만 하면 구원을 받는다
그리 알고 있는 것, 너희들은 나의 아
들 예수가 그런 나의 아들이 아님을
다시 한 번 알아야 될 것이니라.
20 그러니 너희들이 모두를 다 수정하지
아니하며 바로 고치지 아니하면, 너희
들이 그리 원하는 구원이라는 것을 절
대 얻을 수 없다는 것을 알라.
21 너희들이 재물을 바치는 자, 죄의 온
상을 짓는 곳에 권력을 바치고 힘을
바치는 자는 심판을 받지 아니하며 무
조건 구원을 받으며,
22 아름다운 마음을 가지고 사는 자, 가
난하여 재물을 바치지 못한다 하여 그
백성들은 심판을 받으며 그들은 당연
히 지옥으로 간다 그리 생각하는가?
23 그러니 너희들은 알아야 될 것이니라.
24 나 여호와는 너희들의 외형의 미모보
다도, 너희들의 내면의 그 아름다운
미모를 더 사랑하며 더 소중히 여긴다
는 나의 뜻을 모르는 자들이 하고 있
는 짓이니라.
25 외형의 가지고 있는 것은, 너희들이
바르고 붙이고 꿰매고 찢어 바꿀 수
있으며 변화될 수 있는 것이 외형의
미모요, 외형의 아름다움이니라.
26 그러나 내면의 아름다움은 고칠 수 없

으며 내면의 흉터는 바로잡을 수 없는
것이 너희들이기에, 내면의 뜻이 어떠
하냐에 따라서 그것이 더 소중하다는
것을 어찌하여 너희들이 모른단 말이
더냐?
27 지금의 너희들이 나의 뜻을 모르며,
지금까지 너희들이 오는 그 믿음은 제
자리에서 벗어나지 못하는 믿음이요,
제자리에서 헤어나지 못하는 그와 같
은 마음이니,
28 그것으로써 너희들이 나에게 구원을
받는다 생각하지 말라.
29 너희들은 지금서부터 나 여호와를 다
시 봐야 될 것이며, 너희들이 창조주
아버지라 부르기만 하면 베푸는 사랑
이요, 베푸는 아버지요, 그리고 너희
들을 거둬들이는 아버지요,
30 이와 같이 너희들이 지금까지 온 그
믿음의 형태요, 신앙에서 다시 한 번
돌아다보며 다시 연구하지 아니하면
아니 될 것이니,
31 너희들이 알고 있는 나 여호와가 아니
며, 너희들이 알고 있는 나의 아들 예
수가 아니며, 너희들이 알고 있는 나
의 성경이 아니며, 너희들이 알고 있
는 나의 법전이 아니라는 그 무서운
사실을 알라.
32 오늘 내가 너희들에게 이 메시지를 전
함이니, 이를 보고 깨우치는 자는 다
시 연구하여 하늘에 오르는 길을 볼
것이며, 그렇지 못한 어리석은 백성은
나를 보지 못함이니 그리 알라.

9,287 번째 하나님 말씀

2004년 1월 22일 12시 05분

1 사랑하는 나의 아들아!
2 "네, 아버님! 말씀하옵소서."
3 너희들이 하고자 하는 능력이요, 역사
하고자 하는 그 마음이요, 그 용기와
자신이라는 것이 얼마나 위대한 것인
지 아는가?
4 너희들은 신체적인 면에서 지장이 없
으며 건강한 체격이요, 건강한 두 다
리를 가지고 있는 너희들이 달리는 그
와 같은 것, 그리고 너희들이 멀고도
먼 길을 달리는 것,
5 그것도 어렵고 힘듦으로 인하여 훈련
에 임하지 않는 백성들이 얼마나 많이
있느냐?
6 그러나 한쪽 다리가 정상적이 아니요,
나무 다리로써 그를 대신하고 있는 그
와 같은 사람이 그와 같은 다리를 가
지고 먼 거리를 달리며, 보통 사람도
할 수 없는 그 길을 완주한다는 것은
얼마나 어렵고 힘든 노력의 결과로써
이루어지겠는가?
7 너희들은 그와 같은 것이 인간의 능력
이요, 한계요, 너희들이 하고자 하는
용기요, 그 하고자 하는 그 열성이요,
성공할 수 있다는 그 마음을 갖는 것
이 그러하니라.
8 그는 제 다리가 아닌 나무로 만든 그
다리를 가지고 백사장에서 걷기부터
시작할 것이며, 그리고 백사장에서 그
는 달리기부터 시작을 할 것이니라.
9 그 백사장에서 걷고 달리는 그 다리와
살이 부닥치는 곳에 피가 흐를 것이며

살점이 떨어질 것이며, 그와 같은 고
통과 시련이 있어도 그는 그를 인내하
고 견딜 것이며,
10 '나는 해낼 수 있으며 비록 다리가 내
것이 아니라 해도 나는 패자로 살아갈
수 없으며, 나는 승자가 되겠다.' 하는
그 불타는 욕심과 정열을 가지고 그는
백사장에서 걷기 시작하며 그는 달리
기 시작할 것이니라.
11 모든 사람들이 그를 보고 비웃을 것이
며, 그를 보고 정신 나간 사람이라 그
리 말할 것이니라.
12 더욱이 그가 목표를 세워 놓고 제가
몇 키로의 먼 길을 달리겠다 하며 그
리하여 훈련을 한다면,
13 부모 형제요, 모든 주변의 아는 사람
들이 다 그를 말리며 하지 못하게 할
것이니라.
14 그러나 그가 용기를 잃지 아니하고,
할 수 있다는 그 자신이 있다면, 그는
백사장에서 달리기 시작하여 훈련된
그 나무 다리를 가지고 땅에서도 달리
기 시작할 것이며,
15 또 땅에서 달리는 훈련을 마친 자는
단단한 그 길을 달리는 연습을 하지
않겠느냐?
16 그러니 그 무겁고 무거운 다리를 가지
고 뛴다는 것이 얼마나 어렵고 힘들더
냐?
17 너희들이 육신의 두 다리를 가지고 뛰
는 것보다도 체중이 무거울 것이며 그
감각이 다를 것이니라.
18 그러니 그가 얼마나 고통스러운 길을
이기고 역사해 그가 목표한 것을 달려
갈 수 있다 생각하는가?
19 너희들 세상에 그와 같은 기적의 역사
를 이루는 자가 없다 생각하는가?
20 너희들은 듣지 못하는 자가 작곡과 작
사를 하는 그와 같은 역사를 보지 못
했는가?
21 그 모두는 다 무엇이더냐?
22 그가 그만큼 노력하는 것이며, 마음을
비우고 모든 정신을 집중하여 역사하
는 그와 같은 위대함이 있기 때문이요,
23 그는 절망하지 아니함이요, 용기를 가
지고 있으며 희망을 가지고 있음이니
라.
24 그러니 나의 아들을 따르는 제자 너희
들이 살아가는 그 삶에 있어서도 너희
들이 용기를 가지고 희망을 가지고 좌
절하지 아니하고 노력할 때 그 답은
올 것이니라.
25 더욱이 만백성을 구하는 나의 법전을
만들고 전하는 너희들이 어떠하겠는
가?
26 이 세상에 너희들을 방해하는 사탄이
있고 사악한 자들이 있어, 그리고 사
탄의 종이 된 그 모든 백성들이 너희
들이 가고자 하는 것, 역사하고자 하
는 것을 방해하며 그를 못 가도록 하
니,
27 그것을 뚫고 나가야 되는 너희들은 얼
마나 용기가 필요하며, 자신이 있어야
되며, 성공할 수 있다는 그 자신감으
로써 너희들이 자신을 다스리고 훈련
되어야 하는 것인가?
28 이와 같은 모든 역경을 딛고 일어서는
것은 너희들에게 성공할 수 있다는 자
신과 용기이니라.
29 그러니 그와 같은 마음을 가지고 너희

들이 최선을 다할 때 쓰러질 것이 없
으며 성공하지 못할 것이 없음이니라.
30 이제 내가 사랑하는 너의 제자들을 분
류시키며 떠나기 시작함이니,
31 내가 대전이라는 그곳에 성전을 만들
어 너의 제자를 보내니, 그에게 그리
말하라.
32 목발을 짚고 먼 길을 달리는 자, 그리
고 한 발이 없는 자가 장거리를 뛰는
선수가 되기 위하여 백사장을 걷기 시
작하여 백사장을 뛰고 그 몸에서 피가
흐르며 상처에 새살이 나고 살점이 찢
어지는 그 고통에서 육지에서 달리며
단단한 길에서 달려 그가 목표한 그
길을 완주하는 그와 같은 역사,
33 완전한 사람이요, 두 다리를 가진 자
도 이루지 못하며 지치는 그 길을 역
사하는 것,
34 그보다 열배 백배 더한 고통으로써 역
사할 때, 내가 너희들의 길을 열어 줄
것이며, 내가 너희들이 가는 길을 비
춰 줄 것이라 그리 전하라.
35 그보다 더한 영광이요, 그보다 더한
은혜가 없음이니라.
36 이 세상에 나의 아들을 통하여 내가
내리는 나의 성령이요, 하늘의 뜻을
받아 기록하는 나의 아들이요, 그를
받는 나의 아들보다 더 영광된 자가
없으며,
37 옆에서 그를 받아 기록하여 책으로 만
드는 자들이 그보다 더 영광된 자가
없으며,
38 내가 이제는 정상적인 나의 성전을 만
들되, 내가 남의 재물을 가지고 하는
것이 아니요, 내 재물을 나의 아들에
게 줘 제2의 성전을 지금 만들어 그에
게 책임을 주니,
39 그보다 더 영광을 받은 자가 없으며
은혜를 받은 자가 없다 함을 그에게
깨우쳐 줄 것이며, 그들은 그를 알아
야 될 것이니라.
40 그리하여 모두가 책임을 줘 떨어지고
헤어져 가게 되어 있음이니, 너희들이
받을 때마다 목숨을 바쳐 그 직분을
다할 수 있도록 그와 같은 굳건한 마
음을 가지고 그리하라.
41 장애자가 좋은 길로 달릴 수 있는 것,
그리고 능가할 수 없는 몸이 불편한
자가 이기고 역사하는 것, 이와 같은
것보다도 더한 노력과 그보다 더한 용
기와, 성공하겠다는 희망을 가지고 너
희들은 가야 될 것이니라.
42 '나는 성공할 수 있으며, 이길 수 있으
며, 창조주 아버지께서 나를 받쳐 줌
이니, 나는 그 뜻을 바치고 내 생명을
다 바쳐 모든 걸 다 역사할 수 있으며
자신 있으며 나는 할 수 있다.' 그와
같은 생각을 가질 때, 그는 이미 성공
한 자임을 너희들은 알아야 될 것이니
라.
43 용기와 패기가 없는 자는 아무것도 이
룰 수 없음이니, 거기서부터 그가 꿈
을 그리도록 그리 전하라.
44 그 부부에게 그들이 거기서부터 역사
하는 것, 그리고 그들이 성공하여 이
루는 그 꿈을 그리도록 그리하라.
45 제가 그것을 이룬다면 자기는 어찌 살
것이며 어찌 갈 것이라는 것을 마음속
에 그리고, 그 그림을 잠시도 지우지
말고 그 길을 위해서 두 주먹을 쥐고

달려가다 보면,
46 너희 자신도 모르게 그림 속에 너희가
와 있는 자라는 것을 너희들은 알아야
될 것이니라.
47 내가 너희들에게 전함이니라.
48 어떠한 기적이요, 운동이요, 또한 너
희들이 모든 걸 역사하는 것, 몸으로
써 너희들이 이루는 것도 중요한 것이
니라.
49 그러나 너희들이 몸으로써 이루지 못
하고 있을 때, 거기서 상상의 날개를
피워 보는 것, 상상의 날개로써 그려
보는 것, 그리고 자기가 어떠한 기록
을 세움에 있어서 무엇을 잘못했으며
무엇을 실수했다는 것을, 너희들이 움
직이지 못하는 그 상태에서 그를 연구
하고 개발하여, 그가 완성된 몸으로
그와 같은 것을 시정하여 역사할 때,
그는 몸이 성한 채로 운동한 자보다
나음이 있음이니라.
50 너희들이 열한 명이라는 선수가 공을
차는 것을 보며, 또한 아홉 명이라는
선수요, 여섯 명이라는 선수요, 단독
이요, 그리고 개인적으로 하는 운동
시합이 있음이니라.
51 그가 다쳐서 운동을 하지 못할 때, 그
저 놀고먹는 그와 같은 선수보다는,
52 병상에 누워 있어도 제가 잘못된 것이
무엇이며 제가 허점이 무엇이며 개발
할 것이 무엇인가 그를 연구하고 또
연구하여 머릿속으로 시합을 중단하
지 아니하고 계속 저 자신이 연습하고
훈련하는 그림을 그렸을 때,
53 그 몸이 완쾌 됐을 때 그는 그만큼 몸
으로 뛴 자보다 더 차원 높게 그가 성
숙해 있으며 한 계단 올라가 있다는
것을 너희들은 알아야 될 것이니,
54 그것이 정신이요, 생각하는 싸움이요,
생각의 훈련이니라.
55 그러니 그 부부에게 이르라.
56 너희들이 아름다운 꿈이요, 성공하는
꿈이요, 그 성공을 어찌 이루겠다는
그 계획을 세우고, 그 꿈만 바라보며
그 꿈을 위해서 부부가 두 주먹을 쥐
고 달려갈 때, 그 꿈은 너희들에게 현
실로 이루어질 것이며 역사하며 성공
할 수 있으니,
57 성공한다는 마음 자세를 갖지 아니하
면 아무것도 이루지 못한다는 내 뜻을
그들에게 전하여, 그들이 새로 태어나
는 삶을 살도록 그리하라.

9,288 번째 하나님 말씀

2004년 1월 22일 12시 08분

1 지금의 모든 나의 사랑하는 백성들이
요, 아래로는 너희들의 형제인 그들이
얼마나 잘못 가고 있느냐?
2 저희들이 믿음이라는 것은 참진리의
길을 보지 아니하며 비진리의 길을 감
으로 너희들이 구원을 받고 못 받는다
그리 가르치는 것이 아니요,
3 저희들의 손으로 지은 성전이요, 교회
를 지을 때, 재물을 바치며 거기에 저
희들이 모두를 다 투자하고 바치지 아
니하는 자,
4 그리고 평소에 저희들에게 각종 헌금
이요, 재물을 바치지 않는 백성은 아
무리 선하게 살고 아무리 착하게 살고
아름답게 산다 해도, 그들은 결코 구

원을 받을 수 없으며 그들은 심판을
면치 못한다 그리 말하며,
5 그와 같은 행위 하나를 안 하는 자, 재
물을 바치지 아니한 자는 심판을 받아
지옥으로 간다 가르치는 것이 오늘의
종교 집단 그들이 지금 가고 있는 길
이 아니더냐?
6 그러면서 그들은 뭐라 말하느냐?
7 나의 아들 예수를 부르짖고 믿기만
하면 저희들은 천국에 가게 되며, 다
시 태어나는 영광을 얻게 됨이니,
8 재물을 많이 바쳐 모두를 역사하는
자, 그와 같은 자는 심판을 받지 아니
하고 구원을 받으며, 아무리 착하고
선한 행동을 한다 해도 재물을 바치지
아니하면 구원을 받지 못한다 하니,
9 그와 같은 자들이 하는 말이 과연 하
늘의 뜻이요, 진리라 생각하는가?
10 나의 피조물 만백성을 진리의 길로
인도해야 하는 자들이 나의 백성들을
죽음의 낭떠러지로 밀어 넣는 그와 같
은 사악한 행동을 하고 있는 것, 그걸
알면서 막지 아니하며 그것을 다스리
지 아니한다면 너희들은 어떠한 자들
이냐?
11 좋은 백성이라 말할 수 없는 것이 너
희들이지 않느냐?
12 더욱이 그들은 말하느니라, 재물을 바
치고 저희들이 역사한 대로 행하는
것, 저희들의 설교요, 강론을 듣고 거
기에 대한 재물을 바치고 감사하며
'아멘! 할렐루야!'를 찾는 것,
13 그것이 죽은 자 가운데서 다시 살아남
이요, 제가 나로부터 구원을 받지 못
하며 제가 죽을 때까지 나로부터 구원
을 받지 못하며, 나에게 오는 길을 못
온다 해도, 그리고 저희들이 말하는
예수가 재림하여 구원하지 아니한다
해도,
14 제가 죽어 가도 언젠가는 구원을 받을
것이며 저는 들림을 받을 것이라는 그
런 믿음 속에서 가는 그 어리석은 백
성들 그들에게 가르치라.
15 너희들이 아무리 말해도 재물을 바치
는 것으로써는 구원을 받지 못함이니,
16 내면의 아름다움이요, 천사와 같은 마
음으로 변하는 삶을 사는 것, 그것만
이 그들이 구원을 받을 수 있고 나에
게 오를 수 있다는 수없이 내가 나의
법전에 기록한 그 내용이 얼마나 중요
하고 귀하면 또 다시 내가 나의 아들
을 통하여 역사하는 것인가, 가슴 깊
이 깨우치도록 그리 전하라.

9,289 번째 하나님 말씀

2004년 1월 22일 12시 11분

1 사랑하는 나의 아들아!
2 "네, 아버님! 말씀하옵소서."
3 너희들을 무너트리는 것이 무엇이며,
너희들을 패자로 몰아가며 좌절하는
백성으로 전락시키며, 너희들이 나에
게 오르고자 한평생을 살아오면서 바
른길을 못 오르며 지옥으로 떨어지는
그와 같은 삶을 살게 하는 것이 무엇
이더냐?
4 너희들이 미래가 보이지 아니하며 미
래를 볼 수 없기 때문에, 너희들이 인
내하고 참는 그와 같은 마음이 흔들리
기 때문임을 너희들은 알아야 될 것이

니라.
5 너희들이 미래를 알 수 있고 볼 수 있
다면 너희들은 그 목적지를 누구라도
갈 수 있으며, 쉬지 아니하고 그 목적
을 달성할 것이니라.
6 앞이 캄캄하게 보이지 아니함이니, 너
희들이 목적지까지 다 와서 한 발만
더 디디면 될 것을, 앞이 보이지 아니
하여 거기서 포기하는 자가 있으며 좌
절하는 자가 있을 것이며 그러한 백성
들이 있을 것이니라.
7 그러니 너희들이 목적지가 보이지 않
는 그 목적을 위해 살아간다는 것, 그
를 역사하기 위해 달려간다는 것, 그
고통이 얼마나 어렵고 힘든 것인가?
8 형용할 수 없음을 너희들은 알아야 될
것이니라.
9 보이지 않는 목표 때문에 모두가 한순
간에 무너지는 것이며, 성공 직전에
모두를 포기하고 좌절하는 것이 너희
들이니라.
10 그러니 지금 너희들이 구원의 미래를
보지 못하고 부르짖는 것이 무엇인 줄
알겠느냐?
11 한 발짝만 더 가면 되는 너희들이 안
개에 갇혀, 안개가 가리며 검은 것이
가리며 어두움에 가려, 너희들이 그를
보지 못하고 한 발짝을 못 디디고 포
기하고 쓰러지는 그와 같은 백성들이
니, 그것이 바로 무엇이더냐?
12 너희들 가슴속에 있는 욕심이라는 것
때문이니라.
13 너희들이 가슴속에 품고 있는 욕심이
라는 것 때문에 너희들이 구원을 받지
못하며, 거듭나는 모든 영광을 잃어버
리게 됨이니,
14 너희들 마음속에 있는 욕심의 안개를
다 거둬들이라.
15 욕심의 안개를 거둬들이지 아니하면
너희들은 아무것도 볼 수 없음이니,
다 이루어진 성공이요, 목적 앞에서
낙오될 수 있고 떨어질 수 있는 것이
너희들이니, 그러니 마음의 욕심의 안
개를 다 지우도록 그리하라.
16 그리하여 내가 마음을 열라 하며, 마
음을 열지 않는 자는 볼 수 없음이니,
17 너희들이 그와 같은 욕심의 안개를 거
둬들이는 자, 미래를 볼 수 있으며 미
래에 너희들이 변화되는 것을 알 수
있는 자이니라.
18 그러니 미래의 너희들의 운명을 알며
미래의 목적지가 앞에 있는 것이 보이
며, 목적지가 어디에 있는지를 볼 수
있는 그와 같은 안목이 트인다면,
19 너희들은 좌절하지 아니하고 죽음으
로써 모두를 역사하고 이끌어 갈 것이
니,
20 너희들이 마음의 욕심의 안개를 거두
면 모두를 볼 수 있는 것을 알라.

9,290 번째 하나님 말씀

2004년 1월 22일 12시 20분

1 사랑하는 나의 아들아!
2 "네, 아버님! 말씀하옵소서."
3 너희가 인간 세상에서 성공의 그 열쇠
를 쥐고자 한다면, 그리고 인간 세상
에서 너희들이 무엇인가 얻어 목적을
달성한다면,
4 너희들은 거래하고자 하는 그 상대방

이 무엇을 원하며 네가 무엇을 바라는
것인가 그를 알아야 될 것이며 그를
깨달아야 됨이니,
5 너희들이 상대방의 생각과 의도를 알
아내기 위해서는 온갖 정성을 쏟아야
할 것이며,
6 모두를 집중하여 그와 대화하는 속에
서 너희들이 그를 간파하여 제시했을
때, 모두를 얻을 수 있는 것임이니라.
7 상대방의 뜻을 모르면서 거래하고 무
엇을 이루고자 하는 자는 백전백패요,
다 실패한다는 것이 인간 세상의 가르
침이 아니더냐?
8 그러니 너희들이 하늘에 오르는 길이
요, 구원을 받아 거듭나는 그와 같은
인생의 삶을 살고자 한다면, 너희는
무엇을 알아야 되겠는가?
9 바로 그는 나 여호와가 이루고자 하는
것, 내가 역사하고자 하는 것을 알아
야 될 것이며, 나 여호와가 무엇을 어
찌 원하며 어떻게 역사하고 어떻게 이
루고자 하는가를 너희들이 모르면 아
니 되는 것이니라.
10 그러니 아무것도 모르는 자는 무엇을
이루려 해도 이룰 수 없다 함이 거기
에 있음이니,
11 지금 너희들이 나 여호와의 뜻이 무엇
이며 내가 역사하는 것이 무엇인가 알
수 있는 것을 바로 나의 아들을 통하
여 내리는 160권의 법전 속에 모두 상
세하게 기록하여 전했음이니,
12 이를 가슴에 안고 정독하는 자는 마음
을 비울 수 있으며 세상의 이치를 알
수 있다 함이니,
13 그는 곧 나의 뜻이 무엇인가를 깨달아
그 길을 올 수 있는 가르침이 거기에
있기에,
14 마지막 심판이요, 인간의 본성을 차지
하는 데 그 기본이요, 기틀이 거기 있
다 하였음이니라.
15 그러니 이는 모두를 합쳐 내가 너희들
에게 말하기를, 하늘에 오르는 길이
요, 천사가 될 수 있는 길의 근본이요,
가르침이 여기 있다 하지 아니했느냐?
16 나는 나의 아들에게 무어라 말하였느
냐?
17 내가 나의 아들을 통하여 너희들에게
그리 말하였느니라.
18 너희들이 부모의 마음을 읽는 자식이
되는 것, 그것이 효성스러운 자식이
요, 가장 효도하는 자식이라 내가 나
의 아들을 통하여 너희들에게 그리 깨
우쳐 주었음이니,
19 너희들이 나에게 오르고자 하며, 내
뜻에 따라 하늘나라에 오르고자 한다
면, 너희들이 천국이요, 거듭나는 역
사를 얻고자 한다면,
20 너희들은 나의 뜻을 알아야 되는 것이
며, 나의 뜻을 먼저 깨닫는 백성이 되
어야 됨이니,
21 너희들이 나의 뜻을 알며 내가 역사함
을 안다는 것은 무엇이더냐?
22 너희들의 마음을 비우는 그 자세만이
그 모두를 알 수 있음이니,
23 너희 자신이 마음을 열고 너희 자신이
변화되는 것, 자기를 버리는 것은 내
가 내린 나의 법전 160권을 정독하고
또 읽고 읽지 아니하면 그와 같은 역
사를 이룰 수 없는 것이니라.
24 그러나 너희들이 나의 법전을 접하여

정독하고 깨우치고 또 깨우친다면, 그
속에 모든 뜻이 다 있음을 너희들은
알 것이니,
25 그리하여 나의 법전을 읽고 깨우치는
백성은 구원을 받는다 했으며, 세상
것이 다 너희들 것이라 한 그 뜻을 이
제 너희들은 알아야 될 것이니라.
26 너희들은 먼저 내가 원하는 것이 무엇
인가 알아야 한다는 것, 먼저 내 뜻을
깨닫는 그와 같은 백성으로서 되라 나
의 아들이 전한 그 의미를 알겠는가?
27 그것을 안다면 너희들이 또한 가장 중
요한 것은 무엇이더냐?
28 아는 대로 너희들이 그리 행하고 추진
함이 중요함이니라.
29 너희들이 알면서도 행하지 아니하며
알면서도 역사하지 않는 그와 같은 것
은 모르느니만 못한 것이라 그리하느
니라.
30 그리하여 내가 너희들에게 말하기를,
반복하고 반복되는 그 훈련 속에서 너
희들이 알고 깨달은 것을 하나씩 실천
하고 행하는 그와 같은 삶을 살라, 그
리하면 너희들이 나에게 올 수 있는
것이라 내가 전한 그 뜻이 무엇이더냐?
31 내가 너희들에게 명하기를, 십계명이
라는 것을 너희들의 손으로 써서 네
머리맡에 두고 읽어 보고 또 읽어 보
고 그리 지키라 한 것은 무엇이더냐?
32 너희들이 그를 읽고 또 읽는 속에서
그를 지키는 길에 가 있으며, 그를 지
키고 살아가도록 자연스레 변화되는
것이 너희들이니라.
33 너희들의 마음에 세뇌라는 것이 있으
며, 너희들의 머리에 생각을 주입시키
는 것이 있다 하지 않느냐?
34 그리하여 너희들이 십계명을 읽고 또
읽으라 함은, 너희들이 그를 읽고 또
읽는 속에 너희들이 그 속에 빠져 거
기서 원하는 것이 무엇이며 내가 행하
고자 하는 것이 무엇인지 너희 스스로
깨달아 그리 행하고 있게 된다는 것을
알라 함이니,
35 너희들이 그리 선하고 아름다움을 행
하는 그것을 알았으면 그대로 행하고
자 노력하는 것, 추진하는 것, 그것이
가장 중요하며 그 용기가 필요하니라.
36 너희들이 시작하고 추진하다 보면 처
음에는 너희들이 무너지고 쓰러지며
비틀거리나,
37 너희들은 결국 바로 서서 모든 역사를
얻을 수 있다는 것을 알 수 있을 것이
니라.
38 하나의 발명품을 만들기 위해 그들이
어찌하였느냐?
39 그들은 수백 번 그를 만들어 모든 사
람에게 그를 추진하며 같이 역사하고
자 하였으나, 그를 들어 주지 아니하
고 그를 협조하는 자가 없었음이니라.
40 그리하여 그들이 만든 그 좋은 방법이
요, 과학의 미래의 문을 열어 줄 수 있
는 그와 같은 것을 발명한 자가 거기
에서 중도에서 포기했다면 지금의 전
기라는 것, 그리고 너희들이 음성을
주고받는 그와 같은 기계, 너희들이
지금 상상할 수 없는 첨단 과학 속에
서 살아가는 그 모두가 다 절대 이루
어지지 아니하였을 것이니라.
41 그들은 그를 배척하며 이해하지 못하
며 받아들이지 아니했으니, 이곳에서

말하는 것을 저 멀리 있는 사람들이
들을 수 있는 것을 가지고, 그 사업 계
획서를 가지고 그를 사업하면 만백성
의 생활이 편안하며, 당신 자체가 부
와 명예를 얻을 것이라 하나,
42 어리석은 백성들이 그를 들어 준 자가
없으며 그를 인정한 자가 없다면 그는
어찌하겠는가?
43 그는 수백 번의 거절을 당하면서도 좌
절하지 아니하고 또 용기를 갖고 확신
을 가지고 도전하고 또 도전하였기에,
그에게 손들어 주는 자가 있었으며 그
뜻을 아는 자가 있었음이니라.
44 그보다 더한 것이니라.
45 너희들이 전기라는 그 불을 만든 자,
그리고 그 전기를 감싸서 빛을 비치는
그 유리를 만든 자, 그와 같은 자들이
얼마나 시련과 고통이 있었겠느냐?
46 몇십 번, 몇백 번씩 거절당하며, 또 무
너지고 쓰러지면서 그 역사를 포기하
지 아니하였으니, 너희들이 그들보다
못하단 말이더냐?
47 너희들은 그보다 천배 만배 더 위대한
창조주 나 여호와의 뜻을 가지고 만백
성을 구하는 그 길에 역사함이니,
48 너희들은 3백 번이요, 5백 번이 아니
라, 3천 번이요, 3만 번이라도 무너져
도 너희들이 일어서야 될 것이며, 주
저하고 좌절해서는 아니 될 것이니 그
리 알라.
49 십계명을 외우고 읽고 읽는 속에 너희
들이 변화되듯이, 너희들이 도전하고
또 도전하는 속에서 모두는 얻어질 것
이며,
50 너희들이 그 신념과 용기를 버리지 아
니할 때, 너희들은 그 꿈을 그리게 되
며 그 역사를 머릿속에 그림이니,
51 그 꿈으로써 생각하고 꿈과 같이 그려
진 모두가 언젠가는 현실로 이루어지
고 역사할 때가 반드시 있음이니라.
52 만 명이 거절하다가 만 한 명째 너희
들의 손을 들어 줄 자가 있을 수 있으
니, 그를 만날 때까지 좌절하지 않고
계속 가듯이,
53 나의 법전을 가지고 전하는 백성 너희
들이 만 명이 다 거절하며 그 모두가
다 너희들에게 환란을 준다 해도,
54 언젠가는 법전을 받아 감사함을 느끼
는 백성이 있을 것이니, 그들이 있을
때까지 전진하고 또 전진하고 노력하
고 또 노력하는 그와 같은 삶을 너희
들이 살지 아니하면 아니 되니 그리
알라.
55 그것이 나에게 올 수 있는 방법이요,
나에게 올 수 있는 길이요, 천국의 문
에 들어올 수 있는 그 열쇠가 거기에
있음을 너희들은 알라.
56 만 명이요, 2만 명에게 너희들이 핍박
을 받으며 한 사람을 구하는 그것이
너희들의 열쇠를 깎아 가는 것이요,
열쇠를 너희들이 만들어 가는 과정이
라는 것을 절대 잊지 말라, 사랑하는
나의 아들딸들아!
57 천국의 열쇠를 만들어 가는 것, 그것
이 너희들이 거절당하고 핍박받으며
너희 생명의 위험을 받아 가면서까지
나의 법전을 전하고 깨우쳤을 때,
58 깨우치고 깨닫고 오는 그 백성들, 그
들이 모여서 하늘의 문을 열 수 있는
그 황금의 열쇠가 만들어짐을 잊지 말

라, 사랑하는 나의 아들딸들아!

9,291 번째 하나님 말씀

2004년 1월 22일 12시 24분

1 사랑하는 나의 아들아!
2 **"네, 아버님! 말씀하옵소서."**
3 이 세상의 모든 백성들이 제가 넘어져
도 남의 탓이요, 제가 잘못해 놓고도
그것을 다 남의 탓으로 돌릴 수 있으
면 돌리고자 하며, 남에게 죄를 뒤집
어씌울 수만 있다면 씌우고자 하는 것
이 오늘의 백성들이 아니더냐?
4 제가 잘못한 것이요, 제가 지은 죄까
지도 남에게 뒤집어씌우고 제가 거기
서 모면할 수 있다면 그 길을 선택하
는 것이 오늘의 백성 그들이 아니더냐?
5 그러니 제가 잘못했으며 제가 실패한
것, 그 모두를 제 탓이라 말하지 아니
하고 남의 탓이라 밀어붙이며 그와 같
이 인정하고자 하는 것,
6 그와 같은 것이 오늘 살아가는 백성들
의 심성이라면 너희들은 믿겠느냐?
7 제가 피해를 입은 것, 제가 손해를 본
것, 제가 이익의 분배에서 처진 것, 그
리고 제가 남들처럼 바로 살지 못하는
것, 당당한 모습으로 살지 못하는 것,
풍요로운 삶을 살지 못하는 것,
8 그 모두가 다 저 자신이요, 제 탓이라
생각하지 아니하며, 환경이요, 주변이
요, 남의 탓이요, 재물이요, 유산을 남
겨주지 않은 부모의 탓으로 돌리는 것
이 오늘의 너희들이 가지고 있는 마음
이 아니더냐?
9 그러나 나의 선택된 백성 너희들은 어
떠한 일이든 자기 탓이라는 그와 같은
마음에서 벗어나서는 안 되며, 그를
지워서도 안 되느니라.
10 너희들에게는 남의 탓이라는 그 말이
없음을 알아야 될 것이니라.
11 자신의 일에 대하여 너희들이 책임을
지는 백성이 되어야 될 것이며, 자신
의 책임이라는 것을 알았으면 회피하
지 말며, 어려운 순간이요, 어려운 운
명에 처했더라도 거기서 딛고 일어나
새로운 운명으로써 가꿔 나가고 바꿔
나가는 그와 같은 현명한 길을 선택하
여,
12 주저하지 않는 그와 같은 용기를 가지
고 살아가는 것이 나의 백성들이니라.
13 너희들이 모두를 남을 탓하며 나를 원
망하기 전에, 그 모두는 제 탓이요, 제
가 잘못된 것이라 생각하며,
14 지금 처해 있는 어려운 환경이요, 그
고비에서 아무리 어렵고 힘들다 해도
그 운명을 바꿔 나가는 현명한 선택을
하고 살아가는 것이 나의 백성들이 가
야 할 길임을 너희들은 알라.
15 남의 탓이라 원망하지 말며, 너희가
나에게 올 수 있는 그 길은 바로 남의
탓이라 하여 주저하는 자, 게으른 자
가 아님이니라.
16 모든 자기 책임은 자기가 지며, 모두
자기 탓이라는 것을 연구하고 깨달아,
17 아무리 어렵고 힘든 그 고비에서도 너
희들이 정확하게 모두를 판단하고 분
석하는 두뇌로써 그 길을 바꿔 놓고
모면할 수 있는 그와 같은 용기 있는
자만 나에게 오르는 길을 볼 수 있으
며, 구원을 받을 수 있으며, 영원히 사

는 거듭나는 나의 나라에 올 수 있는 자이니라.
18 남의 탓이라 미루는 자는 절대 올 수 없으며, 제 탓이라 하여 모든 책임을 지고 가는 자는, 오늘은 고달프고 힘드나 그는 결국 나에게 올 것이니라.
19 그는 무엇이더냐?
20 정확하게 판단하며 정확하게 깨달았기 때문이니, 그리 알라 전하라.

9,292 번째 하나님 말씀

2004년 1월 22일 12시 28분

1 사랑하는 나의 아들아!
2 "네, 아버님! 말씀하옵소서."
3 나의 아들을 따르는 제자들이요, 그리고 법전을 읽고 깨우친 백성이요, 더욱이 강론을 수시로 들을 수 있는 그와 같은 백성들, 너희들이 얼마나 축복되고 영광된 백성인가 너희들은 모르나니,
4 그 고마운 은혜요, 축복에 대해 나에게 감사하는 마음을 너희들이 먼저 가져야 됨을 절대 잊지 말라.
5 너희들이 감사하는 마음으로써 그 은혜에 보답할 길이 없음이니라.
6 그러니 나의 법전을 읽으며 또 그대로 깨우쳐 가는 백성들, 너희들에게 가장 중요한 것은 무엇이더냐?
7 너희들보다 은혜와 축복을 받은 백성이 없음이니, 너희들은 나의 법전을 읽은 대로, 그리고 나의 아들을 통하여 내리는 강론대로 너희들은 거기에 따라서 네 인생의 목표를 세워 놓고,
8 어떠한 일이 있어도 이를 이루고 역사하겠다는 생각을 가지고 전진한다면 못 이룰 것이 없으며, 너희들이 천사가 되지 못함이 없는 것이니라.
9 너희들이 다른 생각을 가져서도 아니 되며, 모든 생각을 지워 버리고 오로지 나의 법전을 읽고 깨우쳤으며 강론을 들었으며 내가 직접 내리는 그 뜻을 들은 너희들이 거기에 맞춰 인생의 목표를 세워 놓고 이루고자 노력하며 싸워 나간다면,
10 못 이룰 것이 없음을 너희들은 알아야 될 것이며, 반드시 역사할 것이니라.
11 너희들이 살아가면서 온갖 쓸데없는 생각이요, 모든 잡생각에 젖어 있으면서, 너희들이 나의 법전을 읽고 깨우친 그 뜻에 따라 살아가겠다는 그 목표를 세움이니,
12 그 목표는 뒷전이요, 너희들의 고민이요, 어려움을 풀고자 하는 생각이 앞서 있다면, 더욱이 너희들은 나의 뜻에 의해 역사할 수 없다는 것을 알아야 될 것이니라.
13 이제 나의 아들을 따르는 제자들이요, 나의 법전을 읽고 깨우친 백성 너희들은 이 강론을 들으며 접하는 것보다 더 위대한 역사의 은혜가 없음이니,
14 너희들이 모든 신념을 다해 나의 법전에 초점을 맞춰 그를 이루고자 하는 전진하는 마음, 또 전진하고 전진하는 그 마음만이 너희들이 편안한 길이요, 모두가 이루어질 수 있는 길이라는 것을 알아야 될 것이니라.
15 이 세상에 살아가는 백성 중에서 너희들보다 더 큰 은혜요, 영광을 받은 자가 없음이니, 너희들은 어떠한 어려운

상황에서도, 어떠한 어려움이 있다 해
도 포기하는 그와 같은 백성이 되어서
는 절대 아니 될 것이니라.
16 나로부터 누구도 받을 수 없는 영광이
요, 은혜를 받은 너희들의 그 정신 자
세가 또한 얼마나 강하고 용기 있는
백성으로 변해야 되는지 알겠느냐?
17 내가 필요로 하는 것은 너희들이 성공
하겠다는 그 마음이요, 나의 법전을
가지고 만백성을 구하는 것이며,
18 이건 나의 뜻이요, 반드시 성공할 수
있다는 그 굳은 신념과 마음을 가지고
거기에 너희들이 용기 있는 행동으로
써 이루기를 바람이니라.
19 그것이 너희 자신을 구하는 길이 될
것이며 만백성을 구하는 길이기 때문
에 내가 너희들에게 이리 명함을 알
라, 사랑하는 나의 아들딸들아!

9,293 번째 하나님 말씀

2004년 1월 22일 12시 33분

1 사랑하는 나의 아들아!
2 **"네, 아버님! 말씀하옵소서."**
3 너희들이 사랑 하나를 행하고 실천하
며 베풀고 나누는 그 삶이 나에게 오
르는 길이라 말하였으며,
4 나 여호와의 본체가 또한 사랑이라고
까지 내가 법전에 기록하여 전하였음
이니라.
5 그러니 사랑의 실천 없이 생활을 하고
행하는 것이 어떠한 것인지 알겠느냐?
6 내가 사랑의 본체요, 너희들이 사랑을
행하고 사는 것이 나에게 오는 길이라
했거늘,
7 오늘의 종교 집단이요, 믿음의 길을
가는 그 백성들이 마음이 황폐하기가
끝이 없으니,
8 사랑이라는 것을 행함은 저버려 두고
믿음의 길을 가는 그 백성, 그들이 과
연 어떠한 자들인 줄 알겠느냐?
9 저희들이 행하기 어려운 그 모두는 다
뒷전으로 접어 두며,
10 그저 쉽고 간단한 길, 나의 아들 예수
요, 구세주요, 예수를 구세주라 부르
기만 하면 저희들이 그 보혈로써 구원
을 받는다 그리 가르치고 믿는 자들,
그들이 어떠한 형태를 하고 있는가?
11 그들이야말로 나의 뜻을 거역하는 짓
만 하고 있음이니라.
12 저희들이 그러면서 무어라 하느냐?
13 벌어진 입으로써 찬송가라는 것을 부
르기만 하면 저희들이 구원을 받으며
그 뜻대로 이루어진다 그리하고 있는
것이 그들이 아니던가?
14 그러니 자연적으로 천국의 문은 열릴
것이며 저희들은 나에게 올 수 있다
그리 장담하는 자들이니라.
15 그리하여 저희들이 죽어서 나에게 온
다면 저희들은 심판을 받을 것도 없으
며, 황금의 문이 열릴 것이며, 황금의
비단길을 걸어 나에게 올 수 있으며
내 품에 올 수 있다 생각하는 자들,
16 그들이 얼마나 어리석고 불쌍한 자들
인가?
17 그들에게 철퇴를 내려 꿈에서 깨어나
라 그리하라.
18 꿈에서 깨어나지 아니하는 자, 환상에
서 깨어나지 않는 자, 그들이 지옥 불
앞에서 발버둥치고 울고불고하는 것

이 그들의 모습이라는 걸 진심으로 너
희들이 가르쳐 주도록 그리하라.
19 참진리의 길이요, 사랑의 행함이 없이
는 천국의 문은 열리지 않는다는 것을
그들에게 전하라.
20 너희들이 참진리의 길을 가지 아니하
는 자, 하늘에 인도하는 빛조차도 너
희들에게 비치지 아니하며, 그 빛도
너희들이 구경할 수 없는 것이며,
21 나 여호와는 그와 같은 빛을 너희들에
게 내려 주지 아니하며, 너희들에게
비춰 주지 아니하며,
22 하늘의 길이요, 전자파와 같은 그 길
을 내가 너희들에게 비춰 주지도 아니
하며, 너희들이 볼 수도 없다는 것을
그들의 가슴에 전해 깨우쳐 주지 아니
하면 아니 될 것이니라.
23 사랑의 실천의 행함이 없이는 너희들
이 절대 구원을 받을 수 없으며, 그것
만이 너희들이 나에게 오를 수 있는
것이니,
24 나의 아들 예수의 이름을 부르는 것,
나를 아버지라 하여 부르는 것, 너희
들이 너희 아버지라 알고 있는 그 아
버지가 내가 아니며, 너희들이 나의
아들 예수의 보혈로써 구원을 받으며
이름을 부르기만 하면 구원받는다 하
여 구세주라 하며 발광을 하고,
25 벌어진 입이라 하여 너희들이 불러 대
는 찬송가로써 구원을 받는다는 것,
26 그 모두가 아니며 그 모두가 다 틀렸
다는 것을 그들에게 깨우쳐 주며,
27 너희들이 나와 관계없는 짓을 하고 있
다는 것을 명심하고 또 명심하도록 철
퇴로써 그들을 다스려 깨우쳐 주라.

9,294 번째 하나님 말씀

2004년 1월 22일 12시 38분

1 사랑하는 나의 아들아!
2 "네, 아버님! 말씀하옵소서."
3 너희들의 마음에 성령은 없고, 사악한
마음이요, 죄만 가득하며, 욕심이요,
시기 질투가 너희들을 짓누르고 있음
이니,
4 너희들이 그 무거운 무게를 가지고 그
몸으로 어찌 하늘나라에 오를 수 있으
며 나에게 오른다 하느냐?
5 성령이 임하여 나의 뜻을 알며 성령이
임한 자만 너희들이 바람보다 더 가벼
운 자가 되는 것이거늘,
6 너희들은 그와 같은 이치요, 비밀을
알 수도 없는 자들이니, 너희들이 어
찌하여 그를 알고 나에게 오를 수 있
단 말이더냐?
7 내 뜻이요, 그 이치도 모르니, 네 몸이
바람보다도 더 가벼운 자세가 되지 아
니하면 결코 나에게 오를 수 없는 것
이 너희들임을 알라.
8 너희들의 마음이 지금 성령이 임하여
있지 않은 것은 그 무게를 측량할 수
없으며, 그 무게는 정녕 달 수 없을 만
큼 무겁게 너희들이 지금 찌들어 있으
며, 죄 속에서 허덕인다는 것을 알아
야 될 것이니라.
9 그러니 어찌하여 내가 너희들을 구원
하며 내가 너희들을 알며 내가 너희들
을 기다린다 생각하는가?
10 너희 자신이 모든 악의 뿌리를 버리며
죄의 뿌리를 버리며, 선하고 아름다운
삶으로 살아 네 가슴을 열어 너희 자

신이 산소보다도 바람보다도 더 가벼
운 것이 아니면 너희들이 나에게 날아
올 수 없다는 것을 절대 잊지 말라 그
리 전하라.
11 너희가 구원을 받는 것은 지금의 신앙
과 믿음의 방법으로써는 절대 구원받
을 수 없다 함이니, 이를 내가 나의 법
전에 수없이 기록한 그 뜻을 알라.
12 나의 법전을 정독하여 새로운 믿음의
길을 선택하지 아니한다면 너희들은
결코 구원을 받을 수 없음이니라.
13 너희들이 나의 법전을 읽고 가슴을 열
어 공기보다도 더 가벼운 그와 같은
마음의 자세요, 그리 변해지지 아니하
면, 너희들은 나로부터 버려진 자식이
요, 내 품에 올 수 없다는 걸 너희들은
알라.
14 나의 뜻을 모르며 내가 역사하고자 하
는 것을 전혀 모르는 것이 오늘의 종
교 집단이요, 지도자들이니,
15 나에게 오르는 자들이 내 뜻을 모르며
나 여호와가 원하는 것을 거역하는 짓
만 하며, 그와 같은 것을 행하는 것이
너희들의 오늘의 삶의 전부이니,
16 과연 그와 같은 자세로써 너희들이 나
에게 올 수 있는가?
17 너희들이 살아가면 하루를 사는 것만
큼 그 무게는 점점 무거워짐이니,
18 그 무거운 돌덩이보다도 더 큰 것을
가지고 너희들이 어찌 날아서 나에게
온다 말하느냐?
19 그와 같은 마음을 다 비우지 아니하면
아니 됨을 너희들은 알아야 될 것이니
라.
20 그러니 너희들 마음에 성령이 임하는
것, 성령이 임하여 네 가슴을 여는 자
만 바람보다도 더 가벼운 자로서 변할
수 있음이니,
21 그 성령이 임할 수 있는 기초요, 기본
이 바로 내가 나의 아들을 통하여 내
리는 160권의 법전 속에 모두 기록되
어 있으며 거기에 답이 있음을 알라.
22 그러니 정답을 보지 아니하고 그 길을
보지 아니하고 어찌 너희들이 갈 수
있단 말이더냐?
23 인간 세상에 여행하면서 너희들이 길
을 모를 때, 이정표라는 것을 보지 않
느냐?
24 그 이정표의 안내판을 따르지 아니하
고 제 고집대로 간다면, 그는 오리무
중이요, 제 목표를 알 수 없어 평생 허
덕이다 마는 어리석은 백성처럼,
25 하늘에 오르는 그 이정표가 바로 나의
법전이라는 그 소중함을 알라.
26 그들에게 그리 깨우쳐 주고 전하라.
27 그 이정표를 사탄이요, 이단이라 하여
너희들이 찢어 버리고 태워 버리고 욕
함이니,
28 너희들이 사는 곳의 이정표를 스스로
잘못되었다 하여 빼 버리고 찢어 버리
며 너희 마음대로 생각하는 길로 간다
면, 결국 어찌하던가?
29 너희들은 백사장에 말라 죽어 가는 그
와 같은 영혼이 된다는 걸 잊지 말라.

9,295 번째 하나님 말씀

2004년 1월 23일 07시 30분

1 사랑하는 나의 아들아!
2 "네, 아버님! 말씀하옵소서."

3 지금의 모든 종교 집단이요, 지도자
그들이 말하기를 저희는 다른 신을 섬
기지 아니하며 우상을 섬기지 아니하
니, 우상을 섬기고 다른 신을 섬기는
것이 가장 큰 죄라 그리 말하느니라.
4 그러나 그들은 항상 우상을 섬기고 있
으며, 나를 버려둔 자들이라 말하지
아니하였느냐?
5 그들은 나에게 기도하고 경배하는 것
을 어찌하는가?
6 무엇인가를 얻고자 원하고자 그들이
기도하느니라.
7 저희 아들이 시험에 합격하기를 바라
며, 저희 남편이 부귀영화를 누릴 수
있도록 권좌가 높아지며 재물이 얻어
지며, 저 자신 또한 어떠한 원하는 것
이 이루어질 수 있도록, 그리고 제 모
든 욕구를 채우기 위하여 그들은 기도
하고 경배하느니라.
8 그러니 내가 무어라 말하였느냐?
9 우상이라는 것은 무엇을 깎아 놓고 받
들고 절하고 하는 것이 아니라,
10 너희들이 나 여호와보다 더 깊이 사랑
하며 더 그리워하며 무엇인가 더 갖고
자 하는 것이 있으면 바로 그것이 우
상의 마음이라 하지 아니하였더냐?
11 그러니 너희 아들이 어떠한 길에 역사
하며, 시험에 합격하며, 그리고 남들
에게 뒤지지 않는 자가 되며,
12 너희 사업이요, 너희 가정이요, 모든
너희 주변의 명예를 위하여 너희들이
기도하고 경배하는 것이니, 너희들이
기도하고 경배할 때 그 마음이 얼마나
애절하던가?
13 그 애절한 마음이 너희들이 평소에 나
를 생각하며 나를 경배하는 마음보다
열배 백배 천배 더 애절하고 간곡히
바라고 구하니, 그것이 무엇이더냐?
14 바로 그를 갖기 위하여 그를 취하기
위하여 너희들이 기도하는 그 행위이
니, 그 자체가 바로 너희들이 우상을
섬기는 것이요, 그 모든 것을 다른 마
음을 두고 있음이니라.
15 내가 그리하여 나의 아들에게 명하기
를 너희들은 '저의 죄를 용서하여 주
옵소서, 아버님! 그리고 아버님 뜻에
따라 갈 수 있는 용기와 힘을 주옵소
서.' 그리 기도하라 했으며, 달라 하지
말라 하지 않았더냐?
16 내가 너희들에게 원하지 말라, 달라
하지 말라는 것은 너희들이 우상을 섬
기는 마음이기에, 우상을 섬기지 말라
함이 여기 있음이니라.
17 나 여호와가 너희들이 어찌 갈 것이며
어찌 흐를지 모두 다 알고 있으며, 그
러니 전지전능한 아버지라 부르지 말
며 달라 하지 말라 했으며, 달라는 자
체가 어리석은 것이라 내가 그리 말했
듯이,
18 거기에 너희들이 기도하고 원하고 요
구하는 모든 것이 너희들이 우상을 섬
기는 것이요, 다른 신을 섬기는 마음
이 있기 때문이니라.
19 이제 너를 따르는 제자들과 나의 법전
을 읽은 백성은 알아야 할 것이며, 그
리고 모든 백성 너희들은 알아야 될
것이니라.
20 너희들이 무엇인가 나보다도 더 소중
히 닦고 씻고 관리하는 것, 그리고 갈
망하는 것, 그것이 다 너희들의 우상

이라 하였음이니라.
21 그러니 너희들이 깎아 놓고 절하고 만
들어 놓고 절하는 것은 무엇이더냐?
22 너희들의 소원을 간절히 바라는 것이
요, 그보다 더 애절한 마음이 없기에
그게 우상을 섬기는 것이라 했듯이,
23 깎아 놓지 않고 만들어 놓지 아니해
도, 보이지 않는 그 속에서 너희들이
기도하고 경배하고 소원하고 원하는
것이 우상이 아니고 무엇이란 말이더
냐?
24 내가 너희들에게 일찍이 깨우쳐 주었
느니라.
25 인간 세상의 모든 자들은 너희들이 눈
으로 보는 진주요, 보석을 손에 얹어
놓고 아름답게 발하는 그 빛을 칭찬하
나 그는 제한된 것이라 하였으니,
26 너희들의 마음으로 보이지 않는 아름
다운 보석을 손 위에 놓고 보는 것은
그 빛이 찬란하며 그 빛은 끝이 없다
내가 그리 말하지 아니하였더냐?
27 내가 그와 같은 이치를 너희들에게 깨
우쳐 주었음이니, 너희들이 지금 또
무엇을 만들어 놓고 너희 손으로 이루
어 놓고 형체를 만들어 놓고 절하고
기도하는 것만 우상인 줄 알겠느냐?
28 서낭당에 가서 비는 것, 너희들이 강
물에 가서 비는 것, 산에 가서 비는
것, 모든 짐승들, 이와 같은 것을 우상
으로 섬기고 받드는 것만이 우상이 아
니니,
29 그들은 실제 존재하는 것이지만, 실제
로 존재하지 않는 것을 받들고 믿는
것도 미신임을 알라.
30 너희들은 보이지 않는 것을 믿는 것이
얼마나 많던가?
31 그것이 다 우상이 아니더냐?
32 그러니 너희들이 간절히 원하고 이루
고자 애절하게 기도하는 마음이 나를
경배하고 나를 따르는 마음보다 열배
백배 천배 더 집요하고 강하다면, 그
것이 너희들이 벌써 우상이요, 네 마
음의 우상이니,
33 너희들이 무엇을 이루고자 기도하는
그 욕심이 다 우상이니, 너희들은 우
상을 섬기는 자요,
34 그러니 우상을 섬기지 아니하는 자라
말을 하나 너희들은 우상을 섬기고 다
른 신을 받드는 데 모두를 바치고 사
는 어리석은 백성으로 전락되어 있음
을 알라 그리 전하라.

9,296 번째 하나님 말씀

2004년 1월 23일 07시 34분

1 사랑하는 나의 아들아!
2 "네, 아버님! 말씀하옵소서."
3 지금의 종교 집단이 흘러온 그 세월
속에서 지도자라 하여 만백성을 가르
친다 하는 자들의 그 형태가 무엇인
줄 알겠느냐?
4 그들은 인간이요, 나의 목자로서 너희
들이 지은 그 죄의 온상에 서서 종교
지도자로서 근엄한 체 그리고 위대한
체 그와 같은 행위를 하고 있음이니라.
5 그러나 내가 보는 너희들의 그 형태는
무엇인 줄 알겠느냐?
6 지금껏 흘러온 모든 종교 집단이요,
지도자요, 그 백성들은 저희 손으로
지은 그 죄의 온상에서 저희들이 사탄

이 되어 교회라는 곳, 나의 성전이라
는 곳을 사탄들이 차지하고 앉아 있음
이니라.
7 그리하여 사탄들이 거기에 차고앉아
지배하고 있으며, 그들이 종교가 어떤
것이며 믿음이 어떤 것이며 그리하여
너희들이 구원은 어떤 것이라 하여 지
금 너희들에게 설교하고 가르친다 하
나,
8 그들은 사탄들이 허울 좋은 옷을 입고
앉아 있는 형상이며, 이리가 발톱을
숨기고 앉아 있는 그와 같은 형국이
되어 있음을 너희들은 알아야 될 것이
니라.
9 발톱을 숨긴 이리요, 그리고 사탄이
허울 좋은 옷을 입은 그 형상들이 교
회 건물 안에 들어앉아 그를 차지하고
있어, 저희들이 감언이설로 지금 나의
백성들을 끌어들여 먹이로 요리하고
있는 자들이라면, 과연 너희들은 믿겠
느냐?
10 지금 사탄이 허울 좋은 옷을 입고 앉
아 있으며, 발톱을 숨긴 이리가 너희
들을 그저 감언이설로 끌어들여 제 먹
이로 만들어 가고 있으며 요리하고 있
으니,
11 거기에 나의 피조물 만백성이 그 먹이
로써 끌려들어 가며 먹이의 요리로써
너희들이 지금 죽어 가고 있다는 것을
어찌 모른단 말이더냐?
12 그 속에서 너희들이 구원을 받으며 그
들 앞에 구원을 받겠다 하여 금화와
은화를 바치고 평생 동안 울고불고하
며,
13 형제와 부모 사이도 모두 다 이별하며
생이별을 하고 다 버려두고, 사랑이라
는 걸 저버리고 살아가는 불쌍한 백성
들이 너희들임이니, 너희들이 거기에
변화가 어디에 있겠느냐?
14 참진리요, 하늘에 오르는 길은 변화가
없이는 아니 되며, 양심의 변화가 없
이는 아니 되는 것이며,
15 너희들이 양심의 가책을 받는 그와 같
은 삶이 아닌 것은 절대 구원을 받을
수 없는 것이요, 진리가 아니요,
16 너희들이 허울 좋은 사탄이요, 발톱을
감춘 이리 앞에 지금 우롱당하고 있으
며, 너희들이 먹이사슬로써 지금 들어
가고 있으며, 순번을 기다리고 있는
것이 너희들의 운명이요, 너희들의 모
형이라는 걸 잊지 말라.

9,297 번째 하나님 말씀

2004년 1월 23일 07시 43분

1 사랑하는 나의 아들아!
2 "네, 아버님! 말씀하옵소서."
3 지금의 종교 집단이요, 지도자 그리고
광신하는 그 많은 신도들, 그들이 정
녕 나 여호와의 뜻에 의하여 역사했으
며 내 뜻에 의하여 살았더라면,
4 너희들은 사랑으로 덮였을 것이며 사
랑의 나무로 이 세상이 가꾸어졌을 것
이니,
5 곧 하늘에서 이루어진 것같이 지상의
낙원이 이루어지지 아니하였겠느냐?
6 그러니 그와 같이 구원의 길을 인도하
며 만백성을 구하며 사랑으로 산다는
그 백성들이 무어라 말하느냐?
7 세상은 사탄이 득실거리며 그리고 악

한 자가 세상을 지배하며 도둑이 들끓
는다 그리 말함이니,
8 과연 그들이 몇천 년 동안 흘러오면서
그들보다 더 큰 역사를 이룰 수 있는
백성이요, 집단이요, 재물을 가진 자
들이 어디 있으며, 만백성을 인도하고
가르칠 수 있는 자들이 어디 있겠느냐?
9 그러니 그들의 입에서 그와 같은 말이
나온다 하면, 지금의 그들은 무엇이더
냐?
10 나 여호와의 뜻을 세우기 위하여 그들
이 노력하고 역사한 백성들이 아니라
는 것,
11 그리고 저희들은 바로 오지 못했으며
바른길로 오지 못함을 저희들이 인정
하는 것이 아니더냐, 사랑하는 나의
아들딸들아!
12 모든 종교 집단이요, 지도자요, 그 광
신도들이 인간 저희들의 뜻과 사업을
이루는 데 깃발을 높이 꽂은 자들이요,
13 나 여호와의 참진리를 위하여 깃발을
꽂은 자들이 아니요, 저를 따르라 외
친 백성들이 아님을 이제 스스로 그들
이 인정함이니, 너희들 또한 그를 믿
고 그리 알고 있어야 될 것이니 그리
알라.
14 제 욕심의 계획을 세우는 자들이기에
저 자신들이 타락되었으며, 저희 자신
이 지옥의 그 불길로 가고 있으니,
15 그러니 나의 백성들 그 신도들까지 저
희들이 사행심을 길러 주었으며 계산
적인 마음을 길러 주었으며,
16 그 마음은 계산이요, 욕심을 버리지
못하도록 했으며, 저만 구원을 받도록
했으며 저만 구원받는 기도를 했으며,
17 제가 부귀영화를 누릴 수 있는 것, 저
를 위한 기도를 하도록 그리 가르치고
가르쳤음이니, 그것이 바로 사행심을
기르는 것이 아니더냐?
18 지금 이와 같이 사행심이요, 사악한
마음으로써 세상을 다 지배하며, 그저
온통 나에게 달라, 저의 소원을 이루
어 달라 기도하는 그 기도 소리가, 수
천 년 동안 흘러오며 너희들이 부르짖
은 것이 이 세상을 덮고 있음이니라.
19 내가 나의 아들에게 일찍이 말하기를,
너희들이 한 말은 없어지는 것이 아니
요, 세상에 존재한다 한 뜻을 알겠느
냐?
20 그러니 너희들이 소원을 이루어 달라,
재물을 달라 수없이 기도하고 기도한
그 기도 내용이 세상을 다 덮고 있느
니라.
21 그 속에서 지금 나의 아들을 따르는
그 제자들이 무어라 말하느냐?
22 저 자신을 위해서 기도하지 아니하며,
마지막 천국에 오를 수 있는 그 자리
가 하나 있는 것, 그 자리마저도 남에
게 양보하겠다 하며,
23 달라 이루어 달라는 그 사악한 자들이
세상을 덮고 있는 것과 정반대의 이야
기를 하고 있으니,
24 그것을 너희들이 볼 때, 가련하고 불
쌍한 것이며 그리하여 그것이 사탄이
요, 어리석은 백성이라 너희들이 그리
말하고 있으나, 그 불은 꺼지지 아니
할 것이니라.
25 그 불길만이 너희들의 사행심을 다스
릴 것이니라.
26 저희들을 위해서 하는 것, 그리고 육

의 세상이요, 사업을 위하여 깃발을
높이 세운 자들, 그와 같이 타락으로
가는 자들,
27 그들을 나 여호와의 뜻이요, 나의 깃
발을 높이 꽂고 그 깃발을 보고 달려
갈 수 있도록 하는 것은 지금 나의 백
성들이요, 나의 아들을 따르는 그 제
자들이요, 나의 법전을 읽고 깨우친
너희들밖에 없는 것이니라.
28 너희들이 세속의 권력과 재물이요, 명
예를 얻기 위한 믿음으로써 지금 가고
있으며, 오로지 그것만 위하여 너희들
이 모두를 다 역사하며, 믿음이요, 신
앙생활의 목표도 거기에 제일로 두고
있음이니,
29 너희들이 다 사탄으로 전락되었고 타
락되었다 함이니라.
30 그러니 너희들의 욕구를 채우기 위하
여 달려가는 것뿐이며 기도하는 것뿐
인 신앙이요, 믿음으로 가는 것이 너
희들이니, 그러니 얼마나 어리석은 백
성이며,
31 너희들이 다른 신을 섬기지 아니하며
우상을 가슴에 두지 아니했다고 과연
나에게 와서도 할 말이 있느냐?
32 사랑하는 나의 아들딸들아, 이제 너희
들 만백성은 들으라.
33 모든 종교 집단이요, 지도자, 그리고
광분하는 신도들, 그 모두는 다 너희
자신을 돌아다보며 차분히 생각할 때
가 되었음을 잊지 말라.
34 모든 참진리요, 아름다움을 깨우쳐 너
희들을 구원하는 것을 다 사탄이요,
이단이라 밀어붙이지 말며,
35 인간 육의 욕심을 채우기 위하여 깃발
을 꽂고 있는 그와 같은 자들에게 더
이상 억류되지 말며 끌려가지 말도록
그리하며,
36 너희 자신을 들여다보도록 그리하라,
사랑하는 나의 아들딸들아!
37 너희들이 정녕 나의 법전을 읽고 깨우
쳐서 네 마음의 양심에 변화가 없으며
네 마음의 양심이 어두운 그와 같은
행위를 하려 하거든, 나의 법전을 조
용히 놓고 가도 내가 말하지 아니할
것이니,
38 한번 읽어 보고 정독해 보고 너희들이
비교하고 비교해서 어떠한 것이 참진
리인가 스스로 판단하도록 그리하라.
39 제 것만이 옳다 그리하지 말라.
40 너희들이 생각하는 것, 욕심이요, 소
원하는 마음이요, 다른 신들을 받드는
너희들이 하나가 되어 여태껏 평생 동
안 그 많은 백성들이 울부짖은 그것이
아무리 단단하게 굳어 있다 해도 그것
은 아니니라.
41 그는 깨지고 부서져야 되며, 깨지고
부서지게 되어 있음이니,
42 그렇지 아니하면 나의 아들딸들이 지
금 다시 역사하는 것, 하늘에 오르는
하나의 그 영광의 구원의 자리를 양보
하며, 제가 구원받기 위하여 기도하지
아니하는 그 아름다운 자들의 불꽃에
의하여,
43 너희들은 모두 촛불이 녹아 가듯이 녹
을 것이며, 봄에 녹는 눈보다도 더 무
섭게 녹을 것이며, 그들이 녹일 것이
니,
44 그때 가서 너희들이 고통을 당하지 말
며, 스스로 녹는 자가 되도록 하며 녹

이는 자가 되도록 하라, 사랑하는 나의 아들딸들아!
45 내 아들딸 모두를 다 사랑함이니 그리 알라.

9,298 번째 하나님 말씀

2004년 1월 23일 07시 52분

1 사랑하는 나의 아들아!
2 "네, 아버님! 말씀하옵소서."
3 그 많은 세월이요, 그 많은 날들을 너희들이 구원의 길이요, 나를 경배하며 하늘에 오르는 길을 달려온다는 그 백성들이 욕심이라는 것 하나를 저버리지 못한 백성이 되어 버렸으니,
4 욕심을 저버리지 못한 백성이 됨으로 하여 너희들이 어찌하는가?
5 너희들은 눈이 있어도 보지 못하는 그와 같은 어리석은 백성이요, 귀가 있어도 듣지 못하는 그와 같은 어리석은 백성으로 전락되었음이니,
6 아무것도 보지도 듣지도 못하는 너희들이 얼마나 어리석은 백성들이냐?
7 그러니 사탄들이 너희들을 우롱하며, 또한 그들의 유혹에 넘어가게 되어 있는 것이 너희들이니라.
8 너희가 지금과 같은 형국이 된 그 이유는 무엇이더냐?
9 눈이 있어도 보지 못하며 귀가 있어도 듣지 못하며 욕심이라는 것을 버리지 못한 그 어리석은 너희들이기에,
10 사탄들이 너희들을 마음대로 우롱하며, 그들의 유혹에 너희들이 그저 거침없이 용감히 그 길을 따르며 넘어져 가는 자이니,
11 그를 보는 나 여호와의 마음이 어떠하겠는가?
12 너희들이 어찌하여 그리도 어리석은 믿음으로 가느냐?
13 예수의 보혈과 그의 죽음으로 그가 모두를 대속하였으니, 너희들은 죄가 없는 백성이요, 눈처럼 하얀 백성들이요, 그러니 너희들은 구원을 받았다 그리 말하는 백성들,
14 그리고 우리 부자를 찾기만 한다면 너희들이 구원을 받으며, 재물을 바치면 구원을 받는다 그리 부르짖고 있는 그 어리석고 불쌍한 백성들이니,
15 그러기에 내가 이와 같은 내용을 나의 법전에 기록하고 또 기록하여 너희들을 깨우치는 나의 아픈 마음을 알겠느냐?
16 너희들이 진정한 진리요, 하늘의 뜻을 안다면 너희 마음의 변화가 이루어져야 되며, 너희들이 천사와 같이 변화되는 그와 같은 삶으로써 바뀌어야 하는 것이니라.
17 그것이 너희들이 참진리의 길을 가는 백성이요, 깨달음의 길을 가는 백성이요, 나 여호와의 뜻에 의해 살아가는 백성이며 욕심을 비운 백성이니라.
18 그러니 너희들이 천사와 같이 되는 것도 그와 같은 것을 지금 깨닫지도 못하며 그것을 너희들이 알지도 못함이니라.
19 나의 아들 예수를 세상에 보낸 것이 무엇이더냐?
20 너희들이 천사와 같이 아름답게 변하는 마음으로 살 수 있도록 그 모든 고통스러운 죽음의 길을 선택하는 것을

나 여호와가 그저 그대로 보고만 왔거
늘,
21 어찌하여 너희들은 그와 같은 진리를
깨닫지도 못하며 행하지도 못하며,
22 너희들이 천사와 같이 아름다운 마음
으로 변하는 것이 나에게 오르는 길이
라는 그 이치도 하나 알지 못하고 그
하나도 깨닫지 못하는 어리석은 백성
들이란 말이더냐?
23 그러니 내가 원하는 길이요, 내가 역
사하고자 하는 것을 모름이니, 어두운
밤길을 지금 헤매고 있는 것이 오늘의
종교 집단이요, 지도자요, 그리고 맹
종 맹신하는 가련하고 불쌍한 광분하
는 백성 너희들이 지금 처해 있는 형
국이니라.
24 나 여호와의 속상한 그 마음이 얼마나
아프고, 내 가슴이 얼마나 찢어지도록
피눈물이 나겠는가?
25 그리하여 내가 모두를 태워 지금 마지
막 나의 성령을 내림이니, 그보다 더
고통스러운 것이 너희들을 바라보는
내 속상한 마음임을 너희들은 알겠느
냐?
26 그러니 그들의 마음의 형태가 과연 어
떠하더냐?
27 "네, 아버님! 지금의 믿음의 길을 가
는 그 모든 백성, 그들이 생각하고 있
는 것을, 저는 감히 그들의 마음을 이
해할 수가 없으며 그들의 마음의 형태
를 알 수가 없사옵나이다."
28 아들아! 네가 보는 그들의 마음은 어
떠하던가?
29 "네, 아버님! 그들은 참진리를 보지
아니하며, 아버님의 그 말씀을 듣지
아니하며, 아버님 말씀을 따르지 아니
하고 무시하도록 가르치며, 아버지를
능멸하도록 가르치는 것이 오늘의 종
교 집단이요, 지도자들이 가고 있는
길이라 저는 그리 보이옵나이다.
30 참진리의 아버님의 말씀을 따르지 아
니하며 아버님의 뜻을 거역하며 그 뜻
을 무시하며, 그리고 순종을 저버리도
록 가르치는 것이 오늘의 종교 집단이
요, 지도자이옵나이다.
31 그러나 그들이 그와 같은 것을 모르고
가르치는 것이 더 무섭고 두렵사옵나
이다.
32 종교 집단이요, 지도자들이 그를 알고
가르친다면 어떠하겠사옵나이까?
33 내용을 알고 그 뜻을 안다면 그들이
바로 설 수 있고 바로 가르칠 수 있으
나,
34 그들 자신이 그리 믿고, 그들 자신도
그걸 모르는 것이 너무 많음이니, 그
성서의 뜻을 이해하지 못하고 모르는
자가 가르침이니,
35 무식한 자가 살인을 한다는 말이 있
듯이, 그 모두가 모르기에 죽음을 무
릅쓰고 저희들이 달려가며, 저희들이
달려가는 길이 옳다 생각하니,
36 그 제자들이 그리 따라오지 아니하는
자는 사탄이요, 이단이요, 그리 따라
오는 자는 축복이요, 영광을 받는다며
그리 중언부언 기도를 함이니,
37 그 기도가 하늘에 닿는 것이며 정녕
그들에게 축복과 영광이 내릴 것이라
하여 그들이 중언부언하고 있으며, 중
언부언하는 것을 듣고 은혜를 받는다
고 믿고 있음이니,

38 이것을 보시는 아버님의 가슴이 아플
것이며, 그들을 바라보시는 아버님의
마음이 한없이 슬프실 것이라 생각되
오며, 그것이 오늘의 그들이 가는 길
이라 생각이 되옵나이다, 아버님!"
39 그러니라, 그들은 참진리요, 나의 뜻
을 무시하며 나를 능멸하는 것이니,
40 그 신도들 또한 그 길이 하늘에 오르
는 길이라 하여 따라감이니, 믿고 따
라가는 나의 백성 그들을 보는 나의
마음이 이리도 아프고 저림이니라.
41 사랑하는 나의 아들아, 그러한 그들의
마음의 벽이 너희들이 만드는 돌보다
도 더 단단하게 굳어졌으며 철옹성보
다도 더 굳건히 다져졌음이니,
42 그 문을 너희들이 열고 그 문을 깨부
수어야 되느니라.
43 그러나 그 문은 나 여호와도 열어 줄
수 없으며, 그들의 마음의 문은 너희
들이 열어 줄 수 없으며 나의 법전 또
한 열 수 없음이니라.
44 다만 그들 자신이 열어야 되며 그들
자신이 그 문을 열게 되어 있으며 그
와 같이 모두 역사해졌음이니,
45 그들이 나의 법전을 보고, 사랑하는
나의 아들딸들이요, 너를 따르는 제자
들의 행함을 보고 스스로 문을 열지
아니하면 아무도 열어 줄 수 없는 것
이 하늘의 법도이니,
46 그들이 열 수 있도록, 그 돌보다도 단
단한, 철옹성같이 굳어진 그 모두를
녹일 수 있도록 너희들이 최선을 다하
는 것이 너희들이 살아가야 할 운명이
며 너희들이 존재하는 이유라는 것을
알도록 너의 제자들에게 가르쳐 주고
또 전하라.
47 내가 너희들을 사랑하노라, 사랑하는
나의 아들딸들아!

9,299 번째 하나님 말씀

2004년 1월 23일 08시

1 사랑하는 나의 아들아!
2 "네, 아버님! 말씀하옵소서."
3 2천 년 전, 그 한 많은 세월 속에 나의
아들 예수의 그 죽음의 고통과, 그가
십자가에서 피 흘려 죽어 간 그 모두
를 생각하는 나 여호와의 마음이 얼마
나 아프고 가슴 저리는 세월이었는가
를 너희들은 알겠느냐?
4 그를 생각하고 내 마음을 들여다보는
백성이 없다 하였음이니,
5 나의 아들 예수의 죽음의 고통인 그
십자가를 지금 너희들이 어찌하는가?
6 그것을 너희들이 우상으로 받들고 있
으며 그를 우상으로 섬기고 있으니,
7 너희들이 나를 고문하는 그 우상의 십
자가요, 그리고 사탄이 허울 좋은 옷
을 입고 지금 자신의 발톱을 감추고
나의 백성을 지옥으로 이끌어 가는,
너희 손으로 지은 교회요, 성전이요,
성막이요, 그 모두를 내가 그대로 더
이상 보고자 아니 함이니라.
8 이제 내가 이 모두를 끝내고자 하며,
내가 이를 모두 다스릴 때가 되었음을
나는 너희들에게 알림이니 그리 알라.
9 나 여호와는 그 고통이요, 긴 세월 속
에서 너희들이 바로 서고 바로 가는
백성이 되기를 바랐으며,
10 그 십자가는 나의 아들 예수의 죽음이

요, 그 고통은 나를 고문한다 하여 그
를 끌어내리고 태우는 백성이 있기를
수천 년 동안 바랐으나,
11 그 누구도 그와 같은 역사를 이룬 자
없으며, 나 여호와의 아픈 마음을 달
래는 자 없으며, 내 마음의 고통을 생
각해 본 자가 없기에, 그를 부수고 태
운 자가 없었음이니,
12 나 여호와가 스스로 이제 더 이상 볼
수 없으며, 참고 인내할 수 있는 세월
이 다 지나갔음을 내가 너희들에게 알
리고자 함이니라.
13 더 이상 나 여호와가 참는다 생각하지
말라.
14 이제 단죄하고 다스릴 때가 되었음을
알라.
15 나의 아들이 죽어 간 그 십자가의 고
통을 우상으로 섬기고 받드는 너희들
의 그 십자가를 모두 나 여호와가 끌
어낼 것이며,
16 사탄이 도사리고 앉아 그 발톱을 숨기
고 나의 피조물 만백성을 죄의 온상으
로 이끌어 간 교회요, 성당이요, 법당
이요, 성막이라는 그 모두를 내가 벼
락으로 다스리고자 하여,
17 지금 내가 나의 아들을 통하여 160권
에 나 여호와의 뜻을 기록하여 세상에
전하며, 이를 가지고 심판하는 기본이
요, 근본이 되어,
18 나의 피조물 만백성이 이를 깨닫고 본
그들이 벼락보다도 더 무서운 그와 같
은 그 형국으로 그 모두를 끌어내릴
것이며 그들을 파괴하는 시대가 올 것
이니, 너희들은 그리 알라.
19 내가 지금 나의 아들을 통하여 미리
나의 법전을 내려보내며 나의 아들을
따르는 제자들이요, 나의 법전을 읽은
백성들을 앞세워 너희들에게 깨우쳐
주고,
20 지금 그 믿음에서 한 치도 양보가 없
으며 변할 수 없으며 돌이킬 수 없는
너희들을 다스리고자 하는 것이 무엇
이더냐?
21 이를 보고 깨우친 백성들이 너희들을
단죄할 때, 십자가를 끌어내릴 때, 그
리고 너희 손으로 지은 그 죄의 온상
이요, 주인이 없는 그와 같은 교회요,
성막이요, 성당 그 모두가 부서지고
파괴될 때,
22 그 처참함과 무서움은 너희들이 상상
할 수도 없으며, 이 지상의 어떠한 전
쟁도 그보다 처참하지는 아니할 것이
니라.
23 그리하여 그 모두를 다스리고 내가 막
기 위하여 서서히 너희들에게 충격을
주어 깨우쳐 주고자 하는 것이 나 여
호와의 뜻이니,
24 이를 너희들이 끝까지 버티고 거부한
다면, 내가 직접 나의 아들들을 통하
여, 나의 백성을 통하여, 깨우친 백성
으로 하여금 십자가를 끌어내리며, 벼
락보다 더 무서운 방법으로 너희들을
다스리고 단죄할 때가 올 것이니,
25 그때는 감당키 어려울 것이니 그리 알
라.
26 그러니 지금 내가 나의 아들을 통하여
내리는 나의 법전을 찢어 버리고 태우
지 말며, 너희들이 보고 읽고 깨우쳐
너희들 스스로 그와 같은 고통을 벗어
나는 백성으로서 거듭나기를 바라는

것이 나 여호와의 뜻이요,
27 다시 한 번 내가 천 년이라는 세월을
기다리고자 함이니 그리 알라.

9,300 번째 하나님 말씀

2004년 1월 23일 08시 05분

1 사랑하는 나의 아들아!
2 "네, 아버님! 말씀하옵소서."
3 나의 아들 예수의 그 고통스러운 죽음
이요, 그 죽음의 상징인 십자가를,
4 지금 수천 년 동안 흘러오는 세월 속
에 그는 나 여호와를 고문하는 것이며
예수의 고통을 상징하는 것이라 하여,
그걸 부수어 버리고 태워 버리고 꺾어
버리는 백성이 없었으며, 그 일을 역
사하는 백성이 하나도 없는 것이 나의
백성 너희들이 아니더냐?
5 그러니 너희들이 그와 같이 어리석은
백성이었기에 깨달음이 없는 백성들
이니라.
6 그러니 그 역사를 누가 이루었으며 행
한 자가 어디 있는가?
7 수천 년 흘러오는 동안에 그 모두를
꺾어 버리고 태워 버려 나 여호와의
아픈 마음을 위로하며, 예수의 고통을
조금이라도 위로하고자 하는 마음으
로 행동을 하는 자가 없었음이니, 그
것이 수천 년 동안 흘러온 나의 백성
들이니라.
8 그 역사를 누가 그리하였으며 누가 그
와 같이 만들었기에, 너희들은 그 앞
에 기도하고 경배하며 그것을 구세주
의 상징이라 그리 받들고 가는가?
9 그러니 너희들이 모두 다 나의 뜻을
거역하며 나를 욕되게 하는 우상을 섬
기는 자들이라 하였음이니,
10 너희들이 지은 그 죄의 온상에 너희들
이 허울 좋은 옷을 입고 앉아 있는 사
탄이라 내가 그리 말하였음이니라.
11 나의 아들의 고통과 나 여호와의 고통
은 하나도 그 흔적이 남아 있지 아니
하며,
12 그와 같은 것을 되살리며 그와 같은
것을 깨달아 너희들이 나의 아픈 마음
을 이해하며, 나에게 오르는 그 어렵
고 힘든 길을 오고자 하는 백성은 하
나도 없이 다 사라져 버렸으며,
13 그 고통을 깨닫고 그 고통을 일깨워
주는 백성이 이 세상에 누구도 존재하
지 아니함이니라.
14 그러니 지금의 세상이 어찌 되었는가?
15 나의 아들 예수의 고통이요, 나의 그
고통의 마음을 이용하고 악용하는 것
은 무엇이더냐?
16 사탄들이 그와 같은 나의 마음이요,
나의 뜻을 악용하여, 나의 피조물 만
백성 위에 군림하며, 너희들을 종처럼
다스리며 너희들을 평생 영원한 종으
로 다스리고 있는 것이니라.
17 그러니 너희들이 그와 같은 마음으로
나 여호와의 아픈 마음을 달래며, 내
뜻을 이해하며, 나의 아픈 마음을 위
로하는 그와 같은 삶 속에서 변화되는
삶을 사는 것이 아니라,
18 사탄에게 맹종 맹신하는 것이 오늘의
신앙이요, 너희들의 믿음의 길이요,
그것만 너희들이 역사한 것이지 아무
것도 이루어진 것이 없음이니,
19 내가 너희들을 모른다는 것은 당연한

것이며, 너희들이 나를 능멸하며 욕되
게 하는 짓을 하고 있다는 것은 당연
한 것이 아니더냐?
20 이제 너희들이 그 간단한 이치를 깨닫
는다면, 지금 나의 아들이 십자가를
태워 버리며 부수어 버리며 꺾어 버려
야 한다는 그와 같은 가르침에 너희들
이 과연 반기를 들 수 있으며 사탄이
요, 이단이요, 사악한 자라 말할 수 있
느냐?
21 정녕 그리 말하는 자, 너희들은 너희
가 받는 고통이 무엇인지, 그 죄의 대
가가 몇 곱절 더 무서운 굴레를 진다
는 걸 모르고 있는 어리석은 백성들임
을 알라.

9,301 번째 하나님 말씀

2004년 1월 23일 08시 11분

1 사랑하는 나의 아들아!
2 "네, 아버님! 말씀하옵소서."
3 이 세상에 창조주 나 여호와가 주인이
되며, 그 주인 앞에 내 뜻을 따라 하늘
에 오르는 나의 아들딸이 너희들이 되
어야 하거늘, 지금의 너희들의 형국이
어찌 되어 있느냐?
4 나의 뜻을 거역하며 나를 능멸하는 사
탄의 자식이 되어 사탄을 주인으로 받
드는 것이며, 너희들의 주인이 사탄이
되도록 그리 만들었음이니라.
5 그러니 너희들이 어찌하여 창조주 나
여호와의 아들딸로서 거듭남이 아니
요, 사탄을 주인으로 섬기며 사탄의
종이 되어 있단 말이더냐?
6 너희들은 사탄의 후예가 된 것이며 사
탄의 종이 되고 농락당하고 있음이니
라.
7 그뿐이던가?
8 너희들을 사탄이 다스리고, 사탄의 농
락에 너희들이 이끌려 가는 이 순간
에, 너희들의 후손들까지도 그와 같이
무너지며 타락되어 가고 있다는 것을
어찌 모르는가?
9 너희들의 후손까지도 농락당하며 그
들을 모두 다스려 영원히 사탄들이 존
재하고자 역사하는 곳에 어찌하여 너
희들이 그 모두를 바치며, 그들에게
힘이 되어 주며 그들의 하수인이 되어
그들을 돕고 있단 말이더냐?
10 이를 깨닫지 못하고 있는 것이 나의
백성들이요, 몇천 년 동안 흘러오면서
이들과 대적하여 그들을 단죄하고 싸
워서 바른길을 가고, 참진리요, 나 여
호와의 뜻을 역사하겠다 하여 이루는
백성이 하나도 없었음이니, 이를 보는
나 여호와가 어떠하겠느냐?
11 수천수만 명의 자식을 둔 그 속에서,
그 수억의 자식을 둔 부모가 그중에
부모의 뜻을 따르며 부모의 의지를 아
는 자가 하나도 없다면, 그는 얼마나
불행한 것이더냐?
12 나의 참진리는 찾아볼 수 없게 되었으
며, 사탄이 가르치는 우상을 섬기며
우상이 들끓는 세상을 만들었으며,
13 사탄의 뜻에 따라 너희 마음이 황폐해
지며, 나 여호와가 이루고자 하던 사
랑의 그림자도 찾아볼 수 없는 이와
같은 험악한 세상이 되었음이니라.
14 그러나 너희들이 제대로 그를 보지 못
하며 그를 깨닫지 못하여, 이를 단죄

하고자 용기 있게 일어난 백성이 없으
며 지도자가 하나도 없었음이니, 너희
들이 이와 같이 어리석은 백성으로 전
락되어 있음을 알라.
15 너희들은 모든 기능을 상실했으며, 스
스로 일어설 능력을 잃어버린 저능아
요, 무능한 자처럼 지금 전락되었음이
니, 나의 백성들이 그리 세뇌되어 있
음이니라.
16 그리하여 내가 너희들을 더 이상 볼
수 없으며 너희들의 그 가련한 모습을
더 이상 지켜볼 수 없기에 지금 내가
마지막으로 너희들을 깨우쳐,
17 저능아요, 부족한 그와 같은 삶을 사
는 백성들을 용기 있고 자신 있는 완
전한 백성으로서, 너희들이 세상을 보
고 깨우쳐 스스로 하늘에 오르는 길을
올 수 있도록,
18 나의 법전을 하늘에 오르는 길이라 하
여 내가 책자로 만들어 너희들에게 내
려보내거늘,
19 이를 너희들이 가슴에 안고 정독하여
깨우치는 그와 같은 역사요, 가슴속에
불을 붙여 사탄을 몰아내며 너희들이
참진리의 길을 따라오는 변화되는 삶
을 살며, 너희들의 양심을 되살릴 수
있는 그와 같은 길을 내가 주거늘,
20 양심의 불을 붙일 수 있는 이 기회를
너희들은 다 놓쳐 버리며 던져 버리느
니라.
21 더욱이 너희들이 무어라 말하느냐?
22 나의 아들이 마지막 시대에 오는 거짓
선지자요, 사탄이요, 마귀가 왔다 그
리 말하고 있지 않으냐?
23 그리하여 너희들이 구원을 받을 수 있
는 나의 소중한 법전을 태워 버리고
찢어 버림이니라.
24 너희들이 태워 버리고 찢어 버리기 전
에, 이를 기록하여 전한 그 제자들이
요, 나의 아들에게 와서 너희들이 자
문을 얻으며 대화를 하며 물어본다면,
너희들의 눈이 뜨이고 귀가 열릴 수
있는 것을,
25 보지도 듣지도 말라는 종교 집단이요,
사탄들의 그 말에 의하여 너희들이 그
기회를 잃어버리고 찢어 버리고 태워
버리고 짓밟아 물속에 던지며 쓰레기
통에 찢어 던지는 그와 같은 어리석은
행위를 하고 있으니, 이를 어찌한단
말이더냐?
26 "네, 아버님! 저희들을 부려 주옵소서.
저희들을 써 주옵소서.
27 저희들이 그 모두를 전할 수 있는 용
기를 주옵시고, 저희들을 부려 쓰시옵
소서, 아버님!
28 저희들의 힘은 너무나 나약하며 너무
나 어렵고 힘드옵나이다.
29 어찌할 바를 모르겠으며 어찌 이끌어
갈지를 모르겠사옵나이다.
30 아버님, 저와 저의 제자들을 부려 쓰
도록 그리하여 주옵소서.
31 그것이 오늘 아침 제가 아버님께 드
리는 간곡한 기도이옵나이다.
32 저희들을 그저 부려 주고 써 주옵소서.
33 그리하여 저희들이 법전을 이고 지고
만백성에게 뛰어들 수 있는 용기를 주
옵소서, 아버님!"

9,302 번째 하나님 말씀

2004년 1월 23일 08시 20분

1 사랑하는 나의 아들아!
2 "네, 아버님! 말씀하옵소서."
3 수천 년 동안 흘러온 나의 사랑하는
백성들, 저희들이 구원을 받았다 말하
나 구원을 받기 위하여 시련의 믿음을
달려왔던 백성들,
4 그리고 나를 모르고 나를 찾지 아니하
고 살아가며, 제 마음에 다른 우상이
요, 또 다른 신을 받들며 살아온 나의
백성들,
5 그러나 그 모두 다 소중한 나의 아들
딸이며 나의 백성임을 너희들은 알고
있을 것이니라.
6 그러나 그와 같은 사랑하는 백성들을
나 여호와가 버려야 된다면, 내 마음
의 아픔이 어떠하겠느냐?
7 지금까지 나의 뜻에 따라 구원의 길을
온다는 백성들이요, 그 모든 백성들이
참진리요, 나의 뜻에 따라 행한 것이
아니요, 나의 뜻을 거역하고 지금까지
왔음이니,
8 나 여호와가 버려야 한다면, 나 여호
와가 너희들을 버리는 그와 같은 시기
가 왔다면, 과연 나 여호와의 마음은
어떠하겠는가?
9 그러니 내가 버리고 놓아야 되는 그와
같은 형국이 올 때까지 그들을 구원하
고 제대로 인도하는 나의 백성들이 지
금까지 한 사람도 없었음이니, 이 얼
마나 통탄할 일이란 말이더냐?
10 수십억의 헤아릴 수 없이 많은 백성들
이 살아가면서 내가 버려야 되는 그때
가 올 때까지 내 뜻을 따라 바로 구원
하는 그 역사를 이루는 백성이 한 명
도 없었다 함이니,
11 얼마나 통탄하며 나의 가슴이요, 내
마음이 아팠단 말이더냐?
12 어찌하여 하나도 없었단 말이더냐?
13 이제는 너희들을 버리고 놓아야 하는
그 시점까지 왔으니,
14 여기서 너희들이 바로 서고 구원의 길
을 가지 못한다면 영원히 기회가 없음
을 알라.
15 지금 들판에 서 있는 식물이요, 아름
다운 꽃들이 단비가 내리지 아니하고
물을 흡수하지 못하면 그들은 어찌 되
느냐?
16 말라 시들어지고 죽으니, 아무리 예쁘
고 아름다운 꽃이라 해도 수분이 없으
면 말라죽지 아니하더냐?
17 생수를 빨아들이지 못하며 그는 죽어
가느니라.
18 그와 같이 지금 나의 피조물 만백성이
지옥으로 가는 것이 수분을 빨아들이
지 못하여 시들어 가는 나무요, 수분
을 빨아들이지 못하여 시들어 가는 그
아름다운 꽃과 같은 형국에 와 있거늘,
19 그 백성들을 구제하고자 매달리는 자,
그 백성들을 구원하고자 하는 자, 거
기에 생수를 붓고자 하는 백성이 한
명도 없었다면 얼마나 내 가슴이 아프
며 내 마음이 저려 오는 슬픔이더냐?
20 이제 내가 나의 아들을 통하여 너희들
을 통하여 메말라 가는 식물에 필요한
물을 부어서 살릴 수 있듯이,
21 나의 피조물 만백성에게 생명수보다
더 소중한 나의 법전을 만들어 세상에

전하여 그들에게 부어 주고자 함이니,
이것은 무엇이더냐?
22 말라서 죽어 가는 나의 백성들을 살리
고자 하는 것이니라.
23 식물이요, 꽃은 말라비틀어져 죽으면
그것으로 끝나나,
24 나의 피조물 만백성은 그와 같이 죽는
다 해도 영원히 사는 세상에 와서 그
대가를 치르며,
25 저희들이 오늘까지 살아오면서 지은
죄의 그 모두를 지옥과 천국이 구분되
어 죽지 않고 영원히 존재하는 그 세
상에서 그 대가를 치름이니, 얼마나
무섭고 두렵단 말이더냐?
26 그저 수분을 빨아들이지 못하여 말라
죽는 식물이요, 아름다운 꽃이 시드는
것처럼 그것으로 끝나 퇴비로 떨어지
면 그것으로 끝나나,
27 나의 피조물 만백성은 그리되지 아니
하는 것이거늘 어찌한단 말이더냐?
28 그 고통을 바라봐야 되는 나 여호와
요, 그 모두를 알고 있는 나 여호와가
그들에게 생명수요, 생수를 부어 다시
한 번 기회를 주고자 하는 것이니, 이
것은 부모의 뜻이 아니고 무엇이더냐?
29 그리고 사랑하는 창조주 나 여호와가
피조물 만백성 너희들을 위하여 하는
것은 당연한 것이 아니더냐?
30 그리하여 이 역사가 이루어짐이요, 이
길을 가고 있음을 알라.
31 그러니 말라 가는 잡초요, 식물이요,
꽃에 너희들이 생수를 주어 그들을 구
원하고 소생시켜야 됨이니, 생수가 있
다 해도 그를 부어 주는 자가 없으며
전해 주는 자가 없으면 어찌하겠느냐?
32 그러니 지금 나의 법전을 만드는 선택
된 제자 너희들이야말로 내가 내려 준
그 생수를 가지고 부어 주는 자요, 가
꿔 주는 자요,
33 그저 그 능력에 따라 작은 나무는 작
은 만큼 큰 나무는 큰 만큼 뿌리를 적
실 수 있도록 조절을 하여 그걸 부어
주는 것은 인간 너희들이 해야 되기
때문이니,
34 내가 생수인 나의 법전을 내려 말라
가고 시들어 가고 죽어 가는 나의 백
성들, 지옥으로 가는 줄도 모르고 지
옥으로 달려가는 그 백성들,
35 지옥문에 가서 들어가지 아니하려고
살결이 찢어지도록 몸부림치며 매달
리는 그 험악하고 무서운 길을 저희들
이 지금 가고 있으며, 그 길을 가면서
도 모르고 있음이니,
36 그들을 바로잡고 바로 세우기 위해서
는 새로운 생수를 내려보내어 그들을
돌이킬 수 있는 그 길을 역사하고자
함이니,
37 그리하여 내가 나의 법전을 세상에 내
려보내나, 그 법전을 가지고 전하고
깨우치는 그 역사는 다 나의 아들딸
너희들이 해야 되느니라.
38 생수가 있어도 부어 주지 아니하면 아
니 되기 때문이니, 부어 주는 역할을
너희들이 하는 것이니라.
39 아름다운 꽃이 시들어 죽어 가며 모든
자연의 식물들이 쓰러져 죽어 감이니,
그를 살릴 수 있는 것은 적절한 수분
을 공급함이 아니더냐, 사랑하는 나의
아들아!
40 그보다 더 처참한 길을 가며 그보다

더 불쌍하며 그보다 더 가혹한 죽음의
길을 가며, 그 죽음 다음에 끝나는 것
이 아니요, 더 무섭고 더 힘든 그 길,
영원히 살아가는 심판대에 서는 나의
백성,
41 그들을 구원하고 살리는 것은 바로 너
희들이 생명수를 가지고 그 양을 조절
하여 적절히 부어 주는 것이며,
42 그를 살리고 죽이는 그 역사는 오로지
나의 아들을 따르는 제자들이요, 나의
법전을 깨우친 만백성 너희들만 이룰
수 있으며 너희들만 할 수 있는 길이
라는 걸 절대 잊지 말라 사랑하는 나
의 아들딸들아!
43 수천 년 동안 흘러오면서 그 백성을
구하고자 용기 있게 일어선 자가 없으
며, '나를 따르라!' 외치며 지금 가고
있는 것이 지옥으로 가는 길이니,
44 너희들이 천국의 길을 가려면 이 깃발
을 보고 달려오라며 백기를 높이 들어
인도한 자 없으며 이끄는 자가 없었음
이니,
45 이제 나의 아들을 따르는 제자 너희들
이 바로 그와 같은 역사를 이루는 자
들이요,
46 나의 법전을 읽고 깨우친 백성 너희들
이 그 역사를 이루는 나로부터 선택받
은 자요, 명받은 백성들이니,
47 목숨이요, 그 정성이요, 마음을 다하
여 너희들이 백기를 높이 들고 '이것
이 하늘에 오르는 길이요, 너희들이
지금 그 붉은 기를 따라가는 것은 지
옥으로 가는 길이라' 외쳐,
48 그들을 깨우쳐 생명수를 부어 넣고 또
부어 넣어 그들을 살리도록 하라, 사
랑하는 나의 아들딸들아!

9,303 번째 하나님 말씀

2004년 1월 23일 08시 26분

1 사랑하는 나의 아들아!
2 "네, 아버님! 말씀하옵소서."
3 이 세상의 나의 백성들의 그 심성이
어떠하더냐?
4 너희들이 참진리를 가지고 만백성에
게 '이 백기를 보고 달려오는 것이 구
원의 길이요, 하늘에 오르는 길이라'
아무리 외치고 소리 질러도,
5 권력 있는 자, 등을 돌리고 이를 보지
아니하며 오만과 자만 속에 빠져 있으
며,
6 능력이 있는 백성들 또한 자만하고 오
만함이니, 참진리요, 아름다움이요,
구원의 길인 나의 법전을 보라 해도
보지 아니함이요,
7 재물을 가지고 있는 자, 부귀영화를
누리고 사는 자는 제 능력의 위대함을
믿으며 그를 생각하며, 그 이외의 것
은 아무것도 바라보지 아니하며, 사후
의 세상을 생각할 수 있는 지혜가 가
려져 있음이니,
8 또한 그들이 나의 법전을 보려 하지
아니하며, 나의 법전을 가지고 역사하
려 하지 아니하며, 등을 돌리는 것이
그와 같은 자들이니라.
9 그러니 나의 백성이 그와 같이 등을
돌리는 백성들이 있는가 하면,
10 지혜가 있으며 생각이 높으며 또 깨달
음이 있으며 똑똑하다는 그 백성들 또
한 저희들이 지혜가 있고 똑똑하기에

나의 법전을 보지 아니하며 등을 돌리
고 그를 던져 버리는 어리석은 백성들
이요, 불쌍한 백성들이 되어 가고 있
음이니라.
11 그와 같이 능력이 있는 자일수록 나의
법전을 들여다보지 아니하며, 이를 보
아 깨우쳐 저희들이 사후의 영광된 것
을 얻으려 하지 아니함이니, 그들보다
더 어리석고 불쌍한 백성들이 없음을
알라.
12 그러나 너희들은 그들이 열 번 백 번
등을 돌린다 해도, 나의 법전을 집어
던진다 해도, 너희들은 그들을 깨우쳐
줄 수 있는 그 길을 생각하며,
13 넘어졌다 일어서는 오뚝이처럼 중단
하지 아니하도록 그리하라.
14 너희들이 정녕 그들의 불쌍함을 안다
면, 그들의 오만이요, 교만함이 불쌍
하고 가련한 모습으로 보이지 않더냐?
15 그와 같은 그들을 구원하도록 그리하
라.
16 너의 제자가 말하지 아니하였더냐?
17 세상 밖에 나가 저를 인신공격하며 저
를 욕되게 하며 저를 그와 같이 무시
해도,
18 제가 과거 같으면 살인을 했을 것이
요, 멱살잡이를 했을 것이며, 욕을 퍼
부었을 것이나,
19 그 백성이 어리석고 그 형제가 불쌍하
고 가련하여 아무 말하지 아니하며,
제 마음에 평온을 찾았으며 제 가슴에
흔들림이 없었다 말하는 네 제자의 이
야기를 듣지 아니하였더냐?
20 그것이 벌써 나의 백성들이 변화되는
것이요, 너희들이 양심의 기본을 가지
고 있는 자들이요, 그리하여 너희들을
따를 수 있는 백성이 세상에 없다 함
이니,
21 너희들이 그와 같은 마음이요, 변화되
는 마음이요, 사랑의 마음이요, 자애
로운 마음이요, 바다처럼 넓은 마음으
로써 변해 가는 것을, 권력 있는 자라
하여 그를 알고 행할 수 있겠느냐?
22 재물을 가지고 부귀영화가 있고 능력
있는 자라 하여 그를 알겠느냐?
23 지혜가 있다 하여 제가 이 세상에서
가장 위대한 백성이라 말하는 백성이,
저희들을 시기하고 질투하며 모함하
며 저희들의 명예를 짓밟아도 그 모두
를 사랑으로 감쌀 수 있으며 흥분하지
아니하며 욕되게 생각하지 아니하며,
그저 불쌍하고 가련한 백성이라 하여
바다보다 넓은 마음을 가지고 변해 가
는 너희들의 그 속마음을 과연 그들이
알겠느냐?
24 지혜가 있어도 참진리를 보지 못하고,
권력이 있어도 참진리를 보지 못하고,
재물이 있어도 참진리를 보지 못하니,
그 모두가 어리석고 불쌍한 백성이라
보일 것이니,
25 그들을 그리 불쌍히 여겨, 너희들이
그저 오뚝이처럼 밀어붙이면 일어서
고 또 밀어붙이면 또 일어서서 그들을
구한다면,
26 너희들의 그 마음이 얼마나 아름다우
며, 너희들의 그 마음이 바다보다도
더 자애롭고 얼마나 넓은 마음이던가?
27 그러니 너희들은 감정을 저버린 자요,
욕됨을 버린 자요, 화를 버린 자요, 시
기 질투함을 버린 자요, 오로지 사랑

만 너희들의 가슴에 내려지는 그 위대
함을 그 속에서 알게 될 것이니라.
28 그 모두에게 그들이 깨어날 수 있도록
너희들이 그리 보여 주라.
29 너희들이 그 모두가 거듭날 수 있도록
그를 보여 주라.
30 그 모두가 나의 아들딸이요, 불쌍한
나의 백성들이니, 너희들이 그 모두를
구원할 수 있는 역사 앞에 주저하지
말라, 사랑하는 나의 아들딸들아!

9,304 번째 하나님 말씀

2004년 1월 23일 14시 58분

1 사랑하는 나의 아들아!
2 "네, 아버님! 말씀하옵소서."
3 나의 피조물 만백성 너희들이 살아오
면서 지금까지 모두를 다 역사하며 그
것이 구원의 길이라 하여 그리 왔다
했음이니라.
4 그러나 그것이 내 뜻을 역사하는 것이
아니요, 너희들은 나의 뜻을 거역하며
나로부터 등을 돌리는 그와 같은 삶을
살아왔다 하지 않았더냐?
5 그러니 너희들이 지금까지 온 그 믿음
이요, 그 신앙이 잘못되었으며 그를
바로잡지 않으면 아니 된다 그리하지
아니하였던가?
6 교회를 짓지 말라 하였거늘 너희들이
얼마나 많이 지었으며 얼마나 많이 역
사했더냐?
7 그것이 잘못된 것을 아는 백성들이 없
단 말이더냐?
8 그것이 나 여호와의 뜻이요, 그리해서
는 아니 된다는 것을 모두가 다 잘 알
고 있음이니라.
9 그러면서도 그걸 바로잡으려 하지 아
니하며 바로잡은 백성이 이 세상에 없
었음이니, 이것이 얼마나 통탄할 일이
며, 나 여호와가 보는 마음이 아프겠
느냐?
10 그러니 너희들이 내가 짓지 말라는 교
회요, 성전이요, 성막을 이 아름다운
지상의 낙원에 너희들이 얼마나 많이
지었느냐?
11 그러면서도 너희들이 그것이 죄인 줄
모르며, 십자가를 높이 매달아 거기다
간판을 겳이니,
12 그 간판을 걸고 너희들이 거기에서 나
의 피조물 만백성을 깨우친다 하여 그
것이 지금 뻗어 나가는 그 숫자요, 뿌
리내려 가는 것이 얼마나 많은지 너희
들은 알겠느냐?
13 그 모두가 다 내가 잘못되었다 하였거
늘, 너희들이 쉬지 않고 지금 계속 늘
어 감이니라.
14 어제는 하나요, 오늘은 둘이요, 그다
음에는 또 넷으로 늘어나는 이와 같은
형국으로써 그리 늘어나거늘,
15 그를 보고 다스리는 백성이 없으며 그
것을 단죄하는 백성이 없음이니,
16 이것이 바로 나의 피조물 만백성 너희
들이 용기 없는 자요, 깨달음이 없는
백성이라는 것을 너희들은 알아야 될
것이니라.
17 그러니 나의 아들을 따르는 제자들이
요, 나의 법전을 읽고 깨우친 만백성
너희들은 알라.
18 그것을 지금 나의 아들이 부르짖고 있
지 않은가?

19 그가 그를 바로 봐야 되며, 바로 깨우
쳐야 되며, 너희들이 가는 길이 지옥
으로 가는 길이요, 나 여호와의 뜻을
거역하는 길이니, 바로 보고 바로 구
원을 받으라 그리 외침이니,
20 이는 몇천 년 만에 다시 없는 나의 명
에 의하여 역사하는 나의 아들이 아니
면 할 수 없는 것임을 너희들도 알 것
이니라.
21 그렇다면 너희들이 160권의 그 법전
은 누구나 다 쓸 수 있다 생각하는가?
22 이건 인간 세상의 나의 백성들로서 인
간의 지혜로는 역사하고 다스릴 수 없
다는 것을 너희들은 알라.
23 그러면 너희들이 나의 법전이 얼마나
소중하고 귀한 것인지 아는가?
24 누구도 할 수 없는 길을 가는 것이 나
의 아들이요, 누구도 기록하여 책으로
만들 수 없는 그와 같은 역사를 이루
는 것이 나의 아들이니,
25 그 아들을 따라서 너희들이 그 모든
역사를 함이니, 그와 같은 너희들이
얼마나 귀중하고 소중한 나의 백성들
이요, 너희들이 선택됨이 무엇인지 알
겠느냐?
26 내가 너희들에게 말하였느니라.
27 이 아름다운 꽃이요, 초목이 다 말라
감이니, 그들에게 물을 주어서 살리기
위해서는 누군가가 생수를 퍼다 줘야
만 그게 산다 하지 아니하였더냐?
28 나의 법전은 내가 생수를 세상에 부어
줌이요,
29 그리고 나의 아들은 그릇으로서 그 모
두를 담고 있는 것이요,
30 그 그릇에 담겨 있는 생수를 퍼서 갖
다 뿌리고 물을 주어 살리는 것은 나
의 아들을 따르는 제자들이요, 선택된
백성들 너희들의 몫이니라.
31 그러니 너희들이 그 믿음을 잘못 갔다
하며 바로잡아야 한다 가르치며, 나
여호와의 뜻이라 세상에 전하는, 몇천
년 동안 누구도 역사하지 못한 일을
역사하는 것이 나의 아들이요,
32 또한 나의 뜻을 받아 160권의 법전을
기록하여 인간으로서 누구도 할 수 없
는 것을 역사하는 것이 나의 아들이니,
33 그와 더불어 가는 너희들이 얼마나 귀
하고 소중한 백성들이며, 너희들의 책
무가 얼마나 막중한 것인지 이를 깨닫
지 아니하면 아니 됨이니라.
34 나로부터 부름을 받는 순간에 너희들
은 너희 자신이 아니요, 만백성을 위
하고 희생하며 살아가야 될 것이 너희
들이니,
35 그러니 너희들이 그를 잊어서는 아니
됨을 명심하고 또 명심하도록 그리하
라.

9,305 번째 하나님 말씀

2004년 1월 23일 15시 03분

1 사랑하는 나의 아들아!
2 "네, 아버님! 말씀하옵소서."
3 나의 아들 너를 따르는 그 제자들이
나의 법전을 읽고 깨우치며, 또한 그
들이 법전을 만들고 그 법전을 만백성
에게 전하니,
4 나의 법전을 얼마만큼 만들어 얼마만
큼 많은 백성들에게 깨우치며 전해야
되는지 그 양을 알고 있는가?

5 그리고 너희들이 얼마나 많은 백성들
을 구원해야 되는지 내가 명한 그 양
이요, 사람의 수를 알고 있느냐?
6 너희들은 그것을 알고 있지 못할 것이
니라.
7 그러나 나 여호와가 너희들에게 내린
너희들이 행해야 될 그 양이 있음이니
라.
8 너희들이 백성을 구하는 것, 나의 법
전을 전하는 것, 그리고 너희들이 봉
사와 희생을 다하여 모두를 역사하여
이루는 것, 너희들이 해야 될 그 양이
너희들에게 내려져 있으며 정해져 있
음을 너희들은 모르나,
9 나 여호와는 이미 내가 너희들에게 명
하여 정해져 있음이니 그리 알라.
10 내가 너희들에게 많은 백성 중에서 몇
명을 구원해야 네가 나로부터 부름을
받은 나의 백성으로서 네 소임을 다했
는가 하는 것은 나만 알고 있을 뿐이
지 너희들은 모르지 않느냐?
11 그러니 너희들이 봉사와 희생을 다하
지 못하고 온다면 너희들은 네 책임을
다하지 못한 백성이요,
12 그것 때문에 너희들은 내 앞에 와 고
개를 들 수 없으며 나로부터 심판을
받을 수 없다는 것을 너희들은 알아야
될 것이니라.
13 이제 나의 아들을 따르는 제자들이요,
그리고 나의 법전을 읽고 깨우친 만백
성 너희들이 백성을 구하여 나의 성전
에 와 더불어 강론을 듣도록 하든 말
든, 그들이 나의 법전을 읽고 정독해
서 깨우침을 얻든 말든, 그것은 나와
관계없음이니라.
14 다만 나는 너희들에게 몇 명을 구원하
며 몇 사람을 이끌어야 되는지, 그 능
력에 따라서 너희들이 구원하도록, 내
가 은혜를 내린 것만큼 내가 그 양을
너희들에게 정하여 주었으며, 너희들
은 그 양이 있음을 알라.
15 그러니 나 여호와가 고생하고 수고해
서 나에게 돌아오는 백성들에게, 너희
들이 내가 명한 그 양을 다하지 못하
며 봉사와 희생을 다하지 못하고 나에
게 왔을 때, 내가 너희들을 거둬들일
수 없음이니,
16 그때 가서 내가 너희들에게 수고했노
라, 고생했노라 하며 두 팔로 너희들
을 끌어안지 아니하고, 내가 너희들의
손을 놔야 되는 그와 같은 아픔을 겪
도록 너희들은 절대 그리하지 말라.
17 너희들은 할당된 양이 있음을 알라.
18 나의 아들을 따르는 제자들이요, 나의
법전을 읽고 깨우친 만백성 너희들이
그 은혜를 받은 만큼 너희들은 나의
만백성을 구하는 할당량의 책임이 있
음이니,
19 그 책임보다 더 많은 성과를 거두고
나에게 오도록 그리하라.
20 그것이 너희들이 나를 경배하며 나를
기쁘게 하며 나를 만날 수 있는 길이
라는 것을 알아야 될 것이니라.
21 내가 너희들에게 만 명이라는 백성을
구하며 만 권의 책을 전하여 만백성을
구하는 역사를 하라 했을 때,
22 너희들이 만 명을 구하지 못하며 법전
만 권을 전하지 못하고 나에게 온다
면, 너희들이 받은 그 할당량을 다하
지 못하였으니,

23 나는 내 명을 따르지 않은 너희들을 모른다 할 것이니라.

24 너희들은 그 할당량을 모르고 있으나, 너희들이 만백성을 구해야 될 봉사와 희생의 그 모두는 정해져 있으니, 그 양을 채우고 오라.

25 그러기 위해서 너희들이 쉬지 않고 법전을 전하고 만들며, 봉사와 희생이요, 아름다운 마음으로 살아가야 할 것인가,

26 그렇지 않으면 너희들이 인간 세상에 사는 대로 그대로 더불어 살아야 될 것인가,

27 그것은 너희들의 몫이니, 너희들이 알아서 하도록 너의 제자들에게 전하라, 사랑하는 나의 아들아!

28 너희들은 할당량이 있으며 목표량이 있으나 다만 그걸 모르는 것뿐이니,

29 그 목표요, 할당량을 다할 때까지 너희들은 최선을 다해야 될 것이니,

30 잠시라도 너희들이 다른 생각을 하면 이 길을 갈 수 없도록 할당량이 매겨져 있음을 알라, 사랑하는 나의 아들 딸들아!

31 너희들이 나의 성전을 그득히 채우는 것도 모두 그 할당량을 너희들이 하느냐 못 하느냐에 관계되어 있음이니, 스스로 알아서 모두를 역사하도록 그리 전하라.

9,306 번째 하나님 말씀

2004년 1월 23일 15시 06분

1 사랑하는 나의 아들아!

2 "네, 아버님! 말씀하옵소서."

3 나의 성전을 찾아오는 너의 제자들이요, 법전을 읽고 깨우친 만백성 너희들에게 모두를 다 양보하라 하였음이니라.

4 너희들이 그리 갈구하는 구원의 한 자리가 있을 때 그것까지도 양보하라 하였음이니, 너희들이 양보하지 못하고 버리지 못할 것이 무엇이 있단 말이더냐?

5 그리하여 내가 너희들에게 모두를 양보하라, 참고 살아가라, 인내하는 사람이 되도록 하라, 그리고 모두를 다 너희들이 손에서 놓을 수 있는 그와 같은 마음을 가지고 살라 내가 너희들에게 그리 명하니,

6 그를 받아들이고 행하는 것이 얼마나 힘들고 어려운 것인지 나는 알고 있음이니라.

7 그리고 너희들이 인간 세상에서 살아가면서 그와 같이 행하는 자는 손해를 보는 삶을 사는 것이며, 너희 자신이 이는 지탱할 수 없는 삶으로 무너질 것이라 하여 그리 불안하고 공포까지 느낄 만큼 바르게 가라, 깨우치라, 그리고 너희들에게 양보하라 그리 가르치는 것이니라.

8 그러나 너희들은 알아야 될 것이니라.

9 너희들이 이 세상에서 사는 삶에서 모두가 끝마치며 그것이 너희들의 영광이요, 모두 종말을 거두는 것이라면, 나 여호와가 너희들에게 어찌 그와 같은 말을 감히 하겠는가?

10 즐겁고 향락을 즐기는 삶을 살라 내가 그리 너희들에게 가르칠 것이니라.

11 그러나 너희들은 알아야 될 것이니,

너희들은 다음의 세상이 있으며 사후
의 세상에 얻어지는 것이 있음이니라.
12 그곳에서는 모든 것이 통하지도 아니
하며, 부모가 자식을 도울 수도 없으
며, 형제간에 도울 수도 없으며, 이웃
이 도울 수도 없으며 도와주지도 못하
며 도움을 받지도 못하는 그와 같은
세상이니,
13 사후의 세상은 너희들이 복과 은혜와
영광의 그 모두를 누구로부터 대신 받
을 수 없으며 울고불고해도 용서받을
수 없는 것이니라.
14 너희들이 살아온 대로 그 대가를 치르
는 것이 하늘의 법도이니, 너희들은
사후 세상의 삶을 위해 어떠한 삶을
살아야 되는 것인지 모르느니라.
15 그러나 너희들이 바로 살며 곧게 살아
왔다면, 너희들은 이다음에 나에게 왔
을 때, 축복과 은혜요, 상상할 수 없을
만큼 큰 영광을 얻게 될 것이며,
16 너희들이 상상할 수도 없는 큰 상이
너희들에게 내려진다는 것을 절대 잊
지 말라, 사랑하는 나의 아들딸들아!

9,307 번째 하나님 말씀

2004년 1월 23일 15시 12분

1 사랑하는 나의 아들아!
2 "네, 아버님! 말씀하옵소서."
3 이 세상의 백성은 모두 나의 아들딸이
요, 나에게 오르고자 그 모두의 역사
함을 다 바치며 살아가고자 하는 자들
이니라.
4 그리하여 믿음이라는 것, 신앙이라는
것을 바른길을 찾기 위하여 동서남북
가 보지 아니하는 곳이 없는 것이 너
희들이니,
5 그와 같이 너희들이 흔들리는 것은 믿
을 수 있고 신뢰할 수 있는 참진리의
길을 보지 못하고 가지 못하기 때문이
니라.
6 내가 그와 같은 백성들을 깨우쳐 하늘
에 오르는 길의 문을 열어 주고자 지
금 나의 아들을 통하여 이 법전을 세
상에 내려보냄이니,
7 이 법전을 만들고 기록하여 전하는 너
희들의 소임이 얼마나 중요한 것인지
알라.
8 그리하여 그 모두를 역사하는 너희들
에게 내가 오늘 나의 아들을 통하여
하나의 깨우침을 전하고자 함이니,
9 나의 아들을 따르는 제자 너희들은 누
가 무어라 해도 오늘의 너희들의 생활
이요, 살아가는 것이요, 네 모습은 모
두 다 너희들의 임의대로 이루어지는
것이 아니요, 나 여호와의 뜻에 의하
여 실행되고 있다는 것을 굳게 믿도록
그리하라.
10 네가 그러한 처지에 임하는 것, 그리
고 네가 어렵고 힘든 그 고통이요, 네
마음에 안정을 찾으며 참진리의 길을
들여다보며 변화되는 그와 같은 삶을
살아갈 수 있는 그 모두는 다 나 여호
와의 뜻이 거기 있으며 다 나 여호와
의 뜻에 의한다는 것,
11 너희들이 장애자가 되는 것, 불편한
자가 되는 것, 너희들이 시련과 고통
속에 임하게 되는 것, 그리고 그 도전
앞에 그 모두를 이겨야 되는 어렵고
힘든 인간의 삶의 운명, 그 모두가 다

나의 뜻에 의하여 진행되고 있다는 것
을 너희들은 알라.
12그 모두가 나의 뜻에 의하여 이루어지
는 것이니, 너희들 뜻대로 이루어지는
것이 하나도 없음이니, 그 마음부터
깊이 깨달아 행하도록 하라.
13나 여호와의 뜻이 거기에 있으며, 어
떠한 환경과 그 생활 속에서 내가 무
엇을 원하고 바라는 것인지 너희들은
알고 있는가?
14너희들이 오늘의 사는 그 생활 속에서
나를 볼 수 있으며 나에게 향하는 마
음을 굳건히 할 수 있으며 내가 존재
함을 알 수 있기 때문에,
15너희들은 수천수만 가지 헤아릴 수 없
는 그 상태 속에서 오늘 하루하루를
살아가고 있음이니,
16그 살아가는 환경에 처해지는 것이 다
나 여호와의 뜻에 의한 것이니,
17내가 너희들을 더 크게 쓰고자 또 중
히 쓰고자 그리고 너희들을 만백성의
본보기로 하기 위하여, 내가 너희들을
구원할 자인가 구원할 수 없는 자인가
모두를 다 내가 너희들에게 임하는 환
경 속에서 너희들을 다스리며 너희들
을 점검한다는 것을 잊어서는 아니 될
것이니 그리 알라.
18내가 너희들에게 무엇을 원하고 바라
는 것인지 알고 있는가?
19나 여호와가 너희들에게 무엇을 원하
며 무엇을 바라며 너희들이 어찌 가기
를 원하는지, 어떠한 형태로 거듭나는
것인지 너희들이 과연 알고는 있는가?
20그와 같은 이치를 먼저 깨달으며, 나
의 법전에 기록된 내용을 먼저 들여다
보고 그와 같은 것에서 출발하는 새로
운 삶으로 시작해야 됨을 너희들은 알
아야 될 것이니라.
21누가 뭐라 해도 나의 아들을 따르는
제자요, 선택된 백성 너희들은 모두
다 내가 진행하는 것이며, 내가 역사
하는 것이며, 내가 모두를 명하여 그
와 같은 현실이 이루어진다는 것,
22그 생활 속에서 너희들이 어떻게 다스
려 나가며 어떻게 참진리를 볼 수 있
으며, 그 길을 위해 너희들이 좌절하
지 아니하고 포기하지 아니하고 무너
지지 아니하고,
23너희들이 소기의 목적을 얻기 위해 얼
마만큼 노력하고 가는 것이냐 하는 그
것은 네가 노력하는 상태에서 네 모습
에서 그 모두를 찾을 수 있음이니, 너
희들은 이를 잊지 말라.
24굳게 믿음으로써 내가 나의 뜻을 너희
들에게 전하고, 나를 굳게 믿음으로써
내가 너희들에게 나의 성령을 심으며,
굳게 믿음으로써 나의 전사로 쓸 것이
며, 굳게 믿음으로 하여 너희들이 만
백성을 다스리는 그와 같은 자리에 설
수 있다는 것을 절대 잊지 말라.
25나 여호와에 대한 믿음이요, 나의 법
전에 대한 믿음이요, 그리고 너희들이
나의 아들을 따르는 그 마음이요, 그
모두가 변화되지 않는 굳건한 믿음에
서만 모두가 역사할 수 있다는 것을
절대 잊지 말라.
26이것이 내가 너희들에게 하나의 가르
쳐 주는 뜻임을 너희들은 알아야 될
것이니라.

9,308 번째 하나님 말씀

2004년 1월 23일 15시 19분

1 사랑하는 나의 아들아!
2 "네, 아버님! 말씀하옵소서."
3 나의 피조물 만백성 너희들은 어찌 살
았느냐 하는 것, 그리고 어찌 행하고
가느냐 하는 것, 너희들이 생각하는
것보다 어찌 행하며 실천하느냐 하는
것이 얼마나 중요한 것인지 알아야 될
것이니라.
4 너희들의 구원은 너희가 무엇을 위하
여 기도했으며 네가 어떠한 신앙생활
이요, 믿음으로 왔으며 네가 몇 년 동
안 재물이요, 헌금이요, 그 모두를 다
바치며 울고불고했느냐,
5 그리고 벌어진 입이라 하여 너희들이
거기서 불러 대는 찬송을 얼마나 울고
불고 찬양했느냐 하는 그것으로써 구
원을 받는 것이 아님을 알아야 될 것
이니라.
6 너희들이 무엇을 어떻게 하고 살았느
냐가 중요함을 이제 알 때가 되었음이
니라.
7 말로써 모두를 역사하는 것이 구원의
길이요, 너희들이 구원을 받기 위하여
어떠한 기도요, 어떠한 경배를 했느냐
하는 것이 지금은 중요한 때가 아니니
라.
8 너희들이 그와 같은 것을 깨닫고 어찌
살며 어찌 행했느냐 그 모두가 지금은
중요한 때며, 너희들이 변화되는 삶을
살지 아니하면 아니 되는 때가 왔다
함을 그들에게 깨우쳐 주도록 그리하
라.
9 너희들이 무엇을 많이 생각하고 연구
했으며 개발했다 한들 무엇하느냐?
10 너희들이 그와 같은 것을 만들고자 개
발하고 연구하고 생각하며 나를 찾고
경배한다 하나, 그것이 중요한 것이
결코 아님이니라.
11 그와 같은 생각을 너희들이 어찌 승화
시키며 어찌 행동으로 옮기고 실천하
고 사느냐 그것이 가장 중요한 것이니
라.
12 생각만으로 모든 게 그친다면 그것은
아무런 가치가 없으며 의미가 없느니
라.
13 그러니 오늘의 종교 집단이요, 지도자
그들이 믿음의 길을 가는 것이 무엇이
더냐?
14 생각으로 말로써는 세상 것을 다 주며
가장 자애로운 자요, 가장 부드러운
자라 하나,
15 그들은 행동함에 있어서 가장 인색하
기 그지없으며, 성경을 읽고 빨간 줄,
파란 줄을 쳐 성서가 다 낡도록 읽고
깨우친 자들도 그걸 모르느니라.
16 배고픈 자에게 무엇이 필요하며 갈증
나는 자에게 무엇이 필요한가 그것을
알면서도 행하지 않는 자들이 오늘의
종교 집단의 지도자들이요, 광신도들
이니라.
17 저희들이 물질적으로 손해 보는 것,
육적으로 손해 보는 것은 절대 행하지
아니함이니,
18 과연 종교 지도자들이 앞에서 이끌어
가며 베풀며 나눠 주며 제 것을 써 가
면서 살아가며 가르치는 자가 과연 얼
마나 있더냐?

19 너희들이 그와 같은 것을 돌아다볼 때
그들이 과연 나의 성경이요, 나의 뜻
대로 행하는 백성들이라 생각하느냐?
20 너희들은 여기서 나의 성서에 기록된
내용들을 다시 한 번 읽으라.
21 나의 법전이 정녕 사탄의 것이요, 마
지막 시대의 것이라면, 너희들이 나의
법전을 단 한 번씩이라도 읽어 보고
성서를 열어 들여다보면,
22 거기에 있는 모든 답을 알 수 있으며
성서의 비밀을 알 수 있으며, 내가 2
천 년 전에 나의 아들을 통하여 내린
그 뜻이 무엇인지 다 알 수 있거늘,
23 어찌하여 너희들은 이 중요함을 행하
지 아니하고 그저 말로써 모두를 휘어
잡느냐?
24 너희들은 말로써 도둑으로 몰며, 말로
써 재판을 하며, 말로써 승자와 패자
를 구분하는 것이 오늘의 믿음이요,
종교 집단이 행하고 있음이니,
25 그리하여 그 가치요, 그 의미는 아무
것도 쓸모가 없으며 나와 관계없다 함
을 너희들은 알라.
26 너희들이 생각하는 것을 얼마나 행하
고 실천하느냐, 그리고 그걸 한 점의
부끄러움이 없이 행하는 자세가 필요
한 것이니,
27 이것이 얼마나 소중하며 귀한 것인가
너희 자신들을 들여다보도록 그리할
될 때가 되었음을 알라, 사랑하는 나
의 아들딸들아!
28 너희들도 말로써 천하를 다 얻으며 말
로써 모두를 다 역사하며 말로써 죽을
자와 살 자를 구분하며 말로써 재앙을
부르지는 아니하는가 너희들 스스로
돌아다보라.
29 이제 모든 종교 집단이요, 지도자 너
희들은 말로써만 이루던 너희들의 생
각과 지혜로움을 행동으로 옮겨 그걸
실천하여, 만백성에게 득이 되며 만백
성에게 생명수가 될 수 있는 그와 같
은 삶으로 변화되지 아니하면 아니 됨
을 알라.

9,309 번째 하나님 말씀

2004년 1월 23일 15시 30분

1 사랑하는 나의 아들아!
2 "네, 아버님! 말씀하옵소서."
3 나의 법전을 기록하여 만드는 백성 너
희들은 들어야 될 것이며, 나의 아들
을 따르는 제자 너희들은 알아야 될
것이니라.
4 나의 아들이 얼마만큼 정성을 들여 나
에게 기도하고 경배하느냐, 그리고 얼
마나 많은 시간을 나에게 바쳐 경배하
느냐에 따라서 나의 성령이 세상에 내
려가고 못 내려가는 그 역사를 이루지
않더냐?
5 나의 아들이 누워 게으름을 피우면 1
년이 가도 한 권이 내려올 수 없으며
10년이 가도 한 권이 내려올 수 없는
것이니라.
6 그러나 쉬지 않고 나의 아들이 노력한
다면 지금보다도 더 많은 나의 성령이
짧은 시간 내에 세상에 내려가 그 역
사를 함이니,
7 그것이 바로 나의 아들의 마음 자세
요, 정성이요, 그가 얼마만큼 열과 성
의를 가지고 나에게 기도하고 경배하

느냐에 따라서 그것은 너희들이 눈으
로 볼 수 있는 것이 아니더냐?
8 그러니 나의 아들을 따르는 제자 너희
들은 눈으로 볼 수 있는 것으로 나의
아들이 얼마만큼 기도를 했으며 얼마
만큼 경배의 자세를 가졌느냐를 가지
고 아니, 너희들 또한 알아야 될 것이
니라.
9 나의 법전을 기록하여 만들며 나의 아
들을 따르는 제자 너희들 또한 어떠한
정성과 성의요, 마음을 가지고 나의
법전을 만드냐에 따라 그 법전이 아름
답고 귀하게 세상에 나오고 못 나옴이
니라.
10 너희들이 똑같은 자식을 기르되, 그를
귀하고 소중하게 기른다면 그는 세상
에 나와서 귀한 자요, 소중한 아들딸
로서 세상을 살아갈 것이며 남에게 뒤
지지 않는 삶을 살 것이니라.
11 그러나 집안에서 너희들이 구박하고
천대한다면 그와 같이 천대와 구박을
받고 나간 그 아이가 밖에 나가 사람
들 앞에서 대우받을 줄 아는가?
12 제가 천대 외에는 무엇을 생각하겠는
가?
13 그러니 그들이 주저하게 되며 나서지
못하며 역사하지 못하지 않겠느냐?
14 그러니 너희들이 자식을 기르는 것은
그와 같은 것을 알면서, 어찌하여 나
의 법전을 만드는 선택된 백성 너희들
이 얼마만큼 정성과 열과 성의를 다하
여 만드느냐에 따라 나의 법전이 세상
에 나가는 그 모양과 모습이 달라진다
는 그 간단한 이치를 모르고 그 법전
을 만든단 말이더냐?
15 나의 법전을 전하는 너희들 또한 그러
하니라.
16 너희들이 전하는 그 임무를 가지고 전
하되, 얼마나 너희들이 열과 성의를
다하여 네 몸을 다 바쳐 전하고 만백
성을 깨우치는 데 앞장서느냐에 따라
서 그 모두가 달라지며 받아들이고 깨
우치는 자가 다른 것이니라.
17 그저 너희들이 길바닥에 던져 놓고 갔
을 때, 그걸 보고 줍는 자와, 너희들이
그저 지나가는 자에게 보려면 보고 말
라면 말라는 듯이 주는 것과, 공손히
두 손으로 그에게 주며 경건한 몸가짐
으로써 받쳐 줄 때, 그들이 받는 자세
부터 다를 것이며,
18 너희들이 경건한 모습으로써 진지한
모습으로써 아름답게 천사와 같이 변
한 모습이 되어 그들에게 나의 법전을
전했을 때, 너희들의 얼굴을 떠올리면
서 그들은 버리지 못할 것이며 그 책
장을 열어 보지 않겠느냐?
19 그러니 만드는 자의 마음 자세요, 전
하는 자의 마음 자세가 어떠해야만 되
겠는가?
20 열과 성의를 다하며 정성을 다하는 그
와 같은 마음으로 나의 법전을 만들고
전하지 아니하면 아니 됨을 알라.
21 나의 성전에 많은 백성들이 와 내가
나의 아들을 통하여 내리는 이 귀한
강론을 그들이 듣고 못 듣는 것도 너
희들의 마음 자세요, 성의에 달렸다
하였거늘,
22 너희들이 과연 얼마만큼 몸과 마음의
정성을 다하여 나의 강론을 듣도록 하
며, 나의 아들을 통하여 내리는 그 강

론의 깨달음을 얻게 너희 형제요, 이
웃을 데려오는가, 그리고 너희들이 더
불어 같이 오는가?
23 너희들이 얼마만큼 노력했는가?
24 열과 성의요, 몸과 마음을 다하여 믿
음의 길을 가라 하였거늘, 몸과 마음
을 다하여 너희들이 정성을 다할 때
모두가 다 역사할 것이며,
25 똑같은 빛이라 해도 그 빛이 다르며,
받아들이는 자가 똑같이 받아들이나
그들이 보고 읽고 깨우치는 것이 또
달라짐을 알라.
26 그러니 너희들이 그와 같은 마음 자세
로써 모두를 역사하며 행하지 아니하
면 아니 됨을 알라.
27 수천 년 동안 흘러오면서 나의 십계명
이 소중한 것을 모르며 귀한 것을 모
르며, 그대로 지키고 살 수 없는 것이
라 하여 그저 집어던진 나의 십계명을,
28 너희들은 수없이 암송하고, 또한 그를
기록하여 네 머리맡에 붙여 놓고 암송
하고 깨우치고 읽어 보고 또 읽어 보
라 했으니,
29 그와 같은 삶을 살아갈 때 거기에서
얻어지는 것이 얼마나 위대하고 무서
운 것인 줄 알겠느냐?
30 너희들도 모르는 사이에 변하게 되며
너희들도 모르는 사이에 그 계명을 지
키는 나의 백성으로 거듭나 있음을 너
희들은 알아야 될 것이니라.
31 그러니 나의 법전을 만드는 백성이요,
기록하는 백성이요, 너희들이 얼마나
열과 성의를 다하며 정성을 다하느냐
에 따라서 나의 법전이 어떻게 만들어
지느냐, 그것이 거기에 달렸음이니라.
32 또한 그와 같이 너희들이 전하는 자세
가 얼마나 소중하고 귀하게 전하느냐
에 따라서 나의 법전이 세상에 전해지
는 변화는 다를 것이며,
33 나의 성전에 나의 백성들을 그득히 앉
혀 나의 아들을 통하여 내리는 나의
강론을 듣게 하는 것도 너희들에게 달
렸음이니,
34 너희들이 과연 나에게 받은 은혜요,
그 영광을, 너희는 모르는 자요, 자신
만 구원받으면 된다 하여 게으르고 태
만한 모습으로써 너희들이 나에게 올
수 있다 생각하는가?
35 내가 나의 아들을 통하여 너희들에게
명하였느니라.
36 너희들이 나에게 부름을 받을 때는,
그대로 부름을 받아 너희들이 구원을
받으며 나에게 오는 영광을 주기 위해
서 내가 너희들을 부른 것이 아니니라.
37 너희들을 내가 부를 때는 너희들에게
만백성을 구하는 그 명수가 할당되어
있으며, 나의 법전을 전하는 것이 너
희들에게 그 할당량이 정해져 있다는
걸 모르느냐?
38 그리하여 그 양을 주어 내가 너희들을
불렀음이니라.
39 그러니 그 양을 행하고 행하지 아니하
였을 때 나에게 올 수 있으며 오를 수
없다는 것이니, 그렇지 아니하면 어찌
내가 공의의 하나님이라 하겠는가?
40 어떠한 백성도 불러 쓸 수 있으며 그
를 명할 수 있거늘, 내가 너희들만 특
혜를 줄 수는 없는 것이니,
41 내가 너희들을 불러 쓸 때는 너희들이
얼마나 많은 양을 전하고 역사해야 되

는지 그 양이 너희들의 양어깨에 짊어
져 있다는 것을 알라.
42 그를 모르고 허송세월하는 자는 결국
내가 너희들을 모른다고 하는 그 무서
운 대답을 들을 것이니라.
43 '우리는 선지자를 따랐으며, 선지자의
명을 따라 법전을 만들었으며 이고 지
고 세상에 전했거늘, 어찌하여 아버지
께서 저희를 버리시나이까, 그리고 모
르신다 하옵나이까?' 하며 아무리 울
고불고해도,
44 너희들은 함량 미달이요, 나로부터 받
아 간 그 양을 다하지 못했으며, 봉사
와 희생의 베풂을 다하지 못했기 때문
이니, 내가 다하지 못한 자를 어찌 거
둬들인단 말이더냐?
45 내가 너희들에게 아름답게 사는 것,
선하게 사는 것, 그리고 완벽하게 변
하라는 것, 그 길은 너희들이 차차 노
력해도 되나,
46 내가 명한 그 할당량만큼은 너희들이
걷는 발로써, 뛰는 발로써, 그리고 전
하는 손으로써, 전할 수 있는 입으로
써, 보는 눈으로써, 듣는 귀로써 모두
를 소화시켜 네 것으로 만들면 그 할
당량을 하고도 남을 것이니 그리 알라.
47 나의 아들이 잠만 잔다면, 누워 있기
만 하면 1년에 한 권도 안 나오듯이,
48 너희들이 많은 백성을 인도하지 아니
하며 나의 법전을 전하지 아니한다면
그대로 쌓일 것이니,
49 그러고도 너희들이 책임을 다했으며
봉사요, 희생을 다했으며 나로부터 내
려간 그 상에 대한 보답을 다했다 말
할 수 있겠는가?
50 너희들은 모르는 너희의 그 할당량을
다 완수하고 나에게 오도록 그리하라,
사랑하는 나의 아들딸들아!

9,310 번째 하나님 말씀

2004년 1월 23일 15시 35분

1 사랑하는 나의 아들아!
2 "네, 아버님! 말씀하옵소서."
3 나는 성서에 분노하여 너희들에게 기
록하여 전했음이니라.
4 이 세상에 똑똑하고 잘났다며 오만한
백성, 그리고 높은 지혜를 가져 남들
보다 탁월한 삶을 산다 자부하는 자
들, 그와 같은 백성들은 이 세상에서
오만하고 교만함이니 그를 다스릴 수
가 없기에,
5 내가 그들을 다스리기 위해서 어찌한
다 성서에 기록했는지 알겠느냐?
6 이 세상에서 미련하고 어리석은 백성
을 선택하여 지혜 있다 하는 자들이
부끄러움을 알며 저 자신이 아무것도
아니며 저 자신이 얼마나 오만한 백성
인지 알게 하며,
7 내가 그들로 하여금 너희들을 깨우치
고 다스린다 성서에 기록한 대목을 너
희들은 알고 있느냐?
8 세상에 약한 것을 길들여 약한 것으로
하여금 내가 강한 것을 부드럽게 한다
는 그와 같은 뜻을 가르친 것을 알고
있느냐?
9 저희들이 강하여 고개 숙일 줄 모르며
저희들만 위대한 것이라 생각하는 자,
그리고 타협할 줄 모르며 이웃을 볼
줄 모르는 자, 그리하여 오만에 젖어

있는 강한 자를 부드럽고 유하게 만들
며, 저 자신이 얼마나 오만한 자인지
깨닫게 하는 것은 세상에 약한 것들을
택하여 그들을 다스리고자 하며 그들
을 부끄럽게 만든다는 그 대목을 너희
들은 알고 있느냐?
10 이 세상에 저희들이 가장 위대한 자
요, 고귀한 자라는 백성, 그리고 저희
들이 비단옷에 몸을 감으니, 그보다
더 호화롭고 위대한 것이 없다 생각하
고 착각 속에 사는 백성,
11 내가 그와 같은 백성들을 깨우치고 다
스리는 길은 매로써 할 수 없으며 체
벌로써 할 수 없으니,
12 세상에 천한 모습으로 사는 자, 멸시
받고 사는 자, 그리고 없어서 얻어먹
고 사는 자, 내놓을 것이 없는 자,
13 그와 같이 보잘것없는 백성들을 선택
하여 너희들을 폐하며, 너희를 그 앞
에 굴복시키며,
14 그들을 보고 그것이 네 모습이요, 지
난날의 모습이라 너희들이 깨달을 수
있는 그 깨우침을 주기 위하여 내가
그와 같은 뜻으로써 너희들을 다스린
다 했음이니,
15 이와 같은 나의 뜻이요, 내가 무엇을
의미하는 줄 너희들은 알겠는가?
16 오늘의 종교 집단이요, 지도자들 너희
들의 오늘의 그 행태를 내가 다스리고
바로잡기 위한 그 방안은 이것밖에 없
다 하여 내가 성서에 기록한 내용임을
너희들은 알라.
17 그러니 너희들이 성서를 읽으며 오늘
의 역사하는 것의 무서움과 두려움을
정녕 아직도 깨우치지 못하는 어리석
은 백성들이더냐?
18 오늘의 종교 집단 너희들만큼 교만한
자가 없으며 오만한 자가 없으며 용서
받지 못할 자들이 없음을 너희들은 알
아야 될 것이니라.
19 용서하지 아니하며 받아들이지 않겠
다는 것, 또한 이해하지 못하는 것, 타
협하지 못하는 것,
20 그와 같은 너희들의 교만과 오만의 그
옹고집에 의하여 이 세상은 썩을 대로
썩었으며 사악한 자들이 지배하는 세
상이 되었음을 알아야 될 것이니라.
21 그러나 지금의 종교 집단이요, 지도자
들이 오만하고 교만하며, 그 교활함을
알지 못하며, 그를 반성하고 회개하지
못하며, 깨닫는 그 기회를 갖지 못하
니,
22 과연 이와 같은 것을 어찌 다스려 나
가야만 된다 생각하는가?
23 지금 너희들이 변하지 아니하면 아니
되는 것, 너희들의 변화가 이루어지지
아니하면 구원을 받을 수 없다는 것,
오늘의 긴박한 상황이요, 지금 심판의
역사가 이루어지고 있다는 것을 너희
들은 어찌 모르느냐?
24 이를 알아야 될 것이니라.
25 그리하여 너희들 스스로 다스릴 수 없
는 자가 되어서는 아니 되느니라.
26 너희들 스스로 다스리고 변하는 자가
되어야 될 것이며, 나의 아들을 통하
여 내리는 나의 참진리의 법전, 나의
뜻을 듣고 너희들이 깨우치도록 그리
하지 아니하면 아니 되느니라.
27 너희들이 나의 법전대로 지키고 살 수
없거든, 내가 친필로 써 내린 십계명

그것이라도 지키고 행하겠다는 굳은
결의로 노력하다 보면 나의 법전에 눈
을 뜰 것이며,
28 나의 법전에 역사한 것이 모두 얼마나
간단하고 편안한 것인지, 너희들이 할
수 있는 것을 내렸다는 것을 그때에
깨닫게 될 것이니, 그리하도록 전하라.

9,311 번째 하나님 말씀

2004년 1월 23일 15시 38분

1 사랑하는 나의 아들아!
2 "네, 아버님! 말씀하옵소서."
3 너희들의 부모 형제요, 이웃으로부터,
그리고 스승으로부터, 그리고 나의 성
경에 기록된 내용들을 정독하고 읽고
또 읽어도, 그리고 십계명을 읽어도,
나의 법전을 읽고 깨우쳐 읽는다 해도,
4 정녕 거기서 알려 주고자 깨우쳐 주고
자 하는 그와 같은 것을 너희들이 알
수 없음이니,
5 그를 알고자 한다면 너희들이 어떠한
마음을 가지고 살아야 되는지 알겠느
냐?
6 너희들을 깨우쳐 주고 알려 주고자 그
리고 너희들에게 인도하고자 하는 것,
그리고 참진리의 뜻을 전하는 것을 모
두 너희들이 알아서 받아들일 수 있으
며 너희 것으로 만들기 위해서는,
7 너희들 스스로 먼저 마음의 문을 열지
아니하면 절대 아니 됨이니, 마음의
문을 열지 아니하면 그를 알 수가 없
는 것이 너희들임을 알라.
8 그러니 너희들의 마음을 열도록 그리
하라.
9 너희들이 마음을 열지 아니하면 아무
것도 들을 수 없으며 볼 수도 없는 것
이니라.
10 너희들의 마음은 안에서만 열도록 되
어 있으며 밖에서는 열 수 없음이니,
11 너희들의 마음을 열어 주는 교과서요,
가르침이 바로 내가 내리는 160권의
법전이니,
12 너희들이 그 모두를 열 수 있고 그 모
두를 볼 수 있는 네 마음을 먼저 여는
데 최선을 다하라.
13 네 마음을 열고자 한다면 나의 법전을
접하고 정독하고 읽고 또 읽는 그 속
에서 너희들이 모두를 역사할 것이니
라.
14 아무리 좋은 이야기요, 아무리 듣기
좋은 방법으로 가르쳐 주고 전해 준다
해도, 마음이 열리지 아니한 백성은
그를 받아들일 수 없으며 그를 알 수
없는 것이 너희들의 운명임을 알라,
사랑하는 나의 아들딸들아!

9,312 번째 하나님 말씀

2004년 1월 23일 15시 42분

1 사랑하는 나의 아들아!
2 "네, 아버님! 말씀하옵소서."
3 나 여호와가 나의 아들을 통하여 너희
들에게 전하는 그 의미를 알겠느냐?
4 지혜롭다는 자, 똑똑하다는 자, 그리
고 안다 말하는 그와 같은 자들을 다
스리기 위하여 내가 어찌하여 미련하
고 부족한 자로 하여금 너희들을 다스
리게 한단 말이더냐?
5 그러니 그것은 바로 너희들이 얼마나

오만하고 교만하며, 무엇인가 좀 더
한 발짝 앞에 간다 하여 너희들이 얼
마나 모든 백성들에게 군림하고자 하
며 그들에게 제왕적인 대우를 받으려
하는 것인가?
6 그와 같은 자들이기에 내가 너희들의
마음을 다스릴 수 없기 때문이니라.
7 조금 앞에 간 자, 무엇인가 안다는 자,
좀 더 지혜로운 자라는 그 백성들, 그
들이 그를 가지고 오만하기가 끝이
없으며, 그들이 방자하기 끝이 없으며,
8 그것으로써 너희들이 나의 피조물 만
백성을 울리는 살인 무기로 사용하고
있기에 내가 더 이상 볼 수 없음이니,
9 과연 지혜로운 자와 미련한 자가 얼마
만큼 차이 나는 것이며 얼마만큼 간격
이 있는가?
10 그 모두는 다 똑같으며, 한 치의 다름
도 없으며, 서로 장단점을 가지고 있
으니 그걸 가지고 비교한다면 똑같은
인간이니라.
11 육체를 가지고 내 앞에 살아가는 백
성 너희들은 모두 다 똑같은 자요, 높
고 낮음이 없음이니, 너희들은 모두
다 사랑하며,
12 모든 마음을 버리며, 우월하다는 마
음, 위대하다는 마음, 제가 이끌어 간
다는 마음, 그와 같은 부끄러운 마음
을 다 버리고,
13 모두 다 똑같은 형제요, 똑같은 은혜
속에서 똑같이 장단점을 가지고 세상
에 나왔으니, 높고 낮은 자가 없다는
그와 같은 깨달음이요, 그와 같은 겸
손한 마음으로 살아갈 수 있는 너희들
을 만들기 위하여,
14 내가 똑똑하다는 자, 지혜 있는 자를
미련하고 어리석다 하는 자들로부터
다스리고자 하며,
15 재물이 없고 가난한 자로 하여금 너희
들을 다스리고자 하며 그와 같은 깨우
침을 주고자 하는 나 여호와의 아픈
마음을 아는가?
16 사랑하는 나의 아들딸들아, 이것이 하
늘의 이치이니,
17 높다 자랑하지 말며, 넓다 자랑하지
말며, 멀리 뛴다 자랑하지 말며, 빠르
다 자랑하지 말며, 손재주가 있다 하
여 자랑하지 말며, 글재주가 있다 하
여 자랑하지 말며, 말을 잘한다 하여
자랑하지 말며, 멀리 볼 수 있다 하여
자랑하지 말라.
18 그 모두가 한순간에 무너지며 한순간
에 다 너희들로부터 떠날 수 있음이
니, 그게 떠났을 때도 너희들이 지탱
하고 용기 있게 일어설 수 있는 그와
같은 마음 자세를 기르는 것이 더 중
요함을 너희들은 알라.
19 언젠가는 너희들의 특성이요, 너희들
만이 가지고 있는 그 위대한 것으로
스스로 너희들을 버리게 되며 너희들
이 타락하게 되니,
20 그게 떠났을 때 그 공허함이요, 저주
하는 마음을 스스로 달랠 수 있는 그
용기가 필요할 때가 있을 것이니라.
21 그와 같이 어렵고 힘들 때 너희들이
부닥치면서 거기서 헤어나고 헤쳐 나
오는 것은, 미련한 자요, 배우지 못한
자이니, 그렇다 해서 그들이 용기가
없는 것이 아니니라.
22 지혜로운 자요, 배우고 똑똑하다 하여

너희들이 거기서 헤쳐 나올 수 있는
탁월한 지혜가 있겠는가?
23 그것이 아님이니라.
24 미련하고 어리석은 자가 먼저 올 수
있으며 방법론을 깨달을 수 있으며 끈
기 있게 역사할 수 있을 것이니라.
25 지혜로운 자, 똑똑한 자는 미리 포기
할 것이며 주저앉을 것이며, 제 계산
에 의해 불가능하다 하여 제가 모두를
다 저버리는 그와 같은 어리석은 생각
을 할 수 있음이니,
26 너희들은 높고 낮음이 없다는 것을 명
심하도록 그리하라.

9,313 번째 하나님 말씀

2004년 1월 23일 15시 52분

1 사랑하는 나의 아들아!
2 지금의 모든 종교 집단 속에 가는 백
성들에게 나의 법전을 묶어 놓지 말
며 나의 법전의 입을 막으려 하지 말
라 그리 전하라.
3 2천 년 전에 나의 아들을 통하여 내가
너희들을 깨우쳐 주어, 하늘에서 이루
어진 것같이 지상에서 이루고자 하며,
너희들이 나에게 갈구하는 구원을 얻
을 수 있도록 내가 나의 아들을 세상
에 내보내 너희들을 깨우쳤으나, 너희
들은 무엇을 했느냐?
4 나의 아들의 입을 함봉했으며 나의 아
들이 입을 열지 못하도록 하지 않았는
가?
5 그와 같은 행위를 한 자들이 너희들이
니라.
6 그러니 너희들이 모두를 다 인봉해 버
렸기에 나의 역사요, 사랑을 실천하는
그 모든 게 뿌리를 내리지 못하지 아
니하였던가?
7 지금의 너희들이 나의 아들을 통하여
지금 내리는 법전이요, 새로운 성경이
라 하여 내가 160권으로써 이 세상에
내려보냄이니, 또한 너희들은 이것을
인봉하지 말며 이를 태우려 하지 말라.
8 너희들이 따라갈 수 없으며 행할 수
없거든, 그저 너희들이 가는 길을 그
냥 가면 될 것이지,
9 어찌하여 불의한 마음으로 그 더러운
마음을 가지고 나의 이 법전을 인봉하
려 하며 태워 버리려 하며 또한 찢어
버리려 하며, 나의 아들까지도 이 세
상에 존재치 못하도록 그리하는가?
10 2천 년 전에 너희들이 불의한 짓을 한
것, 불의한 행동을 한 것, 그것도 다
씻어지지 아니하였으며 지워지지 아
니하였으며 그 상처가 아직도 내 가슴
을 울리고 있으며 내 마음을 아프게
하고 있거늘,
11 내가 나의 아들을 통하여 새로운 뜻이
요, 새로운 성경을 내려, 의로운 자를
만들어 낼 수 있으며, 의로운 길이 무
엇인지 알며,
12 하늘에 오르는 길이 무엇이며, 너희들
이 거듭나는 것이 얼마나 위대한 것
이며 얼마나 거룩한 것이며 얼마나
축복된 백성인가 하는 것을 깨우쳐 주
는 그 모두를 너희들이 느끼지 못하도
록 짓밟는 그와 같은 행위를 하니,
13 오늘 또한 2천 년 전의 불의한 그 행
동을 하고 있는 것이 너희들이니라.
14 그와 같은 행동을 중단하지 아니하며

그와 같은 행위를 거두지 아니할 때,
너희들이 받는 고통은 상상할 수 없다
는 것을 너희들은 알아야 될 것이니라.
15 오늘의 너희들이 나의 아들을 통하여
내리는 그 입을 막으려 하며, 그 법전
을 모두 인봉해 버려 모든 백성들이
보지 못하도록 그리함이니,
16 오늘 너희들이 그와 같은 행위를 하는
것이 네 입에는 꿀같이 달고 좋을지
모르나,
17 너희들이 죽어 와 사후의 세계에서 나
에게 심판을 받을 때, 너희들의 온몸
을 고통스럽게 몰고 갈 것이며, 그 고
통으로 하여금 너희들이 얼마나 견딜
수 없는지 알겠는가?
18 너희들이 오늘 그 불의한 짓을 하며,
나의 책을 인봉해 버리며, 나의 아들
의 입을 막으려 하는 그와 같은 사악
한 자들,
19 그것이 너희들이 마시는 꿀보다도 더
달고 즐겁다 하여 지금 행하나,
20 그 꿀이 너희 몸에 들어가서 너희들이
나에게 심판을 받을 때 그것이 얼마나
무서운 독소로써 너희들을 무너트리
고 썩게 하는 것인지 그때 너희들은
알게 될 것이니,
21 이미 그때는 늦음을 너희들은 알아야
될 것이니라.
22 이제 나의 아들을 통하여 내가 내리는
이 법전은 천사들도 손에 들고 그를
읽으며, 천사들도 이를 손에 펴놓고
이 위대한 책자를 저희들의 가슴이
두려워 함부로 하지 못하고 있거늘,
23 어찌하여 인간인 너희들에게 나의 법
전을 가슴에 안고 정독하여 깨우침을
얻으라 했거늘, 이를 너희들이 찢어
버리고 태워 버리며 인봉하려 그리한
단 말이던가?
24 이제 깨달은 백성, 나의 아들딸들이
나의 법전을 읽으며, 그들이 이를 두
려워하며 이를 무서워하며 감히 책장
을 넘기지 못함을 느끼는 그와 같은
백성들이 줄을 이을 것이며, 그 백성
들이 세상을 덮을 것이니라.
25 가슴이 떨려서 읽지 못하며 저희들의
손이 떨려서 읽지 못하는 그 백성들,
그리고 감히 두려워서 읽지 못하는 그
백성들,
26 그러나 나 여호와가 너희들을 사랑하
기에 내려 준 그 은혜에 감사하며 그
들이 밤을 지새워 이를 읽고 깨우쳐
만백성을 구하는 그와 같은 역사를 이
룰 것이며,
27 나의 피조물 만백성의 손에 손에 이
작은 나의 법전을 들고, 그들이 먹는
것보다도 더 소중히 여기는 그 시대가
머지않았음을 너희들은 알라.
28 내가 이와 같은 말을 전하나 너희들은
이것은 꿈과 같은 이야기요, 이와 같
은 것은 역사할 수 없다 그리 생각할
것이니라.
29 그러나 너희들이 2천 년 전에 나의 아
들의 입을 봉했으며 인봉해 버려 너희
들이 진리를 왜곡되게 가르쳤으며, 그
리하여 오늘같이 사악한 시대가 이루
어진 것처럼,
30 그 사악한 시대를 거둬들이고 다스리
는 것 또한 그 역순으로 올라간다면
아무것도 아님을 너희들은 알아야 될
것이며, 두려움과 무서움을 모르는 너

희들은 알아야 될 것이니라.
31 이제 너희들의 그 불의한 행위요, 더
러운 행위요, 그 악행을 중단하라.
32 이를 너희들이 무섭고 두려운 줄 모르
고 계속 행하고 행한다면 너희들이
단죄되는 그 시간이 빠를 것이며,
33 그 단죄의 고통이 얼마나 무섭고 고
통스러운 것인지 너희들이 빨리 느낄
것이며, 더 무서움으로써 당해야 된다
는 것을 절대 잊지 말라.
34 지금 나의 피조물 만백성 너희들이 하
늘에 오르는 길이요, 만백성을 구한다
하여 나의 피조물 만백성을 지옥으로
이끌고 감이니,
35 지금 땅이 울고 있으며 하늘이 울고
있으며 천지가 진동을 하고 있는 것을
너희들은 모르는가?
36 너희들은 그를 느끼지 못할 것이니라.
37 나 여호와가 천사 같은 백성으로 살
라 하여 내려보낸 이 지상의 낙원이
하늘에서 이루어진 것 같은 이 땅에
악한 자들이 뿌리를 내리고 있으며 죄
의 온상만 뿌리를 내려,
38 땅을 파고 그곳에 너희들이 성전이요,
교회라는 것을 수없이 지으니, 땅이
그 상처가 아파 울음을 그치지 못하며
통곡하고 있는 것이니라.
39 사악한 자들의 그 행동에 대적하지 못
하며 울고 있는 나의 땅이 있으며,
40 거기서 너희들이 죄짓는 기도를 하고
벌어진 입으로 찬송하며 사악한 말로
써 하늘을 향하여 울리고 지상을 오염
시키고 공기를 오염시키고 그리고 하
늘나라까지 오염시키는 너희들의 그
소리에,
41 하늘에 있는 천사들도 분개해서 울고
있으며 하늘이 울고 있다는 것을 알라.
42 하늘이 울고 땅이 욺이니, 그 진동함
이 어떠한 것으로써 너희들에게 내려
질 것인가를 너희들은 감히 생각하지
못할 것이니라.
43 지금 내가 나의 아들을 통하여 내리는
메시지요, 새로운 법전이요, 새로운
이 책이 세상에 내려가 만백성을 구하
는 그와 같은 역사가 이루어지지 아니
한다면, 나는 너희들에게 얼마나 무서
운 형국인지 보여 주고자 하나,
44 나의 아들이 세상에 내려가 나의 법전
을 받아 기록하며 그 제자들이 또한
최선을 다하여 목숨을 바쳐 그 길을
가고자 하며, 열과 성의를 다하여 역
사하고자 하는 그 제자들이 있으며,
있는 힘을 다하여 만백성을 구하고자
하는 그들이 있으니,
45 내가 10년의 그 짧은 세월의 유예 기
간을 주었다는 것을 너희들은 어찌 모
르는가?
46 내가 나의 아들을 통하여 10년 안에
역사한다는 것을, 너희는 10년의 세
월이 무엇이기에 10년의 세월에 무엇
이 이루어지겠는가 하여 그 10년을
두려워하지 아니하며, 10년이 아무것
도 아니라 생각하나,
47 나의 아들과 나의 아들을 따르는 제자
요, 나의 법전을 읽고 깨우친 만백성
이 마음을 다하고 정성을 다하며 목숨
을 다하여 나의 법전을 전했을 때, 세
상을 덮어 정화하는 그와 같은 역사요,
48 나의 법전이 세상을 덮지 않을 때, 내
가 너희들의 손을 놓을 수 있는 시간

이요, 너희들을 모두 어떠한 형국으로
다스리는가 그것을 볼 수 있는 것이
10년밖에 안 남았음이니, 너희들이
그 무서움을 어찌 모르는가?
49 너희는 천년만년 너희들이 역사할 줄
알 것이니라.
50 그리고 너희들은 재앙이 곧 내려올 것
이며, 하늘로부터 믿지 않는 자와 믿
는 자의 재앙이 내려지며, 지상이 쪼
개지고 재앙이요, 불과 물의 그 무서
운 재앙이 올 것이라 생각하니,
51 10년 안에 나의 법전이 나의 아들과
그 제자들이요, 그리고 법전을 읽고
깨우친 백성들이 하얀 눈처럼 세상을
덮지 않을 때,
52 그때는 10년 후에 너희들이 어떠한
형국이 이루어지는 것을 다 볼 수 있
다는 그 무서운 역설임을 너희들은 어
찌 모르는가?
53 10년밖에 세월이 없음을 알라.
54 10년이 얼마나 소중하고 귀한 시간인
가?
55 너희들이 10년 안에 이것을 역사하지
못하도록 하며 이를 방해하는 자,
56 10년 후에 역사하지 아니하면 이는
사탄이요, 사악한 자라 하여 너희들이
10년 동안을 지탱하도록 하여 역사하
지 못하도록 하며, 만백성을 구하지
못하도록 하며, 세상을 덮지 못하도록
너희들이 사악한 방법으로 역사한다
면,
57 그때는 나의 법전이 세상에 나가 만백
성을 구하지 못할 때 그 모습이 어떠
한 것인지 너희들이 알게 될 것이니라.
58 너희들의 유예 기간이 10년이라는 그
무서운 뜻을 알라.
59 이제 나의 아들이 갈 길이 정해져 있
으며, 나의 아들을 따르는 그 제자들
의 갈 길이 정해져 있으며, 그들이 역
사할 것이 정해져 있으며, 목숨을 바
쳐 저희들이 이 길을 가고자 하는 그
제자들이 하나 둘 나오기에,
60 내가 10년이 그 무섭고 두려운 역사
라는 것을 너희들에게 알려 줌이니 그
리 알라, 이것이 그들에 대한 상이니
라.

9,314 번째 하나님 말씀

2004년 1월 23일 15시 55분

1 사랑하는 나의 아들아!
2 "네, 아버님! 말씀하옵소서."
3 마지막 시대요, 심판의 그 시대가 무
엇인 줄 알겠느냐?
4 심판의 시대라는 것은 너희들이 심판
을 받음이니, 그 결과가 나오게 되어
있음이니라.
5 이제 나의 아들을 따르는 제자들이요,
나의 법전을 읽고 깨우친 만백성 너희
들에게 지금 심판이 시작되었음을 알
라.
6 그러니 너희들이 깨달은 만큼, 너희들
이 바로 선 만큼 내가 너희들에게 그
때그때 상을 내리며, 그때그때 벌을
내림을 알라.
7 내가 가장 큰 상이요, 은혜가 무엇이
라 하였느냐?
8 나 여호와는 너희들에게 재물이요, 부
귀와 영화로써 나의 아들을 따르는 제
자들이요, 나의 법전을 읽고 깨우친

백성들에게 내린다 하지 아니하였느
니라.
9 너희들이 하늘의 뜻을 깨달으며 참진
리의 길을 깨달으며, 너희들이 바르게
가는 길이 무엇인지, 너희들이 악습을
하나하나 버릴 수 있는 그 용기요, 그
깨달음이요, 그 가르침을 내가 내리는
것이요,
10 천기를 내가 너희들에게 하나씩 전해
주고 깨우쳐 주는 것이 너희들에게 내
리는 상이라 하였음이니라.
11 그러니 너희들이 바로 가고자 하며 너
의 제자가 바로 섰을 때, 내가 그들이
갈 수 있는 만큼 하늘의 뜻을 가르치
고 전함이니,
12 나는 그때그때 너희들에게 체벌을 하
며 그때그때 상을 내리고 있는 것이니,
13 내가 체벌을 하고 상을 내리는 그 속
에 있는 백성 너희들이 얼마나 축복되
고 영광된 백성들이더냐?
14 지금 너희들이 지상에서 나로부터 심
판을 받으며, 나로부터 체벌을 받으며
상을 받고 사랑을 받음이니, 너희들이
야말로 이다음에 너희들이 얼마만큼
다스려지고 곧게 바로 서서 나에게 오
겠는가?
15 오늘의 너희들이 심판과 체벌을 받음
이니, 너희들이 죽어 왔을 때 너희들
은 오로지 상을 받을 것이며,
16 나에게 오르는 그 길을 다스려 왔으니
너희들이 나에게 올 수 있는 길밖에
더 있느냐?
17 경기를 하기 위하여 열심히 훈련한
자, 그리고 피땀 흘린 자를 대적할 자
없으니, 그는 경기장에서 우승을 할
것이며, 그들은 모든 명예를 얻을 것
이며, 그 피의 노력만큼 대가를 받지
않겠느냐?
18 그러니 바로 너희들은 내가 직접 운동
선수를 훈련시키듯이, 너희가 잘못했
을 때 너희 자세를 교정하며, 잘못 갔
을 때 너희들을 다스리며, 잘 갔을 때
내가 칭찬하며 상을 주며 대가를 내려
주며,
19 이와 같이 내가 직접 너희들을 훈련하
고 가는 것이 얼마나 영광된 백성이더
냐?
20 그러니 영광과 거듭나는 세상에 나에
게 올 수 있는 자들이며, 지금 여기서
너희들이 벌 받을 것을 받음이니,
21 바로 나의 법전에서 깨우쳐 그와 같이
역사하는 자는 심판대에 서지 아니한
다 하였으며, 이를 읽지 않고 깨우치
지 않은 자는 심판대에 설 자격도 없
다는 나의 뜻을 알라.

9,315 번째 하나님 말씀

2004년 1월 23일 17시 58분

1 사랑하는 나의 아들아!
2 "네, 아버님! 말씀하옵소서."
3 너의 제자들에게 나 여호와가 전하고
자 하는 그 뜻이 있음이니 그 의미를
알겠는가?
4 "네, 아버님! 알고 있사옵나이다."
5 부모가 자식에게 나의 법전을 접하며
그 성전에 가 강론을 들으며 그 아들
을 따름이니, 그에게 정녕 잘 선택했
으며 바른길을 가며 잘 가고 있느니
라, 그리하여 어미인 내 마음이 기쁘

다 하니,
6 그와 같은 말을 듣는 나 여호와가 나
의 법전을 믿으며 내 뜻을 믿어 주는
그 여인을 사랑한다 하지 아니하였더
냐?
7 그러니 너희들이 나의 아들을 향하여
'선생님, 기도하십시오.' 하는 그 말이
내가 듣는 말 중에 가장 기쁜 말임을
너희들은 아느냐?
8 나의 아들에게 '기도하십시오.' 하는
제자들이 하는 그 말, 나의 백성들이
하는 그 말을 들을 때 나 여호와의 기
쁨이 이루 말할 수 없으니, 그것은 무
슨 뜻이더냐?
9 '험악한 세상이요, 썩을 대로 썩어져
있는 이 세상이, 아버님이 내리신 이
낙원이 썩을 대로 썩었으며 암흑의 세
계이니,
10 아버님께서 찬란한 빛을 한줄기 내려
보내 만백성을 구하며 저희들을 구하
도록 하여 주옵소서.' 하는 그와 같은
애절한 마음일 것이니,
11 너희들은 그를 모르나, 내가 보는 너
희들의 그 깊은 마음의 의미는 그러
하니라.
12 그러니 나의 아들에게 '기도하십시
오.' 하는 그 말 한마디, 너희들이 그
와 같은 말을 하는 것을 듣는 나 여호
와의 기쁨이 얼마나 큰 줄 알겠느냐?
13 그보다 기쁜 것이 나에게 없음이니,
너희들은 그리 알라.
14 이제 나의 아들을 따르는 백성, 그 제
자 너희들은 모두 다 겸손하며 모두
다 겸허한 자세로 살아가야 될 것이니
라.
15 너희들이 말 한마디 하는 것, 행동 하
나 하는 것이 얼마나 귀하며, 나 여호
와에게 직접 와 닿는 그와 같은 행동
이요, 말인지를 너희들은 잊어서는 아
니 될 것이니라.
16 너희들을 통하여 모두를 역사하며 너
희들을 통하여 모두를 이루어야 되기
때문이니라.
17 너희들을 통하지 아니하면 이룰 수 없
기 때문이니라.
18 내가 시들어 가는 아름다운 꽃이요,
그 죽어 가는 식물에 물을 주고자 하
여 그 물은 내가 내리나, 그 물을 줄
수 있는 것은 너희들이라 하지 아니하
였느냐?
19 그러니 너희들을 통하여 내가 모든 나
의 백성들이요, 죽어 가는 그들을 구
원하고자 함이니, 그리하여 너희들이
소중한 자라 그리하였음을 잊지 말라.
20 내가 너희들에게 겸손하고 겸허하게
모두 낮은 자세로 살아가라 함이 무엇
인 줄 알겠느냐?
21 내가 매서운 바람을 불게 한다면, 내
가 몰아치는 그 매서운 바람에 살아날
자가 어디 있으며 견딜 자가 어디 있
겠느냐?
22 내가 너희들에게 뜨거운 태양을 내리
쬔다면 그 태양빛 아래 견디고 살아날
자가 누가 있다 말하느냐?
23 내가 폭우로 물을 내려보내면 과연 그
물속에서 살아남고 견딜 자가 있다 생
각하느냐?
24 내가 바람을 불어 너희들을 날리면
과연 너희들이 견디고 살아갈 수 있느
냐?

25 너희들은 내가 역사하는 것에 아무도
거부할 수 없으며 지탱할 수 없으며
살아남을 자가 없는 것이니라.
26 그러니 내가 비바람으로 몰아치며 태
양의 열로써 몰아친다 하여 내가 태양
을 거둬들일 때, 과연 너희들이 살아
갈 수 있는 그와 같은 능력이요, 그 한
계가 있으며, 스스로 해결할 수 있다
생각하는가?
27 그러니 그것이 무엇이더냐?
28 높은 자와 낮은 자요, 위대한 자요, 지
혜로운 자요, 미련한 자가 없는 것이
라 내가 그리 말한 뜻을 알겠느냐?
29 그러니 그와 같은 너희들의 자세를 안
다면, 나의 아들을 따르는 제자들이
요, 법전을 읽은 너희들은 모두가 겸
허하고 겸손한 자세로 가장 낮은 자세
로써 살아가도록 하라.
30 너희들이 낮은 자요, 겸허한 자세는
인간 세상에서 인간에게 이루어지는
것이 아니요, 나 여호와에게 너희들이
그와 같은 마음을 갖고 먼저 살라 함
이니라.
31 너희들이 나에게 겸허함이요, 나에게
감사하며, 내 뜻에 너희들은 감히 그
은혜에 보답할 길이 없으며, 그 장대
하고 위대함에 너희들이 머리 숙여 경
건한 마음으로 살아간다면 너희들은
내 뜻을 아는 자요,
32 그러니 너희들이 인간 세상에 서로
살아가는 것, 인간을 사랑하며 인간에
게 겸허하며 낮은 자로 살아가는 그것
은 스스로 너희들이 모두 다 역사할
수 있는 것이니라.
33 지금 나의 아들에게 내가 160권의 법
전을 쓰도록 하여 이 책이 세상에 나
가며 새로운 성경이 내려온다면, 그들
이 너희들을 믿지 못하며 너희들을 의
혹할 것이니라.
34 또한 그들은 말할 것이니라.
35 아흔아홉 개는 맞으나 하나가 틀리니,
그것으로써 저는 믿을 수 없으며 따를
수 없다 말하는 자들이 있을 것이니라.
36 그러니 그들이 얼마나 어리석고 불쌍
한 백성이란 말이던가?
37 저희들이 가지고 있는 것이 백 개중에
아흔아홉 개는 틀리고 제가 하나는
맞으며, 이쪽에는 아흔아홉 개가 맞고
하나가 틀리거늘,
38 그것이 어떤 것이 비중이 크며 어떠한
길을 선택하는 것이 바른길인가 하는
것은 저희들이 생각할 수 있을 것이니,
39 아흔아홉 개가 옳다 생각할 때 저희
들이 따르다 보면 제가 틀리다 생각하
던 그 하나의 답도 저희들이 얻을 수
있거늘,
40 지금 모든 종교 집단이요, 믿음의 길
을 가는 그 백성들이 너희들 앞에 그
리 말할 것이니라.
41 천지개벽하는 소리 하지 말며, 세상에
그와 같은 일이 어찌 있으며 어찌 그
와 같은 것이 이 세상에 이루어질 수
있는가 할 것이며,
42 성서가 앞이요, 성경에서 새로운 성경
이 내려온다 하니, 받아들일 자 없으
며 그를 인정할 자 없으며, 정신 나간
자라며 고개를 돌려 그들은 떠나갈
것이니라.
43 그러면서 그들이 얼마나 저 자신이
오만한 자인지 모르느니라.

44 그러면서 나의 법전을 읽은 신도라는
자, 그 지도자라는 자들이 말할 것이
니라.
45 맞기는 그럴싸하게 맞으나 사탄도 그
렇게 맞춰 낼 수 있다 하며, 아흔아홉
개는 맞으며 하나가 틀려서 네가 마음
의 결정을 못한다 하면,
46 저는 아흔아홉 개의 틀린 것을 가지
고 있으면서 아흔아홉 개의 맞는 것
을 거부하는 그와 같은 어리석음은 그
가 생각하지 못하며, 그 의미요, 그 뜻
을 모르는 자이니라.
47 그러니 그들이 저희들 자신이 지금 가
고 있는 길이 어떠한 길인지 알면서도
깨닫지 못하며,
48 저희들이 지금 가는 것은 백 개 중에
아흔아홉 개가 틀리니 지옥으로 가는
것이요, 나와는 관계도 없는 길을 간
다는 것을 저희들이 정확히 알면서도,
그를 용기가 없어 헤어나지 못함이니,
49 그들에게 용기를 가질 수 있는 그 가
르침이요, 용기를 가질 수 있도록 지
도하는 것이 너희들이 지도할 방법이
요, 역사할 길이라는 것을 잊지 말도
록 하라, 사랑하는 나의 아들딸들아!

9,316 번째 하나님 말씀

2004년 1월 23일 18시 04분

1 사랑하는 나의 아들아!
2 "네, 아버님! 말씀하옵소서."
3 너의 제자들에게 '선지자님, 기도하십
시오.' 하는 그와 같은 말을 하는 것이
내가 가장 듣기 좋은 일이며 나의 기
쁨이라 하였음이니라.
4 그러면서 그들은 이 캄캄한 암흑의 세
상에 한줄기의 빛을 내려보내는 그와
같은 나 여호와의 성령이요, 그 빛을
내려 주어 세상을 다스려 달라는 그와
같은 너희들의 그 믿음이요, 그 마음
이라 내가 생각한다 하였느니라.
5 이 세상이 과연 어떠한 줄 알겠느냐,
사랑하는 나의 아들아!
6 "네, 아버님 말씀대로 이 세상은 캄캄
한 암흑의 세상이 되어 있으며,
7 지금 아버님께서 내려보내시는 그 법
전은 바로 저의 제자들에게 들려주신
말씀처럼, 한줄기의 빛을 내려보내시
는 것을 저는 알고 있사옵나이다.
8 그러나 모든 백성들이 그 암흑 속에서
비추는 한줄기의 생명의 빛이요, 그
빛을 보고 따르는 자, 그 빛을 따라 내
리는 복음을 저희들이 흡수하지 아니
하며 받아들이지 아니하면 구원받지
못하는 것을, 그들은 그리 말하고 있
사옵나이다.
9 사탄이요, 마귀의 빛이라 그들은 그리
말하며, 그 빛을 받는 자, 그 빛을 쬐
는 자는 반드시 죽는다 그리 가르침이
니,
10 암흑에 있는 자, 앞을 보지 못하다 밝
은 빛을 보게 됨이니, 제가 눈이 따갑
고 눈이 쓰린 것은 당연한 것이니, 그
러나 그 고통의 시간이 지난 다음에
저는 광명의 세상을 볼 것이며 아름다
운 그 빛을 볼 수 있으나,
11 그 따갑고 조금 저리며 눈물이 나는
것을 가지고 그것은 하늘의 뜻이 아니
요, 진정한 빛이 아니요, 사탄이요, 마
귀의 빛이라 하며 그들이 그를 피하

라 그리 가르치고 있사옵나이다."
12 그러니 너는 어찌 생각하느냐?
13 "네, 아버님! 아무리 그들이 그 빛을
피하려 해도 그 빛은 결국 피할 수 없
는 것이며, 그 빛을 저희들이 피해서
는 갈 수 없다는 것을 그들이 알 날이
있을 것이라 그리 생각하고 있사옵나
이다."
14 사랑하는 나의 아들아!
15 "네, 아버님! 말씀하옵소서."
16 지금 한줄기의 그 빛을 내가 땅에 내
려보냄이니, 그 빛이 내리는 것은 지
금 미약하나, 그가 내려가 세상의 나
의 피조물 만백성을 깨우치는 복음으
로써 역사할 때, 모두는 다 그를 감당
하기 어려울 것이며,
17 그 변화되는 역사의 소용돌이에서 같
이 가지 아니하는 자, 영원히 하늘에
날아오는 그 배를 탈 수 없다는 그 사
실을 그들이 머지않아 알게 될 것이니
라.
18 사탄과 마귀가 우글거리는 이 세상이
요, 지금 살아가면서 인간이 인간을
두려워하며 인간이 인간을 못 믿는 이
와 같은 세상이니, 이보다 더 험악하
고 더 어렵고 더 힘든 세상이 있겠느
냐?
19 서로 의지하며 돕고 살아가라 했으며,
서로 의지하고 서로 이끌어 주고 지도
하며 한 몸이 되어 하나가 되어 살아
가라는 그 인간이, 가장 가까이 있으
며 가장 가까워야 될 그 인간이,
20 인간이 인간을 두려워하며 무서워하
는 이와 같은 세상이 되었음이니, 이
보다 더한 세상은 없을 것이며, 이보
다 더 험악한 세상은 없을 것이니라.
21 그러니 내가 어둠의 암흑의 이 세상에
서 너희들에게 마지막 한 번의 기회를
주어 거듭나는 빛이요, 생명의 빛을
너희들에게 내려보내거늘,
22 이를 사탄이요, 이단이요, 사악한 짓
이라 그리 말하나, 그들은 결코 이 빛
을 막을 수 없으며 이를 차단할 수 없
음이니라.
23 서서히 내리는 한줄기의 그 빛은 지금
은 비록 나약하나 그 빛은 커질 것이
며, 그 빛이 비치는 것은 넓어질 것이
며, 복음이 전해져 깨우치는 자, 그 뒤
에서 또한 비치는 빛이 있을 것이니,
24 하늘에서 내가 내리는 빛이요, 땅에서
너희들의 몸에서 나는 그 아름다운 빛
이요, 그 모두는 하나가 되어 찬란한
빛이 되어 그 모두를 다스릴 것이니,
25 그를 피할 수 없으며 그를 접하지 아
니할 수 없는 것이 너희들이거늘, 어
찌하여 이를 거부하며 이를 욕되게 하
며 지금 그와 같이 하는가?
26 그리하여 사탄이 저희들이 존재할 시
간이요, 살아남을 시간이 머지않았다
는 것을 알기에, 나의 피조물 만백성
을 지금 이끌어 저희들이 감히 넘어올
수 없는 그와 같은 성곽이요, 성벽을
이루고자 지금 악을 쓰고 있는 것이라
내가 그리 말하였으니,
27 너희들은 그들과 정면으로 대적하지
말라.
28 모두는 나 여호와의 뜻에 의해 역사할
것이며, 너희는 그저 너희들 자신이
변하여 내가 내리는 그 빛을 받아 반
사하는 거울처럼, 너희들 자신이 아름

답게 변하여 빛을 반사한다면 그 효과가 어떠한 것인지 알지 않겠느냐?

29 그러니 너희들이 그리 변해졌을 때 내가 한줄기의 그 복음의 빛을 세상에 내려보낼 때, 너희들이 그를 받아 거울이 반사하듯 비치니, 그 빛이 세상에 다 비칠 것이며 그 빛은 만백성이 쉽게 보게 될 것이니, 그리 알라 사랑하는 나의 아들딸들아!

9,317 번째 하나님 말씀

2004년 1월 23일 18시 09분

1 사랑하는 나의 아들아!

2 **"네, 아버님! 말씀하옵소서."**

3 나 여호와가 내리는 그 생수를 너희들이 받아들임이니, 너희들이 받아들이는 그릇의 형태가 모두 다름이니라.

4 너희들이 물을 담으니, 그 물을 둥근 그릇에 담으면 그 물은 둥근 달의 모양을 할 것이며, 너희들이 네모진 곳에 그 물을 담으면 네모난 모양을 할 것이며, 너희들이 삼각형인 곳에 물을 부으면 그 물은 뿔의 모양이 될 것이며,

5 어떠한 그릇에 그 물을 붓느냐에 따라서 그 형태가 이루어지는 것이 물이요, 생수의 특성이 아니더냐?

6 그러니 나의 진리요, 나 여호와의 뜻이 또한 그러하니라.

7 그보다 더 그릇의 형태에 따라서 변하는 것이 나 여호와의 성령이요, 하늘의 진리의 뜻이라는 것을 너희들은 깨닫고 알아야 될 것이니라.

8 그러니 사랑하는 나의 아들딸 너희들이 어떠한 마음이요, 어떠한 그릇에 네 마음을 담느냐에 따라 너희들이 변하고 변하지 않는 것, 그리고 너희들을 구원하느냐 버리느냐 하는 것이 선택되게 됨이니라.

9 너희들이 선하고 아름다운 가슴에 나의 성령을 그득히 담는다면 이는 천사가 되는 길이요, 하늘에 오르는 그 이치를 깨달을 것이요,

10 너희들이 악의 마음으로써 악의 가슴에 나의 성령을 담는다면 그 성령 또한 그 악과 같이 변할 것이며 그 악에 의하여 제구실을 하지 못할 것이니,

11 그러니 너희들이 어떠한 마음으로 나의 성령을 받아들이냐 하는 것이 얼마나 중하고 귀한 것인지 아느냐?

12 그러니 나의 아들을 따르는 만백성이요, 나의 아들을 따르는 제자들 너희들을 내가 뭐라 말하였느냐?

13 너희들의 마음을 비우라 하였음이니라.

14 그 마음을 비운 것은 형체가 없으며 모양이 없음이니라.

15 물이 흐르면 그저 마른 땅에 스며들듯이 나의 성령이 너희들 가슴에 있는 대로 스며들 수 있도록 모든 마음을 다 비우라는 것이 나 여호와의 뜻임을 너희들은 알라.

16 그러니 너희들이 악의 그릇이 되어 사탄이 되는 그와 같은 성령을 받아서는 아니 될 것이며, 성령을 사탄처럼 악하게 쓰고 만들도록 그리해서는 아니 되는 것이 너희들이니라.

17 그러면 내가 너희들에게 성령을 부을 수 없음이니라.

18 악의 마음을 가진 자에게 성령이 내려
가면 너희들이 그를 악용할 것이며 악
으로 둔갑시켜 온갖 짓을 다할 것이
니, 내가 성령을 부을 수 없는 것이니
라.
19 그러니 너희들이 천사와 같은 자요,
선한 그릇이 되었을 때 내가 거기에
부음이니, 나의 성령 그대로 천사가
되는 길을 인도할 것이며 그 역사함이
또한 빛이 날 것이니라.
20 그러니 너희들이 이와 같은 뜻을 알겠
는가?
21 구약과 신약이요, 나의 법전 그 모두
는 무엇을 의미하느냐?
22 너희들의 마음을 비운 자리를 원하는
것이며, 그리고 너희들에게 사랑을 깨
우치고자 하는 것이 나 여호와의 뜻이
니라.
23 너희들이 수천 년 동안 지금의 믿음의
길을 왔으나, 너희들이 구약의 시대와
신약의 시대요, 그리고 나의 법전의
시대를 역사함이니,
24 구약과 신약과 법전에 하나로 이루어
지는 맥락이 무엇인지 아느냐?
25 구약에서 가장 귀중한 것을 뽑아낸다
면 무엇이더냐?
26 너희들은 그것이 사랑이라 말할 것이
니라.
27 그러면 신약에서 너희들이 가장 소중
한 것을 뽑아낸다면 너희들은 무어라
말하겠느냐?
28 그것도 나 여호와의 사랑이라 말할 것
이니라.
29 나의 법전이요, 너희들이 읽기가 두렵
고 무서운 나의 새로운 성경 속에서
너희들이 가장 소중하고 귀한 것을 찾
아낸다면 무엇을 찾아내겠느냐?
30 너희들은 사랑이라는 것을 찾고 말할
것이니라.
31 그러니 나 여호와의 뜻이요, 구약과
신약이요, 제3의 시대가 하나로써 역
사함이니,
32 그 모든 그릇에서 너희들이 건져 내고
뽑아낼 것은 사랑이라는 것뿐이거늘,
그 하나를 너희들이 뽑아내지 못하며
그를 다스리지 못하니,
33 그것 하나를 뽑아 너희 것으로 만들며
행하지 못하는 자, 그를 찾고 그대로
행하지 못하는 너희들이 어찌 구원을
받을 수 있으며 나에게 오를 수 있다
말한단 말이더냐?
34 이제 너희들이 모든 것 속에서 하나를
뽑아낼 수 있는 가장 소중한 것이 사
랑이니라.
35 그 사랑을 뽑아낼 수 있도록 너희들이
변화됨이 얼마나 중하고 귀한 것인가?
36 먼저 변하는 역사를 이루도록 그리하
라, 사랑하는 나의 아들딸들아!

9,318 번째 하나님 말씀

2004년 1월 23일 18시 16분

1 사랑하는 나의 아들아!
2 "네, 아버님! 말씀하옵소서."
3 너희들이 지금 영원할 것이라 믿으며
영원한 안식처라 믿고 있는 교회요,
그곳에서만 구원을 받을 수 있는 곳이
라 몸부림치는 그곳이 무엇인 줄 알겠
느냐?
4 사람을 싣고 와 내려놓고 새로운 사람

을 싣고 가는 정거장과 같은 것이거
늘, 그 이치를 어찌하여 모른단 말이
더냐?
5 또다시 내가 새로운 성경을 나의 법전
이라 하여 세상에 내려보내니, 이 또
한 무엇인 줄 알겠느냐?
6 지금 나의 아들이 존재하고 있는 이
성전 또한 어떠한 것이더냐?
7 이 성전 또한 영원하리라 생각하며 그
리 믿는 자가 있다면 너의 제자들이
어리석은 자임을 알아야 될 것이니라.
8 나의 성전도 또한 그러하니라.
9 나의 아들도 또한 그러하니라.
10 모두는 다 떠나게 되어 있음이니라.
11 그러니 잠깐 쉬었다 가는 그 장소이
며, 손님을 싣고 와 내려놓고 다시 새
로운 손님을 태우고 가는 정거장과 같
은 것이 나의 성전이요, 나의 아들이
있는 이곳 성전이거늘,
12 너희들이 어찌하여 손으로 지은 그 죄
의 온상인 교회라는 곳, 법당이라는
곳, 성전이라는 곳이 영원한 곳이며
영원한 안식처라 그리 착각하고 살고
있는가?
13 그 죄의 온상이 그리될 수 있다 생각
하는가?
14 사랑하는 나의 아들이 그 제자들을 가
르치며 나의 뜻을 들어 강론을 하며
나의 법전을 만드는 이 성전도 사람을
싣고 와 내려놓고 다시 싣고 가는 그
와 같은 정거장의 역할밖에는 할 수
없는 것이라 내가 그리 전하거늘,
15 어찌하여 너희들의 손으로 지은 그 죄
의 온상이 영원한 안식처이며, 너희들
이 거기서 끝까지 존재할 수 있는 것
이라 그리 말하느냐?
16 나는 나의 아들을 통하여 그리 가르쳤
느니라.
17 나의 성전이요, 너희들이 가지고 있는
모든 교회요, 법당이요, 그와 같은 곳
을 바로 쓰고자 한다면,
18 너희들은 거기서 참진리요, 나 여호와
의 뜻을 학문을 배우는 것처럼 배우고
가르치고 깨우쳐 내보내는 그와 같은
역할을 해야 된다 하였느니라.
19 그러니 그곳에서 참진리를 가지고 역
사해야 하는 것이요, 비진리요, 인간
세상의 세속의 삶을 가지고 해서는 절
대 안 되는 것이니,
20 그들이 교회라는 곳, 법당이라는 곳,
성당이라는 곳, 성막이라는 곳을 어찌
운영하고 어찌 끌고 가든,
21 나의 아들 네가 있는 이 성전이요, 너
의 제자들이 있는 곳은 학교 교육과
같이 거쳐 가는 곳이라는 것을 잊지
말며,
22 잠깐 멈췄다 가는 정거장과 같은 곳이
라는 의식을 심어 주며, 그 이상의 마
음을 갖지 아니하고 이끌어 가도록 그
리 가르치라.
23 이 이치를 모르는 백성들이 저희들의
손으로 지은 교회가 영원불변한 곳이
며, 그리고 영원히 저희들을 구원하는
곳이라고 믿고 있으며, 영원히 거쳐야
할 안식처라 그리 생각하며 그 착각
속에서 살고 있음이니,
24 그들이 믿음의 길을 가고 있는 현주소
가 그와 같은 형국이니, 그들이 얼마
나 어리석으며, 미래를 모르며 착각
속에 살아가는 불쌍한 백성들이더냐?

25 그리하여 교회나 성당이요, 법당을 더
늘리고 더 아름답게 짓고 더 크게 짓
는 데 제 재산이요, 제 금화와 은화를
바치라는 대로 그저 많이 바치는 자,
축복과 영광이 있는 것처럼 모두를 바
치며 모두를 거둬들이는 데 혈안이 되
어 있지 않은가?
26 그 모두가 다 나 여호와를 위하는 것
이라고 생각하며, 나 여호와가 기뻐하
는 것이라 생각하며 내 뜻을 이루는
것이라 착각하고 그들이 하고 있는 그
것이 더 무서운 것이며 그것이 더 두
려움을 너희들은 알아야 될 것이니라.
27 나를 위하는 것이요, 나의 기쁨을 위
한 것이요, 내가 원하는 길이라 하여
종교 지도자의 거짓된 말로 나의 피조
물 만백성을 속여 유혹하고 갈취함이
니,
28 그것이 바로 나의 사랑하는 백성들이
지옥 가는 길이라는 걸 모르고 있음이
니, 이 문제점을 어찌 풀어야 한단 말
이더냐?
29 나 여호와가 기뻐하는 길이요, 내가
가라는 길이요, 나에게 가장 기쁨을
선사하며 나의 은혜에 보답하겠다는
그 착각 속에서 그들이 가고 있음이니,
30 그 착각 속에서 환상의 짓을 하고 있
는 것을 믿고 따르는 그 백성들이 있
음이니, 너희들은 그들에게 전하라.
31 너희들이 그와 같이 늘리고 더 짓고
더 아름답고 호화롭게 역사하는 그 모
두가 나 여호와를 진노하게 하며 나를
욕되게 하는 행위라는 것을 그들에게
전해 주도록 그리하라.
32 영원한 너희들의 안식처요, 영원히 존
재할 것이며 너희들이 거쳐 갈 곳이라
하여 짓고 이루는 그 교회는 나와 관
계가 없다는 것을 그들 또한 알아야
될 것이니 그리 전하라.
33 잠깐 멈췄다 거쳐 가는 그 정거장과
같은 것이 나의 아들이 있는 성전이
요, 나의 법전을 만드는 성전이요,
34 나의 제자들이요, 나의 선택된 백성들
이요, 모두 전사로서 새 시대를 이끌
어 갈 자들이요, 새로 내린 하늘의 빛
을 가지고 복음을 전하는 대역사를 이
루는 그들이 공부하고 배우는 곳도 정
거장과 같다 하였거늘,
35 사탄들이 만든 죄의 온상이 과연 무슨
역할을 하며 안식처가 될 수 있다 생
각하느냐?
36 헤매는 그들을 깨우쳐 주도록 그리하
라.

9,319 번째 하나님 말씀

2004년 1월 23일 18시 21분

1 사랑하는 나의 아들아!
2 "네, 아버님! 말씀하옵소서."
3 내가 나의 아들을 달궈 너희들에게 가
르치고 또 가르치는 이와 같은 역사를
하며, 수천 년 동안 흘러온 오늘의 그
종교 집단이요, 지도자요, 그 모두가
잘못되었음을 하나하나 내가 파헤쳐
세상에 전하며 깨우치고자 하는 뜻을
알겠느냐?
4 지금의 모든 백성 그들이 가고 있는
그 마음이요, 믿음 속에 젖어 있는 자
들이 들으려 하지 아니하며 보려 하지
아니하는 어리석은 백성으로 전락되

고 있음이니, 수치계산이 모자란 백성
들이니라.
5 계산법이 모자란 백성들에게 가르친
들 어찌 알겠느냐?
6 하나 더하기 하나는 둘이라는 것을 모
르는 백성 그들을 어찌 깨우칠 수 있
단 말이더냐?
7 도저히 깨우칠 수 없는 그들이 되어
있기 때문이니라.
8 성령으로 증거하지 아니하며 보이지
아니하면 그들을 바로잡고 깨우치고
다스릴 수 없는 것이 오늘의 형국이니
라.
9 성령으로 증거하여 그들을 깨우치지
않는다면 그 누구도 다스릴 수가 없으
며 그들을 깨우쳐 나갈 수가 없기 때
문에,
10 내가 나의 아들 너를 통하여 160권이
라는 대장정의 책으로써 거기에 글로
기록하여, 그 누구도 이룰 수 없는 이
역사를 이루고자 하는 것이 나 여호와
의 뜻이니라.
11 그들은 그 누가 와서 전한다 해도 나
여호와의 참진리요, 내 뜻을 들으려
하지 아니하며, 그 누가 와서 저희들
을 인도하고 기적을 이룬다 해도 절대
믿지 아니하며 따르지 아니하는 것이
오늘의 그 믿음의 길을 가고 있는 백
성 그들이니라.
12 그러니 그들을 성령으로 증거하는 것
이 아니면 누구도 그를 가르칠 수 없
으며 깨우칠 수 없는 것이 오늘의 그
형국이니라.
13 그리하여 내가 나의 성령의 뜻을 말로
내려 글로 만들어 책으로써 기록하여
그들을 깨우치는 방법밖에, 그것 외에
는 어떠한 길도 없음이니라.
14 그러니 진정한 믿음이라는 것이 무엇
인 줄 모르고 가며, 그저 고집만 앞세
우며 아집만 앞세워 가는 그 백성들
그들을 어찌한단 말이더냐?
15 그리하여 내가 오늘의 대역사를 이룸
이니라.
16 이 세상에 존재하는 것, 그리고 저희
들이 존재하는 이유가 무엇이며 사후
의 세계에 역사하기 위한 것이라는 그
이치요, 그 뜻을 전혀 모르는 자들이
이 세상을 지배하고 지금 이끌어 가고
있는 것이니라.
17 그러니 이 세상에 존재하도록, 그들이
깨우치도록, 내 뜻을 볼 수 있도록 이
세상에 존재할 때 다스리지 아니하면
아니 되기에,
18 내가 오늘 너를 통하여 어렵고 힘든
그 역사를 가는 것을 알아야 될 것이
니라.
19 이 나의 법전이 나의 뜻이요, 새로운
성경이 내가 역사하는 성령의 뜻이라
는 것을 너희들은 알아야 될 것이며,
20 이를 접하고 이대로 행하지 아니하는
자는 절대 구원의 길에 들어설 수 없
다는 것을 너희들이 전하고 엄히 깨우
쳐 줘야 될 것이니 그리 알라.

9,320 번째 하나님 말씀

2004년 1월 23일 18시 27분

1 사랑하는 나의 아들아!
2 수천 년 동안 믿음의 역사가 흘러왔으
면 무엇하느냐?

3 모세의 기적을 보고 흘러온 백성들이
면 무엇하느냐?
4 나의 아들 예수가 세상에 내려가 나의
아들이라 하여 성전을 짓지 말고 마음
에 성전을 지으라 부르짖으며,
5 안식일이라는 것을 폐하고 그 시간에
너희들은 일하라, '내 아버지가 일을
하니, 나도 일한다.' 그리했던 그 가르
침 모두가 다 어찌 되었더냐?
6 그리고 그 후예라는 백성들이 지금까
지 하고 있는 것이 무엇이더냐?
7 그들은 제 축복이요, 제 영광을 위한
길이요, 그것밖에는 저희들이 한 것이
없으며, 창조주 나 여호와가 이루고자
하는 내 뜻이요, 나를 위하여 하늘을
위하여 저희들이 기도하고 경배하는
진실된 백성이 없다 하면 너는 믿겠느
냐?
8 "네, 아버님! 그들이 모두 이해관계요,
거래하고자 하는 마음이라 저는 그리
생각되기에,
9 정녕 저희들의 소원이요, 축복을 받기
위한 기도는 수없이 드리나,
10 아버님의 뜻을 알고자, 아버님이 역사
하고자 하는 것, 그리고 아버님이 계
시는 하늘나라의 창조의 뜻이요, 새로
운 시대를 열고자 하는 것을 위해서,
11 그리고 천사 같은 세상이 되기 위해
그와 같이 만들어야 된다는 아버님의
뜻에 따라 기도하는 백성은 정녕 없다
그리 생각되옵나이다."
12 사랑하는 나의 아들아!
13 "네, 아버님! 말씀하옵소서."
14 그들이 지금 가는 그 행태가 어떠한지
알겠느냐?
15 저 자신의 은혜를 받고자 하여 울고불
고 기도를 드리며, 그리고 저희들이
많은 축복을 받고자 축복을 내려 달라
울고불고 기도하는 것이 그들이니라.
16 그리고 저희들의 소원을 성취해 달라,
그리고 자기의 어려운 문제를 해결해
달라 울고불고 기도하는 자들이니,
17 그저 입이 있다 하여 마구잡이로 중언
부언하는 것이 오늘의 그들의 기도요,
그들의 믿음의 역사가 아니더냐?
18 병들어 온 자는 병 고치게 해 달라 하
며, 병들지 아니한 자는 건강하게 살
게 해 달라 하며,
19 저희들이 금화와 은화요, 권력을 잡을
수 있도록 해 달라는 것, 그리고 재물
을 모을 수 있게 해 달라 하는 것, 그
리고 저희들의 어려운 모든 문제를 해
결해 달라는 기도요,
20 그와 같은 것밖에는 그들이 지금까지
한 것이 없음이니,
21 그들이 소원하는 기도요, 그 추한 말
들이 세상을 덮고 있으며 하늘까지 다
오염시켜 지금 덮으려 하고 있는 것이
오늘의 그들의 기도요, 그들의 믿음의
현주소라는 것을 너는 알고 있느냐?
22 그를 안다면 그를 바로잡는 것이 너와
너의 제자들이 해야 할 뜻임을 알라.
23 나 여호와의 뜻을 위하여, 그리고 지
상의 낙원이요, 구원받고자 한다는 그
와 같은 자들, 그들은 말은 하늘을 위
하여 하늘의 뜻을 역사하며, 창조주
나 여호와를 위한 것이요, 나를 기쁘
게 한다 저희들이 그리하나,
24 과연 내가 지상의 낙원을 이루고자 하
는 것, 그리고 내가 하늘에서 이룬 것

처럼 이 땅에서 이루고자 하는 것, 그
리고 그와 같은 역사를 이루는 나 여
호와를 위하여 내 뜻에 감사의 기도
요, 저희들이 진실된 마음으로써 나에
게 기도하고 경배하는 그와 같은 마음
을 가지고 사는 자가 과연 어디 있는
가?
25 나 여호와가 듣기는 저희들이 소원하
고 바라는 것, 그리고 병 고쳐 달라,
재물을 모아 달라는 그 애절한 기도보
다 더 진한 기도로써 나를 위한 기도
요, 나를 걱정하는 기도요, 나에게 기
쁨을 주는 기도는 한마디도 없었다면
너희들은 믿겠느냐?
26 제 욕심보다 더 위대한 기도를 하는
자가 없음이 지금의 교회의 현실이며
그 신앙이요, 종교 집단들이 가고 있
는 현실이니라.
27 그러니 그를 바라보는 나 여호와의 마
음은 안타깝기 이전에, 너희들이 한심
스러우며 불쌍하며 지금 비참한 형국
으로 보이는 것임을 너희들은 알라.
28 너희들은 그러하지 아니하다 할 것이
니라.
29 '하늘에서 이루어진 것같이 이 땅에서
이루어 주옵소서.' 너희들은 수없이
벌어진 입으로 뇌까리며 그리하나,
30 너희들은 제가 소원한 것, 병 고치고
자, 어려운 문제를 해결하고자, 은혜
를 받고자, 축복을 받고자, 소원 성취
를 원하는 그 기도보다 정녕 열배 백
배 더 강하고 진실한 기도요, 두려움
으로 나에게 기도하는 자 있는가 한번
물어보도록 그리하라.
31 그러한 백성이 없음이니라.

9,321 번째 하나님 말씀

2004년 1월 23일 18시 30분

1 사랑하는 나의 아들아!
2 "네, 아버님! 말씀하옵소서."
3 오늘의 종교 집단이요, 지도자라는 그
신도들이 무어라 하느냐?
4 선교라는 것을 한다 하며, 전도를 한
다 하며, 세상에 저희들이 복음을 전
하며 나 여호와의 뜻을 펴고 일한다
그리 설치는 자들이 수없이 있음이니
라.
5 그리하여 그들이 재물을 거둬들이며
또한 재물을 갈취하는 자들이 있음이
니라.
6 그러니 그들에게 너희들은 전하라, 저
희가 먼저 변화되고 나서 선교하고 전
도하는 그 일을 하라 전하라.
7 저 자신이 변하지도 아니하였으며 변
화되지 못한 자가, 창조주 나 여호와
의 뜻을 알 수 없으며 내가 역사하는
것을 알 수도 없는 자가, 저 자신이 진
리가 무엇인 줄도 모르는 자가 선교
요, 전도를 하여 세상을 시끄럽게 하
고 있음이니,
8 그것이 다 헛된 일이며 헛된 시간을
보내는 것이라 그리 전하라.
9 너희들은 지금이 결실의 시대이며, 그
리고 심판의 시대이니라.
10 그러니 너희들이 어찌 서느냐 너희 자
신을 들여다봐야 할 시간이니,
11 너희들이 심판의 시대에 자신을 돌아
다봐 제가 바로 선 자요, 바로 갖춰진
자라면 선교하고 전도를 할 수 있으나,
12 제가 다듬어지지 않고 다스려지지 아

니하며 창조주 나 여호와가 원하는 것
을 모르며 내 뜻을 모르며 참진리의
길이 무엇인지 모르는 자들은 전도요,
선교요, 그와 같은 행위를 하지 말라.
13 그것은 너희들이 너희 자신부터 먼저
깨우친 다음에 역사해도 늦지 아니함
이니,
14 저 자신이 모르며 하늘의 뜻을 모르며
내 뜻을 모르는 자가 전하고 행하는
그 자체가 내 뜻을 역사하는 것이 아
니요,
15 사탄의 뜻을 사역하는 것이며, 사탄을
육성시키는 것이며, 악을 생각하며 악
을 역사하는 그와 같은 형국임을 너희
들은 알아야 될 것이니라.
16 제대로 진리를 모르고 깨달은 자가 생
각하는 것이 무엇이더냐?
17 너희들은 선이라는 것을 생각하며 선
을 위한 길을 가지 못하느니라.
18 그 길은 어렵고 힘들기 때문에, 너희
들은 그저 만백성을 깨우치고 전도한
다면서, 지금 저 자신이 변화되지 아
니하며 저도 모르며 바로 서지 못한
자들이 스스로 제가 사탄이요, 악한
자라는 것을 알면서,
19 단상에 서서 설교할 때는 천사와 같은
자세로, 이 세상에 그보다 더한 의인
이 없는 듯이 자세를 하나,
20 단상을 물러나면 너희 자신을 다스리
지 못하는 걸 한탄할 것이며 너희 자
신이 부끄러워 스스로 얼마나 고개를
들지 못하는 자인가?
21 그와 같은 자들이 선교하고 복음을 전
도하는 것, 이는 너희들이 사탄을 육
성하는 것이라는 것을 잊지 말라.
22 천사와 같은 자, 천사와 같은 생각을
하는 자, 그와 같은 뜻을 가르치는 것,
그와 같은 뜻을 가지고 있는 자가 나
의 피조물 만백성을 역사하고 인도할
때, 그들이 참진리요, 하늘에 오르는
그 찬란한 빛을 볼 수 있을 것이니라.
23 그러나 너희들이 하고 있는 오늘의 그
모두는 사탄이 역사하는 것이며, 사탄
의 앞잡이로서 너희들이 지금 행하고
있다는 것을 내가 나의 법전에 기록하
여 전하니,
24 너희들이 그 뜻이 맞지 아니하거든 나
에게 물어보라.

9,322 번째 하나님 말씀

2004년 1월 23일 18시 34분

1 사랑하는 나의 아들아!
2 "네, 아버님! 말씀하옵소서."
3 너는 지금 내가 법전을 내리며 새로운
성경이라 하여 내림이니, 그 내리는
뜻이요, 그 의미가 어디 있다 생각하
느냐, 사랑하는 나의 아들아!
4 "네, 아버님! 저는 그리 생각하옵나이
다.
5 아버님이 내리시는 이 법전이요, 새로
운 성경은 마지막 시대의 그 백성들이
해야 할 일이며,
6 선택된 저의 제자요, 아버님을 따르는
모든 만백성, 법전을 읽고 깨우친 백
성들이 마지막 시대의 백성으로서 무
엇을 어찌하며 어찌 이끌어 가야 되는
가를 가르쳐 주고 계시며,
7 그 모두가 그 속에 있다 저는 그리 생
각하고 있사옵나이다.

8 그리하여 이 법전을 읽고 깨우치지 아
니하는 자, 이 법전을 접하지 아니하
는 자는 아무것도 역사할 수 없으며
이룰 수 없다 그리 생각하고 있사옵나
이다."
9 사랑하는 나의 아들아, 그러하니라.
10 나의 법전이 왜 이 세상에 내려왔으
며, 왜 지금이 추수의 시대라 하는지
알겠느냐?
11 마지막 시대가 되었기 때문이니라.
12 마지막 시대에 내가 선택한 백성들은
무엇이더냐?
13 마지막에 내가 역사하는 모든 해야 할
일을 내가 그들에게 가르쳐 주어 그
모든 매듭을 짓고자 하는 것이니,
14 그리하여 너희들이 귀한 나의 아들딸
들이요, 소중하다 함을 알겠느냐?
15 나의 법전을 아무리 읽고 또 읽는다
해도, 정독하지 아니하며 바른 마음을
갖지 아니하면 그 문이 열리지 아니하
며 그를 알 수 없는 것이니라.
16 그리하여 나의 법전을 접하는 자, 가
슴에 안고 정독하며, 이와 같은 뜻을
내린 나 여호와의 뜻이 무엇이며 이와
같이 변화될 때 어떠한 무서운 결과가
올 것인가,
17 그와 같은 것을 너희들이 생각하며 깨
우침을 얻어 가면서 읽으라는 내 뜻이
여기 있음이니라.
18 그러니라, 네가 잘 말했느니라.
19 마지막 시대에 마지막에 역사하는 모
든 것은, 그 시대에 태어난 백성들이
그 모두를 다스려 나가며 그것을 역사
하는 백성 너희들이 어찌 가야 될 것
이며 어찌 시작할 것인지 깨우쳐 주는
것이니,
20 그게 곧 나의 법전이요, 내가 내리는
새로운 성경이라 그리 말하였으니, 그
게 다 맞느니라.
21 그러니 너희들은 진정 너희가 해야 할
일이 무엇인지 알아야 될 것이며, 너
희들이 역사할 것이 무엇인지 알아야
될 것이니라.
22 더불어 너희들이 강론을 들어 깨우쳤
다면, 이제 마지막 시대를 살아가는
모든 백성들에게 너희들이 무엇을 어
찌하며 어떻게 살아가야 되는 것인지
나의 법전에 있는 나의 법도를 그들에
게 가르쳐 주고 전하도록 그리하라.
23 그렇지 아니하는 자, 절대 구원을 받
을 수 없으며 나에게 오를 수 없음이
니라.
24 더욱이 이를 보고 깨우치지 아니하면
저희들이 깨닫고 변화될 수 없다 내가
법전에 기록하여 새로운 성경에 일찍
전하였거늘,
25 어찌하여 나의 법전을 욕되게 하는 짓
만 골라서 하고 있는지, 그들이야 말
로 머지않아 저희들이 잘못된 것을 후
회하게 될 것이라 전한 뜻을 스스로
체험하게 될 것이니라.

9,323 번째 하나님 말씀

2004년 1월 24일 07시 38분

1 사랑하는 나의 아들아!
2 "네, 아버님! 말씀하옵소서."
3 지금의 모든 나의 백성들이 살아감에
나 여호와의 뜻에 의해 사는가, 그렇
지 않으면 어찌 사는 것인가?

4 하늘을 향하여 한 점의 부끄럼이 없는
삶을 사는 사람은 나의 백성이요, 천
사가 되고자 하는 자요,
5 하늘을 향하여 고개를 들 수 없는 짓
을 하는 자는 사탄의 짓을 하는 것이
며, 그는 나에게 고개를 들 수 없는 것
이니라.
6 그러니 나의 법전을 접하고 만들고 사
는 그 모든 나의 선택된 백성 너희들
은 하늘을 향하여 한 점의 부끄럼이
없는 그와 같은 삶을 살아야 하는 것
이니라.
7 그리고 너희들은 그 이름을 부르면 그
이름값을 하라는 말이 있듯이, 제 이
름이요, 제 직책에 대한 그 직분을 다
하지 못하며 제자리에서 능력을 발휘
하지 못한다면 그는 무엇이던가?
8 무능력한 자요, 잘못된 자가 아니더냐?
9 그러니 제 이름값을 하라는 말이 있듯
이, 이름값을 하지 못하는 나의 선택
된 백성들은 내가 원하지 아니함이니
라.
10 그러니 이제 나의 아들을 따르는 제자
요, 또한 나의 법전을 읽고 깨우친 만
백성 너희들은 너희 자신의 이름값을
다하는 사람으로 살도록 그리하라.
11 그렇지 아니하면 아니 될 것이니라.
12 이제는 나는 더 이상 너희들에게 무어
라 말하지 아니할 것이니라.
13 너희들이 한 점의 부끄럼이 없는 그와
같은 삶이 아니요, 나를 향하여 한 점
의 부끄럼이 있는 삶을 산다면, 너희
들은 사탄이요, 나의 아들딸이 아님이
니라.
14 아무리 내가 너희들을 불러 쓰고자 선
택한 백성이라 해도, 너희들이 바로
서지 못할 때 그는 나의 백성이 아님
이니, 이를 너희들이 명심하고 또 명
심해서 행해야 될 것이니라.
15 나의 아들 너 또한 그러하니라.
16 네가 한 점의 부끄럼이 있는 행위를
한다면, 그때부터 너는 나의 아들이
아니요, 사탄의 자식으로서 네가 전락
됨이니, 나의 법전이요, 그 모두는 세
상에 빛을 볼 수가 없음을 알라.

9,324 번째 하나님 말씀

2004년 1월 24일 09시 45분

1 사랑하는 나의 아들아!
2 "네, 아버님! 말씀하옵소서."
3 너의 제자들이요, 그리고 나의 법전을
읽고 깨우친 만백성 너희들이, 이는
정녕 나 여호와가 성령을 태워 세상에
내려보내는 것이요, 이 험악한 세상이
요, 어두운 세상에 하늘의 빛을 내려
그 복음으로 만백성을 구하는 선택된
나의 아들이요,
4 이 모두는 새로운 성경이라는 것을 너
희들이 믿고 믿는 그 마음이 얼마나
강하며 진실되느냐에 따라서 모두를
역사하고 이룰 수 있다 하였음이니,
5 그와 같은 마음을 너희들이 다스릴 수
없거든, 나의 법전을 읽고 깨우쳐 너
희 마음이 변하는 것, 그리고 스스로
변하는 삶의 길을 가는 것을 보고 이
는 나의 성령이요, 나 여호와의 뜻이
요, 참진리라 그리 깨달으라 하였음이
니라.
6 그러나 이제 너희들은 나의 법전을 읽

고 깨우쳤으며, 너희들을 가르칠 만큼
가르쳤으며, 너희가 깨달을 만큼 깨달
았으며, 이 세상 어느 백성들도 너희
들을 따라올 수 없으며 너희들이 생각
하는 그 경지에 오를 수 없음이니,
7 또한 단계를 더 높이 보고 깨달아야
됨을 너희들은 잊지 말라.
8 이제 너희들은 그와 같은 마음을 가지
고 살라.
9 너희들은 나의 법전에 기록되어 있는
그 내용이요, 그걸 보고 읽고 깨우쳐
스스로 변하는 것으로 나 여호와의 뜻
이라 믿으라 그리하였으나,
10 이제 너희들은 내가 나의 아들을 통하
여 160권의 법전을 세상에 기록하여
만들어 전함이니, 그 속에 있는 내용
이 과연 어떠하던가, 그리고 내가 너
희들에게 무어라 말하였느냐?
11 10년이라는 그 세월 속에 나의 법전
이 세상을 하얀 눈처럼 내리고 덮을
수 있도록 그 역사를 한다 하였음이니
라.
12 그리고 이것은 만백성을 구하는 것이
요, 너희들은 선택된 백성이라 내가
그리 말하지 아니하였더냐?
13 그러니 너희들이 그 모두를 이제 스스
로 이루어야겠다는 그 생각, 그리고
해낼 수 있다는 것, 그리고 우리는 반
드시 하겠다는 용기와 불타는 정열이
필요한 것이니, 그것이 너희들 몫이니
라.
14 내가 아무리 10년 후에 역사한다 해
도, 너희들이 병든 자처럼 용기를 잃
으며 자신을 잃으며 믿지 못하는 그와
같은 마음으로 가는 것이 아니라,
15 이제는 내가 나의 법전을 기록하여 내
린 내용들을 너희들이 스스로 만들어
내며 역사하는 그와 같은 것이 너희들
의 대명이니라.
16 '나는 할 수 있으며, 우리는 역사할 수
있으며, 그렇게 반드시 이루어질 것이
다, 그렇게 될 것이다, 그리고 만들어
내야 된다.' 하는 너희들의 책임감으
로 돌리도록 그리 전하라.
17 이제 나의 아들을 따르는 그 제자들이
요, 그리고 나의 법전을 읽고 깨우친
만백성 너희들은, 내가 법전에 기록하
여 내린 그 뜻들을 내가 그와 같이 다
이루며 너희들은 그저 끌려가는 자요,
따라오는 자요, 세월만 기다리는 자가
아니니라.
18 이 세상에 이루어지는 것은 내가 육을
가진 나의 아들딸들을 통하여 모두 역
사함이니,
19 너희는 나를 주역이라 생각하나, 나는
주역이 아니니라.
20 나 여호와는 모든 것을 감독하며 대본
을 써 각본을 가지고 관리하고 지시하
는 자요, 무대에서 연기를 하는 것은
너희들 중에서 주역이 나오며 조역이
나오며 또한 돕는 자가 나오는 것이니,
21 내가 법전에 기록하여 어찌 역사한다
는 것을, 너희들 마음속에 '나는 그리
만들 수 있으며, 내가 그리해야 한다.'
그리 말하라.
22 내가 너희들에게 십계명을 기록하여
머리말에 붙여 놓고 읽고 또 읽으라
그리하였음이니, 그것을 읽고 또 읽는
것은 무엇이더냐?
23 너희들이 그와 같은 마음으로 다스려

너희 스스로 지키고 행하라 함이니,
그것과 나의 160권의 법전에 기록된
내용의 그 흐름은 같음을 알라.
24 이제 너희들에게 내가 명하느니, 주역
은 너희들이니라.
25 그리고 조역도 너희들이니라.
26 무대에서 모든 관객을 즐겁게 울리고
웃기는 그 모두는 너희들에게 달렸음
이니, 그와 같은 것을 만들어 내는 것
이 너희들이요, 너희들은 따라가는 것
이 아님을 명심하라.
27 내가 10년 후에 법전이 모든 세상을
덮어 하얀 눈이 세상을 덮는 역사를
이룬다 했음이니, 그 역사를 이루는
것은 너희들이 만드는 것이요, 너희들
이 행하는 것이니라.
28 내가 만드는 것이 아니니라.
29 10년 후에 나의 법전이 세상을 덮도
록, 하얀 눈이 세상을 다 덮도록, 모든
백성들이 이를 보지 아니하면 견딜 수
없도록 하는 것은 너희들의 책임이니,
30 그와 같이 만들지 못했을 때, 너희들
은 책임을 다하지 아니하였으며 네 임
무를 다하지 아니한 백성이니, 너희들
은 나에게 올 수 없다는 것을 알라.
31 내가 너희들에게 명한 것, 사과나무를
심으라 하였으면 너희들은 내가 사과
나무를 심어 줄 것을 바라지 말라.
32 나 여호와는 사과나무를 심지 아니하
며, 나는 심을 도구도 없으며 심을 수
도 없음이니라.
33 이 지상에 있는 사과나무를 심을 수
있는 것은 너희들이요, 가꾸는 것도
너희들이니라.
34 나는 법전에 기록하여 너희들이 이와
같이 가야 될 것이며 이와 같이 사는
것이 하늘에 오르는 길이요, 하늘에
오르는 백성이 역사하는 것이라 가르
쳐 주고 전했으니,
35 그 모두는 너희들이 만들어 내는 것이
니라.
36 그러니 오늘부터 너희들은 내가 명한
것을, '우리는 할 수 있다. 역사할 수
있다. 이룰 수 있다.' 하는 그와 같은
마음의 자세를 갖고 모두는 너희들이
만들라.
37 내가 만들어 주는 것이 아니니라.
38 내가 너희들에게 이 작은 나라에 나의
법전을 가지고 세상 방방곡곡이요, 작
은 나라를 덮고,
39 큰 세상에 나가 나의 서점을 만들며
나의 법전만 기록하여 만들어 전하는
그 역사를 하였음이니,
40 너희들이 그것은 내가 그리 만들라 했
으니 내가 만들어 줄 것이라 생각하지
말라.
41 너희들은 내가 나의 법전에 기록하여
전한 내용을 잘 알라.
42 너희들에게 만들라 함이지, 내가 만들
어 준다 함이 아니니 그리 알라.
43 그러니 서점을 만드는 것도, 나의 법
전을 전하는 것도, 나의 법전이 세상
을 덮는 것도 너희들이 할 일이며 너
희들이 역사할 것이지 내 책임이 아니
거늘,
44 너희들이 어찌하여 내가 다 이루어 주
며 역사한다 그리 안일하게 생각하는
가?
45 나는 너희들에게 줄 것을 다 주었으
며, 더 이상 주고 내릴 것이 없다는 것

을 알라.
46 이제 이 뜻을 너의 제자들에게 깨우쳐
주고 가르쳐 주어, 바로 그들이 긴장
을 풀지 말며, 잠시도 쉴 시간이 없다
는 것을 전하라.

9,325 번째 하나님 말씀

2004년 1월 24일 09시 58분

1 사랑하는 나의 아들아!
2 "네, 아버님! 말씀하옵소서."
3 사랑하는 인간 너희들의 정신적인 그
힘의 한계가 과연 어떠하다 알고 있는
가?
4 그 한계가 어디까지인지 너희들이 깨
닫고 있는가?
5 내가 너에게 그리 말하였느니라, 이제
는 너희들의 깨달음의 경지가 높아졌
음이니, 너희들에게 나의 법전이 하얀
눈이 되어 세상을 덮듯이 그리 덮으라
하였음이니,
6 덮고 역사하는 것은 너희들의 몫이요,
나의 법전에 기록된 내용을 행하고 실
천하는 것은 육을 가진 너희들이 모두
다 이루는 것이요, 그것을 이루고 이
루지 못하는 것은 너희들의 몫이라 하
였음이니,
7 정신적인 힘의 한계가 어떠한 것인지
너희들은 알 것이니라.
8 할 수 있다 생각하며 하겠다고 결심하
고 갈 때, 너희들 앞에 정복되지 아니
하는 것이 없음을 알며,
9 내가 나의 법전에 기록하여 내린 것은
모두 내가 직접 너희들에게 그 기적의
역사를 보이는 것이 아니요,
10 너희들이 할 수 있다는 정신적인 그
힘의 한계를 모두 하나로 만들어 역사
하는 것이 너희들의 과제요,
11 너희가 그를 이루지 못했을 때 너희들
은 제 직분을 다하지 못한 백성이라
그리 말하였음을 너희들은 알라.
12 너희들이 왜 인간 세상에 존재하는 것
이며 너희들이 왜 사는 것인가, 그와
같은 것을 너희들이 깨닫고 연구한다
면,
13 너희들은 그 인간의 정신적인 자세가
무엇이며, 너희들이 살아가는 그 힘이
요, 또 너희들이 존재하는 그 가치요,
그 모두를 어찌 이끌어 가느냐 하는
것이 또한 정신적인 그 힘에 의하여
모두 역사한다는 것을 잊어서는 아니
될 것이니 그리 알라.
14 그러니 이제 나의 아들을 따르는 백성
너희들이 정신적인 그 위대한 힘을 알
았으며, 그리고 정신적인 힘에 의하여
너희들이 살아가는 그 모두가 바뀌고
역사한다면,
15 너희들이 왜 살며 왜 존재하는 것인지
그 의미를 거기서 깨닫고 느낄 수 있
음을 알아야 될 것이니라.
16 그러니 너희들부터 정신적인 그 힘의
위대함을 깨달으며, 그 속에서 너희가
왜 존재하는 것인지 생각해 봐야 될
것이며, 그를 알 수 있는 백성들이 되
어야 된다 하지 아니하였더냐?
17 그것부터 너희들이 생각해 봐야 할 것
이니라.
18 '나는 과연 무엇이며, 내가 왜 존재하
며, 나를 지배하는 힘은 무엇이며, 그
힘의 한계는 과연 어디까지인가?' 하

는 것을 너희들이 깨달아 보라.
19 그러면 너희들은 그 이유를 알게 될
것이며, 그 이유를 깨닫고 알게 된다
면 너희들 자신이 살아가는 그 목적이
요, 살아가는 의미 또한 알게 될 것이
니라.
20 살아가는 의미요, 그 뜻을 안다면 너
희들의 정신적인 자세요, 네 자세를
어찌 임하여 그 모두를 이루고 그대로
살아가고 행하느냐 거기에 또한 너희
들의 삶의 지표가 달렸음을 알아야 될
것이니라.
21 그러니 너희들은 네가 사는 이유요,
네가 역사하는 존재요, 네가 이와 같
은 오늘의 삶을 사는지, 그리고 네가
이룰 수 있는 것과 이룰 수 없는 것,
그 모두를 지배하는 그 정신 자세요,
그 정신의 위대한 힘 앞에 모두 이루
어지고 이루어지지 못하는 그와 같은
결과에 따라서 간다는 것,
22 그러니 그와 같은 모두를 지배할 수
있는 너희 자신의 위대함을 가지고 있
다면, 너희들이 어떠한 마음으로 살아
가야 하는지 알게 될 것이며,
23 어떠한 마음으로 살아가야 한다는 것
을 깨달으면 어떠한 행동을 자제하고
어떠한 행동을 하며 살아가야 될 것인
가, 그를 너희들이 알게 될 것이니라.
24 그러니 이제 나의 아들을 따르는 백성
너희들에게 묻노라.
25 너희들은 너희 자신의 상태가 과연 지
금 어디에 있으며, 너희 자신의 정신
자세가 과연 얼마만큼 집중하여 모두
를 역사하고 이루고자 하는 것인지 생
각해 보라.
26 너희들은 정신을 집중했을 때 정신적
인 그 힘의 한계를 알지 못한다 하지
아니하였더냐?
27 그러니 너희들의 오늘의 사는 삶이요,
너희들이 왜 역사하는 것인가 하는 그
모두를 다 바로 볼 수 있는 것을 깨달
으며, 너희들이 어찌 행하고 살아가야
되는지 거기서 알게 됨이니라.
28 그리 알고 깨달았으면 그리 행하고 살
아가면 되는 것이 너희들의 오늘의 갈
길이니라.
29 너희들이 나의 법전을 만들어 만백성
에 전하는 것도 그러하니라.
30 너희들이 앉아 생각할 때, 이는 방대
한 일이며 이는 한 시대를 너희들이
바꾸는 것이며 새 역사를 이루는 것이
니, 너희는 마음으로 과연 할 수 있을
까 불안해하니, 그것이 너희들의 믿음
이 흔들림이니라.
31 그것이 바로 너희들이 정신적인 그 힘
의 한계를 모르는 자들이며, 그리 역
사한다는 것이 얼마나 위대한 것인지
모르는 것이니라.
32 그러니 오늘 이 순간부터 너희들의 손
으로 법전을 만들어 만백성을 구하며,
이 법전은 세상을 덮을 것이며, 그리
고 모든 백성들이 이를 보고 깨우쳐,
만든 너희들에게 그리고 터를 닦아 준
너희들에게 감사한다는 것을 믿고, 반
드시 너희들을 따를 것이라는 정신 집
중이요, 정신 자세의 그 힘이 중요함
이니라.
33 그와 같은 마음으로 너희들이 변함없
이 믿고 나갈 때, 나의 법전에 기록한
내용들이 모두가 다 역사할 것이며,

더욱더 그와 같은 것은 이루어질 것이
니라.
34 그러니 나로부터 선택된 백성 너희들
이 하나로 집중된 정신으로 역사하는
그 위대한 힘은 한계가 없고 끝이 없
다는 것을 먼저 믿고,
35 너희들이 모두 다 정신을 집중하여 한
마음으로 이룰 때 그 모두는 다 이루
어진다는 것을 알도록 그리하라.

9,326 번째 하나님 말씀

2004년 1월 24일 10시 01분

1 사랑하는 나의 아들아!
2 "네, 아버님! 말씀하옵소서."
3 너의 제자들은 나의 아들이요, 나의
법전이 만백성을 구하는 것이며, 새로
운 성경이 심판의 시대에 모든 것의
기준이 된다는 것을 듣고 깨우치며 공
부를 하나,
4 그 믿음의 마음이 과연 어떠하며 그
마음의 확고함이 과연 어떠하던가?
5 이제 너희들이 그 마음의 자세를 한번
돌이켜 보며 들여다볼 때가 되었음을
알라.
6 나의 아들이 말하느니라, 이 세상을
하얀 눈처럼 나의 법전으로 다 덮을
것이며, 그리하여 이를 보지 아니하는
백성은 숨을 쉴 수 없는 그와 같은 형
국이 될 것이라 그리 말하고 가르침이
니,
7 과연 너희들은 그것을 얼마나 믿으며,
그 말을 얼마나 믿고 따르며, 너희들
의 확고한 그 생각이 과연 어디까지
가 있는가?
8 너희들이 나의 법전을 만들고 전하며
그 모두를 역사하는 너희들의 마음이
흔들리며 확고한 믿음이 없이는 나의
법전을 제대로 만들 수 없으며, 또 나
의 법전을 가지고 세상에 전할 수 없
으며, 법전이 덮일 수 없다는 것을 알
라.
9 그러니 내가 너희들에게 다시 한 번
명함이니, 이는 나 여호와의 성령의
뜻이요, 내가 새로 내리는 성경이요,
이것이 아니면 만백성을 구할 수 없으
니,
10 하얀 눈처럼 세상을 덮는 것을 나 여
호와가 역사한다고 생각하지 말라.
11 그 모두를 하얗게 덮는 것은 내가 덮
는다고 말하였으나, 나 여호와가 직접
역사하는 것이 아니라 그 모두는 너희
들의 손으로써 만들며 너희들의 생각
으로써 역사하며 너희들의 몸으로써
모두를 이루어야 됨이니라.
12 나는 그저 명을 했을 뿐이요, 나는 각
본을 써서 너희들에게 내려보냈으며
계획서를 너희들에게 내려보냈으니,
행하고 실천하는 것은 너희들임을 알
아야 될 것이니라.
13 그 계획을 한 자가 전쟁을 치르는 것
이며 그 계획을 한 자가 전쟁터에 나
가 모든 뜻을 거두는 것이 아니라, 계
획을 해서 내려보냈음이니,
14 그를 실천하고 따르는 것은 그 부하들
이 역사하는 것이요, 그 백성들이 역
사한다는 그 이치를 너희들이 안다면,
15 나 여호와는 각본이요, 그 모두를 써
서 너희들에게 내려보낼 뿐이요, 그를
행하고 역사하는 것은 너희들 몫이라

는 것을 잊지 말라.
16 지금 나의 아들은 너희들에게 그리 말
하느니라.
17 나의 법전만 진열하는 작은 서점이 동
방의 작은 나라를 덮을 것이며, 온 세
상에 뿌리를 내리지 아니하는 곳이 없
다 말하나, 너희들은 과연 그를 믿고
그럴 것이라 생각하는가?
18 너희들 마음 자세가 그리될 것이며 그
는 역사할 것이라 믿을 때 그 모두는
이루어지는 것이요,
19 너희들이 의혹하는 마음을 가진 자는
그를 볼 수 없으며 그 앞에서는 아무
것도 이루어지는 역사가 없다는 것을
너희들은 명심하고 또 명심하도록 그
리하라.

9,327 번째 하나님 말씀

2004년 1월 24일 10시 10분

1 사랑하는 나의 아들아!
2 "네, 아버님! 말씀하옵소서."
3 내가 너희들에게 말하여 전하였느니
라.
4 나의 법전을 접하지 아니한 백성 그들
에게 시시비비하지 말며, 철옹성 같은
그곳에 부닥쳐 상처 입지 말라 내가
하지 아니하였느냐?
5 사형수가 되어 사형 집행 직전에 그가
풀려나 살았다면 그는 과연 어떠하겠
느냐?
6 그러니 사형수가 죽기 직전의 그 기분
이요, 그 마음이 어떠한 것이냐고 너
희들이 그들에게 물어본다면, 그가 너
희들에게 아무리 설명을 한들 그가 당
했던 그 마음을 과연 알겠느냐?
7 그러니 사형수의 사형 직전의 그 마음
이요, 살아난 그 마음을 너희들은 직
접 체험해 보지 아니하면 알 수가 없
는 것이 인간 너희들이 아니더냐?
8 아무리 설명을 하고 아무리 그 감정을
말한다 해도 그를 알 수 없는 것이니
라.
9 사자에게 쫓기는 사람이 죽을 힘을 다
하여 쫓기고 또 쫓기는 그 상황에서
간신히 그가 목숨을 살려 나왔다 하자.
10 그에게 네가 사자에게 쫓길 때 그 기
분이요, 심정이 과연 어떠하냐 물어본
들 그가 과연 그를 대답할 수 있겠으
며, 대답한들 너희들이 그를 알겠느냐?
11 너희들이 안다면 너희 자신이 사자에
게 쫓겨 보지 아니하고는 그 마음을
알 수 없으니,
12 그 당황함을 어찌 알며, 그 고통과 그
두려움을 어찌 알며, 번개처럼 스쳐
가는 구원의 손길을 바라는 그 마음,
그리고 장애물을 찾아 목숨을 살리겠
다는 온갖 스쳐 가는 그 생각들,
13 그 순간의 그와 같은 생각을 어찌 설
명해서 알 수 있으며, 그 말을 들어서
너희들이 그를 알 수 있단 말이더냐?
14 그와 같은 이치가 인간의 상태이니라.
15 그러니 나의 법전을 읽고 깨우치지 아
니한 백성들, 그들에게 너희들이 나의
법전을 읽은 내용이요, 너희들이 깨달
은 내용을 아무리 전한들 그들이 무엇
을 알겠느냐?
16 이미 너희들은 나의 법전을 읽고 깨우
쳤으며 나의 아들의 강론을 들었음이
니, 이 세상의 어느 백성도 너희들과

견줄 수 있는 경지에 오른 백성들이 없음이니,
17 읽어 보지 못한 그 백성들에게 너희들이 설명하고 또 설명하고 주입시킨들,
18 너희들의 깨우침의 두려움이요, 깨달음의 그 기쁨이요, 그리고 참진리가 무엇인지 나 여호와의 뜻을 알고 있는 것을 어찌 전하며 어찌 설명을 하겠느냐?
19 그러니 그들이 그것을 어찌 받아들이겠느냐?
20 사자에게 쫓긴 자가 그 정황을 설명하면 그들은 그래도 신기해서 귀를 기울이며, 무섭고 두려워서 그를 들으려 하나,
21 너희들이 나의 법전을 읽고 깨우친 것을 전할 때 그들은 이는 사탄이요, 사악한 자라 하여 한자리 마음을 깔며,
22 제 신앙이요, 제 종교만 위대하다는 그 생각을 가지고 이를 듣지 않으려 하니, 그들에게 아무리 너희들이 들려주고 말한들 무엇이 얻어지겠느냐?
23 절대 얻어질 수 없음이니라.
24 그러니 내가 그들에게 시시비비하지 말라 함이니라.
25 그러니 법전을 읽고 저 자신이 깨닫도록 하라, 그리하여 내가 법전을 전하는 것으로써 다하라 함이니라.
26 그러면 너희들이 변화되는 마음을 알 것이며 너희들이 법전을 전하는 그 마음을 알 것이니라.
27 너희들이 얼마만큼 아름답고 선량하게 살아가고자 하느냐?
28 그러나 너희들을 보는 그들은 무어라 하느냐?
29 사이비 집단에 인간이 들어오게 되면 그를 도륙을 내고, 병신을 만들며, 바보로 만들어, 두 번 다시 그곳을 떠나지 못하게 하는 그와 같은 사악한 집단이라 너희들이 그리 말하고 가르치지 않느냐?
30 그러니 그와 같은 자들에게 무엇을 말할 수 있겠느냐?
31 그러니 사자에게 쫓겨 보지 아니한 자는 그 심정을 모르듯이,
32 나의 법전을 접하고 읽고 깨우쳐 보지 않은 그 백성은 그 심정을 알 수 없음을 너희들은 알라.
33 그러니 내가 너희들에게 무어라 말하느냐?
34 진정한 지도자라는 것은 지혜로운 지도자가 되어야 된다 함이니라.
35 진정한 지도자란 무엇이더냐?
36 너희들이 말로써 가르치고 말로써 전하며 말로써 모두를 다 역사하는 것이 진정한 지도자의 가르침이 아니니라.
37 진실한 지도자는 행함으로써 모두를 보여 주며 행함으로써 같이 역사하는 것, 그것이 진정한 지도자의 길이요, 지혜 있는 지도자의 길이라는 것을 너희들은 알아야 될 것이니라.
38 너희가 나의 법전도 지혜로운 사람으로서 지혜로운 방법으로써 만백성에게 전하도록 그리할 것이며, 지혜로운 백성을 볼 줄 알아야 될 것이니라.
39 들을 줄도 모르며 돌아올 수도 없는 그와 같은 백성들에게 역사하고자 나의 법전을 전하며 아무리 그를 깨우치고자 해도 그들은 답답할 뿐이요,
40 그들에게 그것을 아무리 심으려 해도

그들이 심지 아니함이니 답답함만 네
마음을 울릴 것이니,
41 절대로 그와 같이 문을 닫고 있는 사
람들에게 시시비비하지 말며, 지혜롭
게 법전을 전하라.
42 문을 열 수 있는 자와 열 수 없는 자,
답을 돌려보낼 수 있는 자와 답이 없
는 자, 이를 구분하는 그와 같은 지혜
가 없이는 안 될 것이니,
43 나의 법전을 전하는 것은 너희들이 지
혜로운 지도자로서, 지혜로운 방법으
로써 모두를 역사하도록 그리하라, 사
랑하는 나의 아들딸들아!

9,328 번째 하나님 말씀

2004년 1월 24일 10시 17분

1 사랑하는 나의 아들아!
2 "네, 아버님! 말씀하옵소서."
3 나의 성전을 찾아와 네 앞에 제자가
되겠다 말하는 자, 또한 믿음의 길을
가는 자요, 교회에서 돈으로 산 장로
라는 직함을 가진 자, 그와 같은 백성
들이 너에게 와 제자가 되고자 하나,
그들은 곧 떠나감이니, 그것이 무엇이
더냐?
4 그들이 바라고 바라는 것, 그들이 소
망하는 것은 무엇이더냐?
5 그들은 나 여호와의 모깃소리보다 작
은 그 목소리요, 나로부터 가는 빛이
라도 저희들이 보고 기적을 얻고 무엇
인가 보고자 하여 이 집을 가며 저 집
을 가며 지금 방황하고 있는 자들이
아니더냐?
6 몇십 년 동안 믿음의 길을 간 장로라
는 직함을 가지고 있는 그 또한 이곳
에 와서 모깃소리만 한 목소리라도 과
연 들을 수 있을까, 하늘에서 비추는
전자파보다도 작은 그 빛을 볼 수 있
을까 하여 여기를 찾아왔으나,
7 저희들이 그를 보지 못하며 듣지 못함
이니, 그들이 스스로 떠나고자 하는
그것을 보면서 너는 무어라 생각하느
냐?
8 "네, 아버님! 그들이 와서 저에게 그
리 말하였사옵나이다.
9 아버님의 작은 음성이라도 듣기 위하
여 새벽 기도요, 산 기도요, 그저 다니
지 아니한 곳이 없으며,
10 밤과 낮을 가리지 아니하고 산과 계곡
을 찾아 저희들이 기도했으며 경배하
였다 그리하였사옵나이다.
11 그러나 그 목소리를 듣지도 못하며
빛을 보지도 못하였다고 오늘의 믿음
의 길을 가는 장로가 그리 말하였으며,
12 또한 그는 지금 이곳을 떠나가 있으
며 이곳을 찾지 않는 자가 되었사옵나
이다."
13 그러니 너는 그를 보는 마음이 어떠하
더냐?
14 너는 어찌하여 그에게 그 모든 이치
를 깨우쳐 주지 아니하고 그대로 가게
하였는가?
15 "네, 아버님! 스스로 찾아야 될 것이
며 스스로 깨달아야 되기 때문이옵나
이다.
16 그 어두운 눈이요, 욕심의 눈이요, 그
욕심의 마음을 열지 아니하면 절대 그
는 스스로 갈 수 없기 때문입니다."
17 그러니 떠나는 그를 보고 너는 무어라

생각했느냐?
18 "네, 아버님! 아버님의 음성을 들으며
아버님의 모든 역사를 보며 그 은혜
속에 살며 그 기적을 보고 있으면서,
그 기적을 모르는 그 어리석은 백성을
저는 보내면서도 불쌍히 생각하였사
옵나이다.
19 그러나 직접 제가 그에게 설명해 주지
아니하였으며 깨우침을 주지는 아니
하였사옵나이다."
20 아들아, 왜 그에게 그와 같이 네가 알
고 있는 그 이치를 깨우쳐 주지 아니
하였느냐, 단 몇 마디만 그에게 깨우
쳐 줘도 될 것을.
21 "아버님! 그는 장로라는 자요, 지금의
종교 집단에서 몇십 년 동안 믿어 온
자가 그와 같이 어리석고 그와 같이
우매한 줄은 몰랐사옵나이다.
22 제가 숨을 쉬고 있는 것이 아버님으로
부터 받은 기적의 역사요, 제가 걸어
서 저의 성전까지 온 것, 그 자체가 기
적의 역사함이요,
23 제가 옷을 걸치고 있는 것도 기적의
역사이며 아버님의 은혜요, 제가 먹고
자고 사는 것도 아버님의 은혜요, 아
버님의 기적의 영광 속에 안 이루어지
는 것이 없거늘,
24 제가 움직이는 것, 제가 생각하는 것,
남들과 대화하는 것, 제가 살아가면서
수천수만 가지 그 모두가 다 아버님의
은혜요, 아버님의 기적을 보며 역사하
는 것이거늘,
25 그것을 깨우치지 못하는 자에게 제가
그를 깨우친들, 그가 그를 믿으며 그
것을 아버님의 기적이라 그리 생각하
겠사옵나이까?
26 그는 그것을 기적이라 생각지 아니하
며 그를 깨닫지 못할 자 같기에 제가
그에게 그와 같은 것을 가르쳐 주지
아니하였사옵나이다.
27 연필 한 자루 쥐는 것, 제 가족과 역사
하는 것, 제가 과일을 먹는 것, 때가
되어 배를 채우는 것, 그리고 제가 만
드는 것, 모든 행하는 것,
28 그리고 제가 비가 올 때 비가 오는 것
을 느끼는 것, 바람이 불 때 바람을 느
끼는 것, 흔들리는 나무를 보는 것이
아버님의 기적의 역사라는 것,
29 제가 태양을 바라보는 것이 아버님의
기적의 역사요, 달빛을 보는 것이 아
버님의 기적의 역사요, 밤하늘의 별들
을 볼 수 있으며 그를 헤아릴 수 있는
것이 제가 보는 기적이요, 아버님께서
내린 역사라는 것을,
30 그것을 모르는 어리석은 자에게 무엇
을 가르쳐 주며 무엇을 그 손에 쥐여
준들 무엇하겠사옵나이까?
31 그리하여 제가 아버님의 뜻이요, 하늘
의 그 뜻을 가르쳐 주지 아니하였사옵
나이다, 아버님!"
32 사랑하는 나의 아들아, 그와 같이 아
무리 장로라 하여 몇십 년 동안 믿음
을 가졌다 해도, 지금 너에게 와서 나
의 법전 몇 장을 읽고 깨우친 그 제자
들만큼 마음이 열려 있지 아니하며 문
이 열려 있지 아니한 걸 네가 어찌하
여 그리했는가?
33 "네, 아버님! 이제는 그와 같은 자가
다시 온다면 아버님의 뜻이요, 아버님
의 은혜가 네가 숨 쉬고 사는 것, 보고

느끼는 것, 그리고 피부로 부닥치는 것, 그 모두가 다 아버지께서 기적으로 내린 것이며,
34 아버님의 역사요, 기적의 역사 속에서 살아가고 그를 접하고 있다는 것을 이제 깨우쳐 주겠사옵나이다, 아버님!"
35 아들아, 그리하라.
36 그리해서 모든 백성을 깨우쳐 주라.
37 너의 제자들의 수준에 맞추려 하지 말며, 너의 제자들이 깨우치는 것, 너의 제자들이 가고자 하는 거기에 맞추지 말라.
38 어린아이들이며 초보자이며, 그들이 직함은 가지고 있으나 네가 생각하는 것만큼 전혀 알지 못하며 진리를 모르는 불쌍한 백성들이라는 것을 알라.
39 "네, 아버님! 그리하겠사옵나이다."
40 그 모두가 다 나 여호와의 은혜라는 것을, 그가 보고 듣고 매일 그와 같이 하면서도 그 마음에 있는 욕심을 버리지 못하며 그 욕심 때문에 보지 못하는 것이니, 눈을 열어 주고 길을 열어 주도록 그리하라.
41 그들이 항상 나의 은혜요, 나의 기적 속에서 살아감이니,
42 제가 위험 속에서 생명을 건지는 것, 제가 위험 속에서 구제를 받는 것, 그리고 제가 편안하게 살아가는 것, 제가 달릴 수 있는 것, 제가 푸른 바다를 볼 수 있는 것, 백사장을 걸으면서 자연의 아름다움을 느끼는 것, 풀 한 포기를 보고 생명을 느끼는 것,
43 그 모두가 다 나의 기적이요, 나의 역사를 접하고 보며 그 속에 살면서 무엇을 더 원한단 말이더냐?
44 그러니 그들이 불행한 백성이요, 불쌍한 백성들이니, 방황하는 자들의 마음을 깨우쳐 주고 그들이 새로운 세상을 볼 수 있도록 그리하라, 사랑하는 나의 아들아!
45 "네, 아버님! 그리하겠사옵나이다."
46 더불어 살아가는 것이 나 여호와의 기적이요, 은혜이거늘 그 속에서 살면서 그 욕심 때문에 모른다는 것을,
47 네가 지금 숨을 쉬고 있는 것, 네가 서 있는 것, 그 모두가 다 나의 기적이요, 나의 역사에서 임한다는 것을 그들에게 깨우쳐 주도록 그리하라.
48 그렇지 아니하면 그들이 아무것도 알지 못할 것이며 그들이 깨닫지 못할 것이니라.
49 그러니 그 모두는 다 내가 역사하는 그 속에서 사는 것이며, 숨을 쉬는 것, 그 모두가 다 하늘의 기적의 역사라는 것을 알도록 그리하라, 사랑하는 나의 아들아!

9,329 번째 하나님 말씀

2004년 1월 24일 10시 39분

1 사랑하는 나의 아들아!
2 "네, 아버님! 말씀하옵소서."
3 나 여호와가 너의 제자들에게 무어라 하느냐?
4 하나가 되라 하였음이니라.
5 하나가 되는 것만이 너희들이 그 모두를 역사할 수 있다는 것이 무엇인 줄 알겠느냐?
6 여럿이 하나가 되어 하나의 힘으로 모으면, 너희들에게는 보이지 않으며 또

볼 수 없으나, 너희들이 몇 배의 힘으
로써 모두를 이루어 갈 수 있는 것이
며 그 능력을 발휘할 수 있기 때문임
을 너희들은 알라.
7 어찌하여 나의 사랑하는 백성들이, 그
지혜 높은 백성들이 짐승만도 못하단
말이더냐?
8 짐승들도 길잡이를 할 때 리더가 있으
며, 그 리더를 따라 저희들이 감이니
힘든 줄 모르며, 또한 힘을 합쳐 성과
를 거두고 모두가 하나가 되어 먹이를
사냥하는 것,
9 그리고 저희들이 이동하고 여행을 할
때도 그 리더가 앞에 있어서 이끌어
가는 것,
10 밀림의 큰 코끼리라는 그 동물이 미련
하게 생겼다 하여 미련하다 너희들이
말하나,
11 그들도 리더의 지시를 정확히 따르며,
앞에 가는 자가 이끌며 그가 지치면
또 다음 자가 앞에서 이끌고 가며,
12 그러면서 낙오자 된 자, 병든 자, 새끼
들까지도 보호하고 이끌어가는 것, 그
와 같은 그들의 단합된 모습을 보면서
너희들은 과연 무엇을 생각하는가?
13 그보다 몇천 배 더 좋은 지혜와 능력
을 가지고 있다는 나의 사랑하는 백성
너희들이 어찌하여 지혜를 그와 같이
모으지 아니하며 그리 쓰지 아니하는
가?
14 그러니 쓰지 아니하면 모든 기계가 녹
슬어 버리듯이, 너희들이 그와 같이
녹스는 백성들이 되어 가고 있음을 너
희들은 어찌 모른단 말이냐?
15 하나의 목표를 향하여 여럿이 힘을 모
아 그를 이루고자 했을 때 너희들은
그 많은 힘을 얻을 수 있으며 능력을
거둘 수 있으며,
16 서로가 격려하고 힘들 때 이끌어 주고
대신해 주는 그와 같은 길을 간다면
너희들은 얼마나 행복한 인간사요,
17 그것이 바로 하늘에서 이루어진 지상
의 낙원이 이루어지는 것이 아니더냐?
18 가는 자가 힘들면 대신 이끌어 주며,
또 중단했다가 다음 자가 이끌어 가는
그와 같은 너희들의 마음 자세로써 하
나를 향하여 힘을 모아 간다면 못 이
룰 것이 없는 것이 너희들이니라.
19 또한 너희들은 어쩔 수 없이 한 목표
의 그 길을 향하여 가고 있다는 것을
너희들은 어찌 모르느냐?
20 너희들이 결국 가는 길이 무엇이더냐?
21 나에게 와 심판을 받으며, 육의 그 죽
음의 종말을 향하여 가고 있거늘, 어
찌 서로 합류하여 위로하고 격려하며
서로 밀어주고 당겨 주며 사랑하고 보
호하는 그러한 대열 속에서 너희들이
같이 그 대열에 맞추어 갈 줄 모르는
그와 같은 백성이란 말이더냐?
22 어렵고 힘든 그 길을 감에 있어서 지
치고 어려운 그 고비마다 너희들이 지
치는 자 위로하며, 힘든 자 이끌어 주
며 그와 같이 가지 못하고, 어찌 너희
들 스스로 낙오자의 길을 선택하고자
함이냐?
23 너희들이 천 갈래 만 갈래 다 갈라짐
이니, 서로 다 고달프고 힘들며 낙오
자의 길을 가는 것이 아니더냐?
24 내가 나의 아들을 통하여 너희들이 지
금 가고 있는 삶이 무엇이라 하였느냐?

25 너희들이 넘지 아니할 수 없는 것이며
그 누구도 피할 수 없는 죽음의 대열
에 너희들이 같은 동반자라 하지 아니
하였느냐?
26 그러니 거기서 낙오자가 되는 자, 거
기에서 떨어지는 자가 과연 얼마나 힘
들고 어려운 백성인가를 너희들은 생
각하느냐?
27 그러니 스스로 그 길을 선택하는 것이
너희들이니라.
28 그러니 너희들은 동반자로서 한 길을
가야 되는 것이며, 벗어날 수 없는 그
길을 가는 자들이면서도,
29 너희들은 '너와는 동반자가 될 수 없
으며, 너와는 같이 갈 수 없다.' 그와
같은 시시비비를 하며, 우월성이요,
못난 자요, 잘난 자요, 이를 가지고 따
지는 것이니, 얼마나 불쌍하고 가련한
백성들이더냐?
30 너희들이 죽음이란 그 길을 가는 큰
틀 속에서 벗어날 수 없는 것이 '너와
나'의 동반자이거늘, 어찌하여 '너와
나는 같이 갈 수 없다.' 그와 같이 하
는가?
31 너희들이 같이 가지 아니하고 갈 수
있다 생각하는가?
32 뒤에 가든 앞에 가든 너희들은 결국
동반자요, 같이 갈 수밖에 없으며, 그
를 너희들이 오지 말라 해도 아니 갈
수 없으며,
33 밀어붙인다 해도 그가 그 길을 가지
아니할 수 없으며, 제가 먼저 달려간
다 해서 그 길을 벗어날 수 없는 것이
너희들의 운명이니,
34 너희들이 하나로써 역사하여 이루는
그 힘이 얼마나 방대하고 위대한 것인
가?
35 그리하여 내가 너희들에게 어렵고 힘
든 길을 가지 말라 함이니라.
36 나의 법전을 만들어 전하는 것도 너희
들이 '너와 같이 할 수 없으며, 이것은
너와 똑같이 할 수 없으며, 내가 더 많
이 해야 되며, 더 앞에 가야 되며, 좋
은 것을 내가 차지하고 가야 된다.' 그
리 생각한다면 너희들은 나의 법전을
만들 수 없으며 역사할 수 없음이니,
37 죽음의 그 길을 가는 동반자를 시시비
비하는 자들보다 더 어리석은 자이니
라.
38 그러니 너희들이 하나가 되어 모든 역
사를 할 때, 그 위대함은 너희도 모르
는 그 능력이 발휘됨이니,
39 그리하여 나의 법전을 만드는 백성이
요, 그 제자들만이라도 하나가 되는
아름다운 모습으로써 목적을 달성하
고 모두를 이루도록 살아가는 현명한
지혜를 갖도록 하라는 것이 나 여호와
의 뜻이니 그리 알라.
40 너희들이 아무리 지혜 있고 똑똑한 백
성이라 해도, 짐승들이 한 단체를 이
끌어 가는 방법의 그 기본도 지키지
못하는 것이 너희들이라 함이니, 내가
보는 마음이 어떠하겠는가?
41 그와 같은 훌륭한 지혜를 훌륭한 곳에
사용하도록 그리하라, 사랑하는 나의
아들딸들아!

9,330 번째 하나님 말씀

2004년 1월 24일 10시 47분

1 사랑하는 나의 아들아!
2 "네, 아버님! 말씀하옵소서."
3 나 여호와는 너희들의 손으로 지은 교
회요, 그리고 성당이요, 성막이요, 그
와 같은 죄의 온상에 절대로 같이하지
아니하며, 내가 너희들과 같이하지 아
니한다 그리 가르치고 전한 뜻을 알겠
는가?
4 나 여호와는 너희들과 같이하고 있지
아니함을 알라.
5 그곳에는 내가 존재하지 아니하며, 나
는 그곳을 모른다 하고 있으며, 나와
관계가 없는 곳이라는 것을 알라.
6 그러니 나와 관계도 없으며 내가 같이
하고자 아니하는 곳이요, 너희 손으로
지은 교회요, 회당이요, 성당이요, 법
당이라 하는 너희들이 성전이라는 곳
에 오기만 하면 곧 나를 볼 수 있다고
가르치며,
7 그리고 나로부터 은혜를 받을 수 있으
며 영광과 축복을 받을 수 있으며 구
원을 받을 수 있다 가르치는 것이 너
희들이니라.
8 그러나 내가 존재하지 아니하며 내가
있지 아니함이니, 나의 아들 예수 또
한 거기 없으며 나의 아들 예수의 보
혈도 거기 없음이니라.
9 너희들이 그리 소중히 생각하며 그리
울고불고하는 나의 아들의 보혈이요,
나의 아들 예수의 이름도 그곳에 없음
을 너희들은 알아야 될 것이니라.
10 그러니 그곳에 오는 자는 축복받으며,
보혈로 은혜 받으며 구원받는다 가르
치는 자들이 다 거짓말을 하는 자요,
거짓된 자들이요, 사기꾼이라는 것을
너희들은 알라.
11 그러니 그리 가르치고 또 그곳에서 듣
고, 너희들이 과연 그곳에 와서 '나는
은혜를 받았다, 축복을 받았다, 그리
고 하나님을 봤다.' 그와 같이 말하는
자,
12 그들 또한 거짓말하는 자요, 사탄들에
게 맞장구치는 자요, 그들에게 힘을
실어 주는 자요, 같이 놀아나는 자라
는 걸 너희들은 알라.
13 그러니 정녕 나의 백성이란 무엇이더
냐?
14 너희들이 지은 교회요, 성전이요, 성
막이라는 그곳에 와서 나를 보지 못했
으며, '나는 하나님으로부터 은혜를
받은 사실이 없다.' 말할 수 있는 자,
15 그와 같은 자들이 곧 나의 자식이요,
나의 아들딸이요, 나의 백성이라는 것
을 알라.
16 맞장구를 치는 자, 너희들이 내가 존
재하지 아니하며 나의 아들 예수와 같
이하지 아니하는 그곳에서 어찌 우리
부자로부터 은혜요, 영광이요, 축복을
받았다 그리 말하는가?
17 그러니 내가 너희들에게 말하나니, 거
기에서 나 여호와를 보지 못했으며 나
로부터 은혜를 받지 못한 나의 백성들
은 그곳에서 너희들의 기억에 남고 그
곳에서 듣고 본 것은 무엇이냐 물었을
때,
18 그곳에서는 그저 무엇을 달라, 이루어
달라며 저 자신의 소원만 부르짖는 종

교 지도자의 중언부언하는 소리만 귀
가 따갑게 들었으며,
19 울고불고 제 소원을 이루어 달라, 또
제 자식의 뜻을 이루어 달라, 저 자신
의 병을 고쳐 달라고 매달리며 중언부
언 기도하는 자들의 소리만 들었으며,
20 그 이상은 아무것도 들은 것이 없으며
그곳에서는 아무것도 역사한 것이 없
다 그리 말할 것이니라.
21 그것이 너희들이 느낀 깨달음이요, 너
희들이 배운 것이요, 너희들이 공부한
것이요, 그 이상도 그 이하도 아무것
도 들은 것이 없다 그리 말하는 자가
진정한 나의 백성이요, 그것이 바로
보는 자들이니라.
22 그러니 그 속에서 중언부언하며 재물
을 거둬들이며, 물자를 거둬들이며,
너희들을 구원한다 하며 가난한 자는
더 많이 바치라, 가난한 자가 바치면
그 정성이 더해 열배 백배 복을 받는
다는 그와 같은 사탄들이 지껄이는 소
리만 들었으며,
23 저는 아무것도 들은 것이 없고 배운
것이 없고 역사한 것이 없다 말하는
그 백성, 그가 바로 선 백성이며 나의
뜻을 아는 백성이니라.
24 나 여호와는 너희들의 가슴에, 그리고
그 생활 속에 내가 너희들과 항상 같
이함이니, 그곳에서 나를 보며, 생활
속에서 나를 찾으며,
25 그리고 너희들이 부닥치고 역사하는
생활 속의 그 모두가 다 나의 은혜요,
나의 축복이요, 영광 속에서 이루어진
다 생각하면 되는 것을, 그 이상도 그
이하도 없음을 알라 그리 전하라.

부 록

【하나님께서 가르쳐 주신 운동】

천재지변이 일어날 때, 동물이나 미물들은 미리 알고 대피하지만, 인간은 알지 못하고 큰 화를 당합니다. 하나님께서 인간에게 가장 높은 지혜를 주시고 완벽하게 창조해 주셨기에 동물들보다 더 잘 알 수 있지만, 욕심으로 마음이 혼탁해져서 한 치 앞을 보지 못하는 것입니다.

마찬가지로, 인간은 누구나 스스로 필요한 운동을 해서 건강을 지킬 수 있도록 하나님께서 만들어 주셨습니다. 우리의 머리에서 우리 몸에 필요한 동작을 해 달라고 끊임없이 신호를 보내지만, 인간이 혼탁하게 살아서 그 신호를 알아채지 못합니다. 그러니 자연스럽게 자기 몸이 원하는 그 신호를 따라서 운동하는 것이 하나님께서 가르쳐 주신 운동 방법입니다. 바로, 우리의 영이 육을 이끄는 운동입니다.

▶ 하나님 운동법

1. 눈을 감고, 발을 어깨너비로 벌리고 바르게 선다.
2. 몸에 힘을 풀고, 허리를 숙이면서 손과 머리를 아래로 내린다.
3. 허리를 펴고 싶을 때, 천천히 펴면서 하고 싶은 동작을 하면 운동이 시작된다. (사람마다 다르다.)
4. 멈추지 말고, 어떤 동작이든지 자기 몸의 느낌대로 계속 이어서 한다.

▶ 참고 사항

① 눈을 감은 상태로 아무 생각 하지 않고, 자기 몸의 느낌대로 움직입니다.

② 마음을 비우고, 욕심을 버리고, 지난날의 잘못을 반성하면서 몇 차례 시도하다 보면, 자기도 모르게 하고 싶은 동작이 끊임없이 생깁니다.

③ 운동 장소는 방 안이든 운동장이든 관계없으며, 걷거나 달리고 싶을 때는 눈을 떠도 됩니다.

④ 매일 40분 이상, 주 4회 이상, 3개월 이상 하면 음식 조절에 들어갑니다.
- 음식으로 생긴 병은 음식으로 치료하게 되며, 어떤 음식을 먹어야 하는지 스스로 알게 됩니다.
(자기 몸에 필요한 음식만 먹고 싶어집니다.)

⑤ 사랑하는 사람과 함께 운동하면 서로 치료해 주기도 합니다.

⑥ 운동을 하다가 몸의 어느 한 부분을 계속 손으로 자극한다면 그쪽에 이상이 있는 것이니, 의사에게 상담을 받고 적절한 치료를 받으면 됩니다.

⑦ 다이어트 및 기타 건강관리에 효과적입니다.

⑧ 꾸준히 운동하여 영이 맑아지면, 자신의 과거와 미래를 스스로 보게 됩니다.

누구나 스스로 하실 수 있습니다.

간 행 사

《새로운 성경》은:

· 새로운 성경은, 하나님께서 선량하고 선한 자를 선택하여 십계명을 암송하도록 하시고, 십계명을 암송한 다음에 음성으로써 들려주시는 말씀을 듣고 그대로 카세트테이프에 녹음해서 받아쓴 책입니다.

· 90분짜리 녹음테이프 700여 개에 달하는 말씀으로, 1999년 8월부터 2004년 7월까지 총 160권(권당 288쪽)을 완성하였으며, 그 이후에도 현재까지 계속 말씀을 내려 주고 계십니다.

· 새로운 성경은 "하늘을 두루마리 삼고 바닷물을 먹물 삼아 쓰고 써도 다 못 쓴다"는, 끝없이 방대한 하나님의 말씀이 두루마리로 직접 내려오는 것입니다. 이러한 새로운 성경은 구약과 신약을 폐하려는 것이 아니라 "인봉된 성서의 비유의 뜻"을 상세히 설명하여 완성하고자 하나님께서 직접 내려 주신 말씀입니다.

《새로운 성경》의 구성:

· 제 목: 2013년, 160권 모음집을 발간하면서, 본 도서의 제목을 "하나님! 말씀하옵소서"에서 《새로운 성경》 으로 명해 주셨습니다.

· 단행본: 각 권당 288쪽(신국판) 책이 160권까지 시리즈로 출판됩니다.
(모음집은 단행본을 16권씩 묶어서, 총 10부로 구성됩니다.)

《새로운 성경》의 성경적 근거:

· 신약 성경 [요한복음] 16장 13절에 "진리의 성령이 오시면 그가 너희를 모든 진리 가운데로 인도하시리니 그가 자의로 말하지 않고, 오직 듣는 것만을 말하며" 하신 말씀처럼 하나님의 음성을 들은 것만 기록하였으며,

· "장래 일을 너희에게 알리시리라" 하신 말씀과 같이 개인, 나라, 인류의 "장래"일을 하나님께서 알려 주시는 것만 기록하여 책으로 만들었습니다.

《새로운 성경》의 기록 방법:

· 1999년 8월부터 하나님께서 저에게 들려주시는 음성을 기록하였습니다. 처음에는 제가 들은 말씀을 불러 주면 저의 아내가 기록하여, 2000년 1월 29일에 1권 초판이 세상에 나왔습니다. 2000년 4월부터는 주시는 말씀을 받아 녹음기에 기록하기 시작하였습니다.

· 녹음을 시작하면서 하나님의 말씀을 받는 데 가속도가 붙었고, 2001년 5월 3일에 1부(1~16권까지)를 인쇄하여 출판하였으며, 2004년 7월까지 총 160권 분량의 말씀을 받아 기록하였습니다.

하나님께서 저에게 주신 것은:

· 첫째, 만백성을 상대로 내려 주시는 "기도", 둘째, 수시로 내려 주시는 "묵상", 셋째, 개인의 과거, 현재, 미래를 알려 주시는 "개인 기도", 넷째, 개인의 건강을 위해서 내려 주시는 "음식 처방", 다섯째, 하나님께서 가르쳐 주신 "운동"등이 있습니다. 이 중에 첫 번째, "기도"를 책으로 편찬하였습니다. 사람의 생사, 개인의 미래에 관한 천기는 수록하지 말라 하셨습니다.

강론 안내:

· 하나님께서는 지금도 매일 저에게 새로운 하늘의 비밀의 말씀을 내려 주고 계십니다. 수시로 내려 주시는 말씀을 정리해서 제자를 육성하라는 말씀에 따라 매주 강론을 하고 있습니다. 누구나 무료로 들으실 수 있습니다. (book160.com)

《새로운 성경》을 읽는 분들에게 드리는 선물:

· 개인 기도: 개인의 과거, 현재, 미래에 관하여 말씀을 내려 주십니다.

· 음식 처방: 사람은 음식을 먹고살다가 건강을 잃으니, 음식과 운동으로 건강을 되찾는 방법을 알려 드립니다. 단, 하나님이 계심을 믿고, 십계명을 지키겠다고 진실로 서약하는 분들께 알려드립니다.

《새로운 성경》의 은혜와 기적:

· 새로운 성경 전160권은 16권씩 묶어서 총 10부의 모음집으로 구성됩니다. 모음집 한 부를 읽고 깨우치는 자에게 하나님께서 다음과 같은 기적이 있다고 하셨습니다.

· "첫째, 그가 죽어 하늘에 갔을 때 그의 죄를 묻지 아니하며, 구원을 받는 위대한 은혜가 있으며, 둘째, 그의 소원과 소망이 이루어지고, 셋째, 죽은 자(부모, 형제, 자식, 사랑하고 은혜 입은 분)의 이름으로 구입한 책을 읽고 누군가 한 사람이 깨우칠 때, 그 죽은 자가 지옥에서 천국으로 구원을 받게 되며, 넷째, 유산, 중절 수술 등으로 태어나지 못한 아이를 위하여 구입한 책을 보고 한 명이 깨우쳤을 때, 그 아이가 사람으로 다시 한 번 태어나는 은혜를 받는다."

· "새로운 성경"을 3회 이상 정성을 다해 정독하는 자, 성서의 비밀을 알게 되고, 세상의 이치를 알게 되며, 세상을 지배하고 통제할 수 있는 지혜를 다 얻게 된다고 하셨습니다. 이 책은 만백성이 정독하고 이웃에게 전하여, 평생 가슴에 묻은 슬픔과 고통의 짐을 벗고 미래를 위한 힘찬 삶을 살아가도록 하는 책입니다.

끝으로

· 하나님께서는 흰 눈이 세상을 덮듯이 새로운 성경을 온 세상에 전하라고 하셨습니다. 《새로운 성경》을 각국어로 번역해서 온 인류에게 구원의 길을 깨우쳐 주고, 그 수익으로 가난하고 어려운 백성을 구제하여, 만백성의 영과 육을 함께 구원하는 선지자의 임무를 수행하라고 저에게 명하셨습니다.

· 하늘에서 내려 주신 말씀의 보화를 만백성에게 나누어 주는 것이 선지자의 임무라고 하셨습니다. 새로운 성경을 통해서 얻는 재물을 사용할 곳도 하나님께서 일일이 명해 주십니다. 모든 재물은 저의 자의로 쓸 수 없고, 하나님께서 명하시는 대로만 쓰여집니다.

· 어떤 명분으로든 십일조나 각종 헌금을 거두어들이지 말라 하셨으며, 국내뿐 아니라 각국에 성전과 단독 서점을 운영하며, 한국의 많은 젊은이들을 전 세계에 지도자로 내보내라고 하셨습니다.

· 우리는 세계적으로 새로운 성경을 보급하며 어려운 이들을 돕는 역사를 해 나갈 것입니다. 지금까지 비록 몇 명 안 되는 제자들과 함께 이러한 일을 역사했지만, 앞으로도 계속 하나님께서 기뻐하시는 일들을 해 나갈 것입니다. 부족한 저희에게 여러분들의 지혜와 성원을 보내 주시기를 바랍니다. 많은 분들의 참여와 도움을 간절히 기다립니다. 감사합니다.

한국어로 내려온 《새로운 성경》 단행본을 출간하며
2016년 4월 10일

발행인 **김 용 철**

한국어로 내려온

새로운 **성 경** · 8부 · 제125권

지은이 하나님 말씀
대역자 김용철

초판인쇄 1쇄 2017년 4월 3일

펴낸 곳 도서출판 하얀마음
등록번호 제 10-2107호 (2001년 2월 14일)
주소 서울시 노원구 덕릉로86길 5, 2층
전화번호 02) 313-1114
팩스 02) 393-5554
전자우편 book160@hanmail.net
편집위원 조나영 김미향 이석교
제작지원 조형구 백영숙 이석교 이수희

도서상담 1600-7527
ISBN 978-89-5875-225-7 (04230)
978-89-5875-100-7 (세 트)

값 10,000원
잘못된 책은 구입하신 곳에서 바꾸어 드립니다.

※이 책은 10부로 제작되며, 각 부 16권씩 총160권으로 구성됩니다.※

1부	2부	3부	4부	5부	6부	7부	**8부**	9부	10부
1권	17권	33권	49권	65권	81권	97권	113권	129권	145권
2권	18권	34권	50권	66권	82권	98권	114권	130권	146권
3권	19권	35권	51권	67권	83권	99권	115권	131권	147권
4권	20권	36권	52권	68권	84권	100권	116권	132권	148권
5권	21권	37권	53권	69권	85권	101권	117권	133권	149권
6권	22권	38권	54권	70권	86권	102권	118권	134권	150권
7권	23권	39권	55권	71권	87권	103권	119권	135권	151권
8권	24권	40권	56권	72권	88권	104권	120권	136권	152권
9권	25권	41권	57권	73권	89권	105권	121권	137권	153권
10권	26권	42권	58권	74권	90권	106권	122권	138권	154권
11권	27권	43권	59권	75권	91권	107권	123권	139권	155권
12권	28권	44권	60권	76권	92권	108권	124권	140권	156권
13권	29권	45권	61권	77권	93권	109권	125권	141권	157권
14권	30권	46권	62권	78권	94권	110권	126권	142권	158권
15권	31권	47권	63권	79권	95권	111권	127권	143권	159권
16권	32권	48권	64권	80권	96권	112권	128권	144권	160권